W0064335

TRINITY

Jana Haas

Das Mysterium der Bäume

Selbsterkenntnis, Liebe, Heilung

TRINITY

Liebe Leserin und lieber Leser,

alle Inhalte dieses Buches wurden gewissenhaft erstellt und sorgfältig geprüft, die Übungsanleitungen und Vorschläge haben sich in der Praxis bewährt.

Danke, dass Sie in eigener Verantwortung prüfen, inwieweit Sie die Anregungen umsetzen möchten. Eine Haftung für die Resultate vonseiten der Autorin bzw. des Verlags und seiner Beauftragten ist ausgeschlossen.

1. Auflage
Originalausgabe
© 2018 Trinity Verlag in der Scorpio Verlag GmbH & Co. KG, München
Umschlaggestaltung und Layout: Guter Punkt, München
Satz: Danai Afrati & Robert Gigler, München
Illustrationen: S. 11, 26, 27, 39, 57, 69, 85, 112, 123, 150, 166,
201, 216, 245, 252, 263, 276: Thinkstock/Shemelina
Alle weiteren Illustrationen: Thinkstock/ChrisGorgio
Druck und Bindung: Pustet, Regensburg
ISBN 978-3-95550-217-1

Alle Rechte vorbehalten.
www.trinity-verlag.de

Inhalt

Der Stimme des eigenen Herzens folgen 229

Einleitung

Die Natur unterstützt uns in unserem Seelenheil und spiegelt stets die Wahrheit wider, dass alles im Werden und Vergehen ist, dass es für alles die richtige Zeit und den richtigen Raum gibt, dass Heilung und Vollkommenheit aus dem Fluss mit dem Leben, aus einem liebevollen Rhythmus heraus geschieht. Die Natur und das Leben hadern nicht, so hadere auch du nicht, sondern betrachte dich einmal von außen, erkenne dich, und gib dich dem heilsamen Fluss des Lebens hin. Umarme dich innerlich, erlebe Liebe, Zufriedenheit und Friedfertigkeit in deiner Seele mit allem, was ist, und genieße das Leben so, wie es ist.

Die Welt wird zunehmend feingeistiger, und die Bewusstseinskräfte nehmen zu. Der Mensch war zu allen Zeiten Mitschöpfer seines eigenen Schicksals, und er wird es immer mehr sein. Durch zunehmende geistige Bewusstseins- und Seelenkräfte sind wir heute so intensiv wie nie zuvor in der Lage, die Ausrichtung unseres Lebens und Schicksals selbst entscheidend mitzubestimmen. Doch je mehr der Mensch sich in seinen neuen Herausforderungen verliert und seinen Blick nach außen, zum Beispiel nach materiellen Werten orientiert, umso mehr leiden darunter der innere Frieden, die Gelassenheit, Gesundheit und Kreativität.

In der heutigen herausfordernden Zeit ist es wichtig, Rationalität und Tatkraft mit einem stimmigen liebevollen Herzen zu verbinden und sich seiner friedvollen Liebe und lichtvollen geistigen Anbindung bewusst zu werden, um ein Leben in innerer Erfüllung zu führen. Die Natur ist uns dabei ein guter Wegbegleiter. Denn je hektischer der Mensch wird, umso mehr sollte er sich auf das Wesentliche, nämlich auf den gegenwärtigen und heilsamen Moment, besinnen, der in der natürlichen Umgebung auf unserer Erde am intensivsten zu erleben ist.

Ich widme mich in diesem Buch dem Mysterium und der heilenden Kraft der Bäume. Dabei beziehe ich mein Wissen aus eigener Hellsichtigkeit, Beobachtung und Bewusstseinserfahrung sowie aus Erlebnissen und Erfahrungen in meinen Seminaren in der Natur. Bäume sind seit Urzeiten ein Sinnbild für Wachstum, Kraft und Stabilität. Sie spiegeln die Kraft der Jahreszeiten und die immerwährende Erneuerung des Lebens wider. Sie ermöglichen uns die absolute Gegenwartspräsenz und strahlen tiefen Frieden aus.

Wir können die Bäume als Lehrer für Stärke und Kraft betrachten und diese Qualitäten von ihnen auch empfangen. Bäume sind nicht nur gigantische, »atmende« Lebewesen und unsere grünen Freunde, sondern sie sind auch allesamt beseelt und besitzen ein Bewusstsein des Lebens und der Liebe, sie besitzen die Weisheit der Schöpfung.

Wir können mit den Bäumen achtsam in Kontakt treten, uns auf sie einstimmen, die Unterschiedlichkeiten der verschiedenen Baumarten erspüren und ihre Weisheit und heilsame Kraft in uns aufnehmen. Der Aufenthalt in der Natur kann uns helfen, unseren Geist zu klären, uns inspirieren, Trost spenden, unsere persönliche und spirituelle Entwicklung begünstigen und uns mit heilender Kraft unterstützen. In der ursprünglichen Natur, in Flora und Fauna erahnen wir das gigantische Maß der Schöpfung. Ich erlebe es immer wieder, dass die Bäume geradezu »erfreut« reagieren, wenn wir ihre Nähe suchen und uns mit ihnen verbinden. Ich kann sehen, wie sich die Schwingungen des Menschen und des Baumes lichtvoll verändern, wenn ein Mensch offen und liebevoll einem Baum begegnet. Die Aura des Menschen wie auch die des Baumes vergrößert sich und leuchtet farbenfroh. Das Gleiche beobachte ich regelmäßig, wenn ich mit einer Seminargruppe unter einem Baum meditiere. Die liebevolle Resonanz erhöht die Schwingung im Menschen und in der Schöpfung.

Im vorliegenden Buch beschreibe ich 31 verschiedene Baumarten. Der Schwerpunkt liegt auf deren Eigenart und deren heilendes Wirken auf uns – über unser Bewusstsein, unsere Aura und unsere Chakren. Für jeden Baum findest du auch eine spezielle Meditation. Die Botschaften der Bäume möge dich zur Stille, Meditation und zum heilsamen Umgang mit dir selbst und der Natur inspirieren. Durch die innere Ruhe und Besinnung in der Natur ist jeder Mensch dazu eingeladen, die Bäume als Kraftorte und Lichtträger zu erfahren, diese liebevolle Kraft in sich bewusst zu entfalten und die Erfahrung einer göttlichen Wirklichkeit in sich zuzulassen. Möge dieses Buch dir, lieber Leserin, und dir, liebem Leser, liebevolle, spirituelle Erlebnisse ermöglichen und deinen Glauben an dich selbst und die Liebe der Schöpfung unterstützen.

Wenn wir unser Leben mit einem liebevollen Sinn und wahrem Wohlbefinden erfüllen wollen, kann dies gelingen, wenn wir uns täglich auf ein tiefes Empfinden der göttlichen Liebe in uns selbst einlassen. In einem erfüllten und heilsamen Leben ist eine bedingungslose Liebe voller Frieden und Vertrauen unabdingbar. Wirkliche innere Wachstumsschritte führen über unser Ego und eine Oberflächlichkeit hinaus. Sie geschehen, wenn wir uns vertrauensvoll auf die Schöpfung einlassen und wenn wir Liebe und Vertrauen in unserem Leben verstärkt zulassen. So werden wir zunehmend heilsame Kraft und Urvertrauen erleben. Unsere heilende und erfüllende Kraftquelle liegt in uns selbst, und wir können sie nur finden, wenn wir in Achtsamkeit unsere Gedanken zur Ruhe bringen, uns in unserer inneren leuchtenden Kraft erheben und unseren Platz in dieser Welt voll und ganz annehmen, indem wir uns in die Schöpfung integriert und willkommen fühlen.

In unserer vernunftorientierten Kultur ist dies allerdings keine leichte Übung. Unser Gehirn will immer denken, doch das Denken behindert die Wahrnehmung der geistigen Welt, es blockiert auch unsere positiven Gefühle und damit die Selbsterkenntnis. Unser Verstand will denken, vergleichen, beurteilen und interpretieren, wahre Einblicke und Erkenntnisse erhält man aber nur mit dem Herzen. Deshalb besteht die höchste Weisheit darin, den inneren Kampf aufzugeben, uns mit absolutem Urvertrauen Gott und den geistigen Welten zu öffnen und den göttlichen Kern in uns zu erfahren. Dann können wir uns aus den Fesseln des Verstandes lösen. Wo kann dies besser gelingen als im Schatten eines starken Baumes? Aus dem inneren Vertrauen heraus können auch vertrauensvoll die Wege im Außen gegangen werden. Wir sollten stets Vertrauen in das Leben haben, es schätzen und es als ein Geschenk betrachten.

Womit wir uns im Leben auch beschäftigen, wofür wir uns auch entscheiden, wir sollten uns immer stimmig in unserer Mitte fühlen, das heißt, es ist wichtig, in uns zu ruhen, so, wie die Natur in sich ruht. Denn die liebevolle geistige Welt wie auch die Natur kennen keinen Stress, sondern alles ist pure Liebe. Auch wir sind geistige Wesen und können dies über unsere Liebe und Anbindung spüren, in uns Frieden finden und uns so in unserer inneren leuchtenden Kraft erheben. Denn unsere heilende und erfüllende Kraftquelle liegt in uns selbst, und die Natur hilft uns, uns selbst wiederzuentdecken, mit allem Frieden zu schließen und uns zu lieben.

Über die Liebe zu uns selbst erwacht die Liebe zur Schöpfung und den Mitmenschen. Schenken und erlauben wir uns selbst immer mehr Liebe und Wertschätzung, gehen wir über unsere Liebe in Resonanz mit der Liebe der Natur und unserer Mitmenschen. So erschaffen wir uns eine liebevolle Welt und werden damit unserem Lebenssinn gerecht. Wir erleben, dass Vertrauen heißt, sich dem Leben zu stellen und der himmlischen Führung zu vertrauen.

»Blumen sind die schönen Worte
und Hieroglyphen der Natur,
mit denen sie uns andeutet,
wie lieb sie uns hat.«

JOHANN WOLFGANG VON GOETHE

Die Natur:
unser liebevoller Lehrmeister

Meine persönliche Erfahrung mit der Natur

In der Natur und unter einem Baum entwickelst du Ruhe und Intuition. Die Muße ist wichtig, wenn wir bewusst und innig leben wollen. Die Natur festigt uns, entschleunigt, gibt Kraft und entspannt. Gehe in die Natur, und genieße die frische Luft. Besinne dich bewusst auf deinen Atem und den Kontakt mit dem Boden. Nimm bewusst das Sehen, Riechen und Gehen wahr. Gewinne Abstand zu allem, und sei einfach nur du selbst, erfüllt von innerer Freiheit und Inspiration. Liebe das Leben!

Dieses Buch zu schreiben, zu berichten über die Natur, die Bäume, die Naturwesen und die Heiligkeit der Erde, ist für mich ein kleines Wunder. Es ist doch erstaunlich, wie jeder Mensch es schafft, so auch ich, zurück zu seinem göttlichen Ursprung zu gelangen, trotz aller Widerstände. Obwohl ich im Lärm und Staub einer Großstadt in der ehemaligen UdSSR aufgewachsen bin, habe ich – um meiner Seele eine Heimat zu geben – zur Natur gefunden! Unabhängig davon, wo wir herkommen, welche Sprache wir sprechen, tragen wir alle göttliche Liebe in unseren Herzen. Dies zeigt sich in unseren liebevollen ethischen Werten und dem tiefen Bedürfnis nach einem harmonischen Miteinander sowie einer tief verwurzelten Sehnsucht nach unserem Ursprung und der Kraft der Natur.

Ich bin, wie gesagt, in einer Großstadt aufgewachsen. Ich erinnere mich noch sehr genau an den allgegenwärtigen Stadtlärm, an industriell verschmutzte Luft und Betongebäude. Trotzdem habe ich immer einen Bezug zur Natur gehabt. Momente, in denen ich mich in meiner Kindheit gut aufgehoben fühlte, Augenblicke voller Mystik und Kraft, erlebte ich im Dorf meiner Urgroßmutter, wo ich allein im Garten saß und die saftig grünen Wiesen und Gräser, ganz besonders das Violett der Nelken wahrnahm, bewusst auf das Summen der Bienen, auf das Zirpen der Grillen, auf die unterschiedlichen Gerüche der Natur achtete und den göttlichen Duft des Lebens mit all seinen ätherischen Ölen einatmete. Dies waren für mich heilige Räume, in denen ich mich verlieren konnte. Dies waren Momente, die meinem Leben einen tiefen liebevollen Sinn gegeben haben. In diesen Momenten habe ich mich von himmlischer Kraft getragen und geliebt gefühlt.

Ich habe daher in meiner Kindheit jeden Moment genutzt, um in der Natur zu sein, habe mich durch meine Sinne wahrgenommen und mich der beseelten Natur geöffnet. So geschah es eines Tages, dass ich mich von energetischen Wesen umgeben sah und mich schon damals, noch eher unbewusst, mit den Naturwesen auseinandersetzte.

Trotz des atheistischen Umfeldes in der UdSSR und der materialistischen Werte einer Großstadt habe ich den tiefen Glauben an das Gute und an gelebte Spiritualität bewahrt; erhalten habe ich sie von meiner wolgadeutschen Urgroßmutter mütterlicherseits. Die feingeistigen Fähigkeiten liegen bei uns in der Familie. Die ausgeprägte Hellsichtigkeit ist in meiner Familie eine Veranlagung, sowohl mütterlicherseits von der wolgadeutschen Seite als auch väterlicherseits von der russischen Seite her; sie ist bei allen meinen Ahninnen vorhanden.

Sicherlich liegt das vor allem daran, dass es in Russland im Mittelalter keine Hexenverfolgung gab, bei der hellsichtige Linien ausgelöscht wurden. Es gab auch keine dogmatische Religion. Im Kommunismus war alles verpönt und verboten, was mit geistigen Inhalten zu tun hatte. So konnte das Geistige individuell, in jedem einzelnen Menschen leben, ohne manipuliert oder erschüttert zu werden.

Die spirituelle Praxis wurde bei uns eher familiär im geschlossenen Kreis gelebt. In Dörfern ist uns regelmäßig die schamanistische Naturheilkunde begegnet, und mit der Hellsichtigkeit hat man sich eher über die Traumdeutungen und Vorahnungen ausgetauscht. So war es gang und gäbe, dass die Großmütter und Tanten darüber gesprochen haben, und wir Kinder lauschten mit großen Ohren bei jedem Frühstück und lernten durch Zuhören und Beobachten das Deuten von Träumen. Diese emotionale Kreativität, die feingeistige Sphäre, war immer vorhanden, wurde bloß nicht bewusst eingesetzt.

In der heutigen Zeit besitzen wir starke intellektuelle Kräfte, mit denen wir das spirituelle Wissen verinnerlichen, vertreten und weiterentwickeln können. Heute gibt es kein Geheimwissen mehr, und im Zeitalter der Meinungs- und Religionsfreiheit sind unsere Buchhandlungen und Bibliotheken voller Bücher mit wertvollem Wissen. Diese mentale Freiheit ist eine große Bereicherung unserer heutigen Zeit.

Als Großstadtkind in der atheistischen UdSSR nahm ich noch keine Engel und Naturwesen wahr. Uns wurden in der Kindheit auch keine Märchen, die ja meist von Wäldern und Naturwesen handeln, erzählt. Doch meine angeborene Hellsichtigkeit, die auch durch mehrere Nahtod-Erfahrungen verstärkt wurde, wirkte sich dennoch aus: Ich sah zunächst ständig die Seelen von verstorbenen Menschen. Das war nicht einfach für mich als Kind, denn ich konnte mich auf der Erde nicht gut verankern, konnte mich zum

Beispiel in der Schule nicht konzentrieren und die Lerninhalte aufnehmen. Des Öfteren wurde ich wegen meiner Unaufmerksamkeit gerügt. Denn während ich versuchte, mich auf die Lehrerin zu konzentrieren, sah ich überall in der Zwischenwelt die Seelen der Verstorbenen. Und es war natürlich interessanter, die Seelen zu beobachten, als dem monotonen Unterricht zu folgen. Es war für mich viel spannender, die Schwingung, den Ausdruck, die Farben der Seelen zu betrachten. Ich war immer fasziniert von der emotionalen Vielfalt der Seelen im Jenseits, die dort durch und durch den Seelen der Lebenden hier gleichen.

Und so faszinierten mich philosophische Fragen, Fragen wie »Was macht einen Menschen wirklich aus?«. Es kann ja im Leben nicht darum gehen, sich nur anzupassen und zu funktionieren. Wir sind doch nicht für das Marschieren im Gleichschritt geboren, sondern haben alle eine individuelle Gangart und Schrittgeschwindigkeit. Es geht vielmehr um das tiefe Empfinden unserer eigenen Individualität.

Im Alter von zwölf Jahren kam ich nach Deutschland. Hier wurde ich in der Schule mit religiösen Themen konfrontiert. Die deutsche Kultur und die deutsche Sprache erweiterten meinen Geist, wie eine jede neue Sprache den individuellen Horizont erweitert, wenn man unvoreingenommen und vertrauensvoll einer neuen Kultur begegnet und aus beiden Kulturen das Beste in sich vereint. Mein Weg war der Weg der Offenheit und des Vertrauens. Ich habe mir die Freiheit bewahrt, religiöse Vorstellungen zu hinterfragen und mich auf meine eigene geistige Anbindung und auf meine eigenen geistigen Wahrnehmungen zu verlassen. Politische, religiöse, mentale, emotionale Freiheit war und ist stets das Wichtigste für mich.

Meine natürlichen philosophischen Fragen haben meinen Fokus immer mehr auf den Menschen gerichtet, und meine Fähigkeiten weiteten sich in Liebe und Mitgefühl aus. Ich beschäftigte mich immer weniger mit den Verstorbenen und fokussierte immer mehr die Lebenden.

Ich fing an, die Aura der Menschen im Diesseits zu beobachten und meine Intuition immer mehr zu schulen. Ich habe beobachtet, wie der Mensch von innen heraus strahlt, wenn er die Wahrheit spricht, und wie er leuchtet, wenn er etwas vorgibt zu sein. Immer mehr lenkte ich meinen Blick auf eine liebevolle Lebensphilosophie und die Reinheit der Absichten. So wurde das Leben einerseits immer spannender und verständlicher, andererseits tauchten in mir immer mehr Fragen an das Leben auf.

Als ich mit 23 Jahren an den wunderschönen Bodensee zog, erlebte ich die Intensität der Natur wieder richtig bewusst, mit allen Sinnen. Geprägt von der Reizüberflutung in den Großstädten erlebte ich die emotionale Entschleunigung in der Natur wie eine Offenbarung. Am Bodensee kamen meine Seele und mein Geist zur Ruhe, ich konnte in mir Heimatgefühle verspüren und mich in der Gegend verwurzeln.

Von da an wurden meine geistigen Wahrnehmungen intensiver, und ich konnte sie zielgerichteter einsetzen. Ich erlebte die beseelte Natur mit ihren Naturwesen ganz bewusst. Als ich begriff, dass alles in der Natur beseelt ist, gewann das Leben für mich noch mehr an Faszination.

Ich begann, in einer Naturheilpraxis zu arbeiten, und beschäftigte mich mit den Menschen und ihren Lebensfragen. Bald richtete ich deren Fragen an ihre Schutzengel und konnte so die Hilfesuchenden unterstützen.

Ich erinnere mich noch sehr gut daran, wie gerade die Aufenthalte in der Natur mir den Blick für das Wesentliche im Leben geöffnet haben. Die Ruhe, die mir in der Natur zu erleben ermöglicht wurde, half mir, meine Sinne zu schärfen und meine Achtsamkeit zu verstärken. Dies hat in mir heilsame Erkenntnisse, heilsame Gefühle und heilsames Verhalten gefördert. In der Natur fand ich Heilung nicht nur auf emotionaler und mentaler Ebene, sondern auch auf physischer.

Die Natur war eigentlich schon immer mein Arzt und meine Heilquelle. Denn in Russland kam ich als Kind einige Male mit einer Krankheit in die Klinik, und ein paar Wochen später wurde ich mit neuen Keimen, die zu anderen Krankheiten führten, wieder entlassen. Meine Rettung war, dass meine Eltern mich ins Dorf zur Urgroßmutter brachten. Dort konnte ich mich in der Natur aufhalten, was mein Immunsystem regenerierte, und manche Erkrankungen wurden so durch meine Selbstheilungskräfte, durch die Kraft der Natur und durch die Kraft der Ruhe geheilt.

Die Natur war bald für mich eine Art Heimat oder das wesentliche Zuhause, ganz gleich, in welchem Land ich mich befand oder heute befinde.

Doch zurück zu der Zeit, als ich am Bodensee heimisch wurde: Dort gibt es nördlich von Überlingen, in Bruckfelden, den Kraftort »Maria im Stein«. Bei meinem ersten Besuch dieses Ortes war ich noch ohne einen bewussten Glauben. Ich schaute mich um, völlig frei und unvoreingenommen, und beobachtete die betenden Menschen, die sie umgebende Natur und die Schwingung um mich herum. Manche Menschen beteten inbrünstig vor der Marienstatue. Ich konnte innerlich immer tiefer zur Ruhe kommen und die Menschen unvoreingenommen beobachten. Plötzlich konnte ich bei einer betenden Person sehen, dass ihr Schutzengel an ihrer Seite stand. Er leuchtete in durchscheinendem blauem Licht, vermittelte Ruhe und Stille und hörte seinem Schützling beim Beten ganz aufmerksam zu.

Es war damals für mich sehr berührend, mit eigenen Augen zu sehen, dass die Gebete der Menschen tatsächlich erhört wurden. Gleichzeitig entstand in mir die Erkenntnis, dass wir nie verlassen sind. Dies mit allen Sinnen zu erleben war für mich eine große Offenbarung, die mich tief bewegte. Da wurde mir mein Urvertrauen bewusst; es entstand ein tiefes Wissen, dass wir mit etwas Höherem verbunden sind. Dieses Empfinden lässt mich das Leben als sinnerfüllt erfahren.

Kurze Zeit später hatte ich dann meine erste Begegnung mit den Naturwesen. Es war im Mai in der Schweiz auf der Rigi. Dort konnte ich plötzlich und unerwartet eine Melodie, einen universellen Klang vernehmen und sehen, dass die satten, grünen, mit unzähligen Blumen übersäten Bergwiesen belebt und beseelt waren. Es waren nicht nur die Grashalme, Blumen und Sträucher, die sich sanft im Wind bewegten, und Bienen, Insekten und Vögel, die herumflogen, sondern ich sah, dass die Natur auch von Naturwesen beseelt wird, die sich ebenfalls bewegen. Ich konnte viele kleine, etwa kniehohe Wesen sehen, die an der Erde arbeiteten. Es handelte sich dabei um Zwerge und Wurzelwesen. Einige von ihnen hielten in ihrem Tun inne, als sie bemerkten, dass ich ihre Schwingung sehen konnte. Ich setzte mich damals völlig verblüfft auf die Wiese und beobachtete ihr Treiben, während ich mich mit all meinen Sinnen freudig und gleichzeitig demutsvoll auf dieses neue, unglaublich faszinierende Erlebnis einließ. Dabei genoss ich die wärmenden Strahlen der Frühlingssonne auf meiner Haut und den sanften Wind in meinem Haar, und mein Herz hüpfte vor Freude.

Ich gehe schon seit Langem gern mit unserem Hund durch den Wald spazieren. Einmal beobachtete ich dabei, ganz bewusst, also ohne Meditation und Gebet, wie der Wald von allein, ohne eine menschliche Absicht, heilend wirkt. Wir nehmen das Leben vor allem über unsere Sinne wahr, sie sind wie offene Tore. Wenn wir mit uns selbst im Reinen sind und uns öffnen, gelangen wir auch in die übersinnlichen Wahrnehmungen hinein.

Ich habe erfahren, wie allein die Gerüche von Bäumen, Blüten, Pilzen, Moos, Wiesen und vielem mehr auf unser Bewusstsein einwirken und sich eine tiefe Zufriedenheit und Ruhe einstellt. Die ätherischen Öle stärken auch das Immunsystem, der Herzschlag wird ruhiger, der Mensch wird weicher. Ich konnte feststellen, dass schon nach fünf Minuten mit jedem Schritt im Wald die Chakren zunehmend aktiviert wurden, vor allem das Wurzelchakra, das ja für die innere Sicherheit, für Erdung und Verwurzelung steht.

Auf meinen Spaziergängen durch den Wald bleibe ich immer bewusst einige Minuten stehen und nehme mir die Zeit, zu spüren, welcher Baum mich ruft, wo es mich hinzieht. Zu diesem Baum gehe ich intuitiv, um mich mit dem Rücken an den Stamm zu lehnen. Dies stärkt die Nierenkraft, und ich spüre dann in mich hinein und nehme wahr, welche Inspiration mich heute erreichen darf und für mich bestimmt ist.

Wenn es ein Nadelbaum ist, erlebe ich oft, dass ein ordentlicher Energieschub an Heilkraft über die Nieren und Füße in mich einfließt. Die Aura vergrößert sich automatisch, alles wird besser durchblutet, die Chakren werden durch das tiefere Atmen und innere liebevolle Befinden aktiviert; der Organismus, der physische, emotionale und geistige Körper wird gestärkt und erneuert wie durch einen Jungbrunnen.

Wenn mich ein Laubbaum zu sich ruft, dann erhalte ich auch Botschaften und Inspirationen, durch die mir immer etwas Wesentliches über mein Leben klar wird oder über die Entscheidungen, die an diesem Tag anstehen. Oftmals bekomme ich auf diese Weise dann auch Inspiration für den Inhalt eines neuen Buches oder Seminars.

Seit vielen Jahren gebe ich nun schon in der Natur Seminare zu Kraftorten, Bäumen und Naturwesen in Deutschland, in der Schweiz, aber auch in Russland und Amerika. Anfänglich waren wir Fragen nachgegangen wie: Wer empfindet welchen Ort als Kraftort, was macht einen Ort möglicherweise als Kraftort aus, sind es Gebete der Menschen, ist es ihre Ruhe, die die Engel anzieht; ist es eine Erdschwingung oder bestimmte Mineralschichten, die die Energie erhöhen; sind es bestimmte Pflanzen, die besondere Heilquellen in sich tragen; ist es eine Geschichte dieses Ortes, wo sich der Mensch orientieren und Kraft schöpfen kann? Dabei stellte ich rasch fest, dass meine Seminarteilnehmer auf der Suche nach ihrem Kraftort verstärkt Kontakt zu Bäumen aufnahmen. Sie gingen ihrem Bedürfnis nach, sich an einen starken Baum anzulehnen oder ihn zu umarmen. Da wurde mir deutlich, dass die Baumgeister uns mit ihrer heilenden Kraft förmlich anziehen und uns immer aufs Neue inspirieren. Aufgrund der vielen Fragen, die meine Seminarteilnehmer im Laufe der Zeit zu den Bäumen stellten, ist nun auch dieses Buch entstanden.

Ich wohne auf einem Grundstück mit einer Größe von über einem Hektar. Wir haben hier, nach Absprache mit den Naturwesen, sanfte Veränderungen vorgenommen und bestimmte Steine auf bestimmte Plätze gestellt, um die Energie dieses Grundstücks zu harmonisieren und zu erhöhen. So leben wir umgeben von dieser heilsamen Schwingung. Immer wenn ein Baum gefällt werden muss, kläre ich dies vorher mit den Naturwesen ab.

Doch am Anfang bedurfte es erst ein wenig der »Beziehungspflege« mit den Naturwesen, denn sie sind nicht so gesprächig, wie ich es von den Engeln gewohnt bin. Die Engel in ihrer bedingungslosen Liebe und Geduld sind ja stets präsent für ihre Schützlinge. Naturwesen sind vorrangig präsent für die Natur, und deshalb müssen wir uns in unserer Schwingung, in unserer Absicht, in unserer Güte auch der Natur nahe fühlen und sie pflegen, wenn wir etwas von ihnen möchten. Durch das Meditieren im Garten zieht man sie automatisch an, weil wir dadurch friedvoll werden und in unserer Schwingung der Natur ähneln, daher sind sie dann offener uns gegenüber.

Zunächst dauerte es jedoch etwas, bis ich ihre Sprache verstand. Es handelt sich um eine emotionale, ausdrucksvolle Bildersprache. Ich nahm mir viel Zeit für Meditation und Beobachtung, um Inhalte zu erfassen, wie zum Beispiel: Wie baue ich einen Kraftgarten auf?

Im Umgang mit geistigen Wesen dürfen wir nicht unserer eigenen Vorstellung und Fantasie erliegen. So habe ich einmal eine Gruppe von Leuten erlebt, die um einen Blumenstrauß herum saßen und glaubten, dort mit Elfen auf den Blüten zu meditieren. Die Bilder, die sie beschrieben, glichen denen aus den Märchen. Tatsächlich waren gar keine Elfen anwesend, da Schnittblumen keine mehr besitzen. Elfen sind nur in Pflanzen anzutreffen, die im Boden verankert sind, auch in Topfpflanzen. Das ist nachvollziehbar, denn wenn eine Blume abgeschnitten, also von den Wurzeln abgetrennt wird, geht sie in das Stadium des Vergehens über. Eine Elfe ist aber nicht am Vergehen interessiert, sondern am Werden. Das heißt, ist die Pflanze von der Wurzel getrennt, zieht die Elfe direkt über den Wurzelbereich in eine andere Knospe und unterstützt diese Blüte in ihrem Gedeihen. Somit ist es ein stetiger Transformationsprozess. Übrigens: Für die Pflanze entsteht durch das Abschneiden kein Leid im herkömmlichen Sinne, weil kein rationales Bewusstsein da ist, wie wir es als Menschen kennen.

Viele können nicht unterscheiden zwischen Wünschen, Fantasie und tatsächlichem Erleben. Die geistigen Wesen haben keine materielle Gestalt, wie wir sie aus Märchen oder biblischen Beschreibungen kennen, sondern es sind nichtmaterielle formlose Wesen, die sich uns komprimiert in einer Gestalt darstellen können.

Die Spiritualität kann mit blindem Glauben und falschen Vorstellungen nichts anfangen, weil dieser Blick von außen kommt, nicht von innen. Gelebte Spiritualität basiert ausschließlich auf individuellen, authentischen Erfahrungen. Deshalb muss spirituelle Erfahrung nachvollziehbar, umsetzbar und liebevoll sein – und gerade diesen Schwerpunkt erarbeite ich in all meinen Büchern.

Ich beeinflusse zum Beispiel unsere Tochter auch nicht im religiösen, hellsichtigen oder spirituellen Sinne, denn Kinder haben ihren eigenen Draht nach oben mit ihrer eigenen inneren Kreativität. Und diese Spiritualität möge sich so entfalten, wie es gut für sie ist. Je älter sie werden, je mehr die Ratio in den Vordergrund tritt, umso mehr wird das andere verdrängt. Dann kann sich eine eigene Wahrheit finden, eine richtige Balance zwischen Herz und Verstand. Ich helfe dabei nur mit Gesprächen und diene als Vorbild, indem ich meinen Weg gehe.

So gebe ich meiner Tochter nur dann Informationen, wenn sie von sich aus Fragen stellt. Seien dies Fragen religiöser Natur, wenn sie von der Schule aus dem Religionsunterricht kommt, oder spiritueller Natur, wenn es um Tod oder Engel oder Naturwesen geht.

Ich lasse ihr die Freiheit, solche Fragen von sich aus zu stellen, ohne sie im Voraus darauf hinzuweisen. Als wir neulich durch unseren Garten gingen, waren die ersten Vorboten des Frühlings sichtbar, und so standen wir schließlich vor einem kleinen Büschel Vergissmeinnicht. Je kleiner die Blüte, umso achtsamer muss man schauen, wenn man Elfen wahrnehmen möchte. Je größer die Blüte, umso mehr Ausdruck schwingt darin, und umso leichter ist es auch, das Wahrnehmen von Elfen zu üben. Da stand nun meine Tochter vor der Pflanze, betrachtete die kleinen Blüten und sagte: »Das ist gemein, dass nur du Elfen sehen kannst!« Und ich antwortete: »Nein, nicht nur ich kann die Elfen sehen. Wenn du aufrichtig Freude daran hast, werden sie sich dir schon irgendwann zeigen.«

Für die Reifung von meditativer Wahrnehmung muss man das Gespräch mit der Natur suchen, man muss auch generell immer mehr ins Herz kommen, jedoch die Dinge ebenso mit dem Verstand begreifen, sonst entsteht Fantasie, und die bringt einen nicht voran.

Ich habe mit Erstaunen festgestellt, dass sich die Elfen in von Menschen angelegten Parkanlagen eher verstecken, sie befinden sich mehr im Blütenkelch und im Blütenstamm. Warum? Weil hier das Gleichgewicht, anders als in einer natürlichen Landschaft, nicht ausbalanciert ist. Auf einer Naturwiese kann die Blüte noch so klein sein, sie hat dennoch viele Wesenheiten bei sich, weil das biologische System natürlich ist. Nicht umsonst geht uns das Herz auf einer Blumenwiese in der freien Natur ganz anders auf, als wenn wir in einem gepflegten Park stehen. Und natürlich kann sich die Energie in einer solchen Atmosphäre, wo täglich so viele Menschen hindurchmarschieren, nicht gleich stark entfalten. Für die

Natur ist das nicht schlimm, es ist eher schade für uns, weil wir nicht so in die Erdung und Energie hineinkommen können, wie es in natürlich gewachsener Umgebung der Fall ist.

Bewusstsein braucht Bewegung: körperliche Bewegung, Bewegung in Form von neuen Gedankengängen und emotionale Bewegung, indem man allen Gefühlen Raum gibt und mit jedem Atemzug in innerer Hingabe Neues im Herzen zulässt. Was kann also unsere körperliche, geistige und emotionale Beweglichkeit besser fördern als zum Beispiel ein Spaziergang in der Natur?

Soeben komme ich von einem solchen Ausflug zurück. Ich habe nach dem letzten Abschnitt meine Schreibtätigkeit unterbrochen und bin mit unserem Hund für eine Stunde in den Wald gegangen. Nachdem mich das Schreiben energetisch stark in den Kopf gebracht hatte, tat es gut zu spüren, dass bereits nach fünf Minuten das Wurzelchakra, also die innere Stärke und Erdverbundenheit, aktiviert wurde; ebenso das zweite Chakra, indem sofort das Hormonsystem und der Stoffwechsel in Bewegung kamen und mit dem Stoffwechsel auch das Immunsystem. Dies wirkte sich dann auf das Feingeistigste bis ins Scheitelchakra positiv aus.

Normalerweise geschieht das ganz ohne unser Zutun, ohne dass wir mit dem Willen eingreifen. Je weniger der Mensch sich in solche Vorgänge einmischt, umso besser laufen sie ab. Ich ging voller Freude durch den Wald und berührte einfach im Vorbeigehen die frischen Blätter, die an einem Zweig hingen. Dabei bemerkte ich, wie sich plötzlich meine Aura blitzartig ausbreitete. So, als ob man in einen See einen Stein wirft und dieser Ringe im Wasser bildet. Meine Aura pulsierte, denn die feinen Blättchen, die im Begriff waren, sich zu öffnen, gaben eine starke Energie ab, und dies permanent!

Doch zurück zu unserem Garten: Als wir unser Grundstück übernahmen, war der Boden sehr feucht. Vom Waldhügel drückten unterirdische Wassermassen auf das Grundstück, und auf der anderen Seite des Grundstücks verläuft ein Bach. So war das Wasserelement dominant, und wir hatten nur wenige Schmetterlinge und Vögel im Garten. Wir merkten, wie es dem Grundstück an ausgeglichener Energie mangelte, was sich auch auf unser körperliches und seelisches Wohlbefinden auswirkte. Es fehlten die Balance und die Harmonie.

Nachdem wir mithilfe von Fachleuten und nach Absprache mit den Naturwesen das Grundstück mit Drainagen stabilisiert und energieraubende Pflanzen und Bäume durch andere Arten ersetzt hatten, konnte sich zusehends ein natürliches Gleichgewicht entwickeln.

So ist das Grundstück jetzt in vollkommener Harmonie. Alles blüht und gedeiht, Rehe besuchen uns, und viele Vögel bauen ihre Nester und brüten. Bei uns ist ein Paradies entstanden, und die Naturgeister sind zufrieden. Es ist für jeden wichtig, hier auf Erden einen Wohnort einzurichten, in dem er sich zu Hause fühlt. Es ist schön, sich im Diesseits geborgen, geliebt und beheimatet zu fühlen und unser Bewusstsein hier auf Erden gerade über unsere Sinne verstärken zu können.

Der Mensch und die Natur

Die Natur ist unser Vorbild

Die Natur lehrt uns Geduld; sie lehrt uns, den Dingen Zeit zu lassen. Wir sollten den Kreislauf der Hektik und Routine unterbrechen und uns Zeit für uns nehmen, um uns in der Natur zu besinnen. Mögen wir dabei bewusst die Wunder und die Ruhe der Natur wahrnehmen und auf uns wirken lassen. Die Natur wirkt heilsam und ist ein großer Lebenslehrer. Sie lehrt uns Vertrauen, Geduld und Genügsamkeit, Zufriedenheit und Güte und vor allem die Gewissheit, dass alles zur rechten Zeit stattfinden wird.

Bäume sind unsere spirituellen Lehrer. Sie sind in der Erde verwurzelt und streben nach Licht und Leben. Sie sind faszinierende Wunderwerke der Natur. Sie trotzen Stürmen, Trockenheit und Kälte von Frühling bis Winter. Sie lassen Abertausende von Blättern sprießen, filtern Tonnen von Giftstoffen aus der Luft und produzieren riesige Mengen Sauerstoff. Ohne Pflanzen und Bäume wäre das Leben auf unserem Planeten nicht möglich. Die Bäume atmen über die Blätter. Die Atmung der Pflanzen, die Fotosynthese, ist die Quelle des Sauerstoffs. Mit diesem Buch möchte ich helfen, eine liebevolle und bewusste Beziehung zu unseren Freunden und Lichtträgern dieser Erde aufzubauen.

Der Wald stellt für uns ein Therapie- und Gesundheitszentrum dar. Gleichzeitig ist er auch ein Ort der Freude und Inspiration. Er weckt in uns Begeisterung und Faszination, und er ermöglicht uns, Stille und Vertrauen zu entwickeln. So können wir durch die

Erfahrung mit der beseelten Natur einen riesigen Schatz an Erkenntnissen vernehmen und Wege zu Neu- und Umorientierung im Leben begreifen. Denn die Besinnung auf die grünen Helfer kann uns heilsame und lösungsorientierte Anstöße für unser Leben bringen. Bereits Hildegard von Bingen (1098–1179) hat gesagt: »*Es gibt eine Kraft aus der Ewigkeit, und diese ist grün.*«

Jahrtausendelang streifte der Mensch durch die Wälder, ernährte sich von dem, was er fand, und war der Natur ganz nah. Der Mensch lebte in der Atmosphäre des Waldes und profitierte von seiner Kraft. So waren die Bäume unseren Vorfahren heilig. Heute können wir kaum noch ermessen, wie tief die Beziehung der Kelten und Germanen zu ihren heiligen Hainen war. Doch eine Inspirationsquelle sind Bäume immer noch.

Die Bäume bewegen die Emotionen im Menschen, sie bringen seine Seele zum Leuchten und zum Schwingen. Im Wald lassen wir den Alltag hinter uns und legen unsere Rollen ab. Im Wald sind wir ganz wir selbst, ganz Mensch, ganz Kind; verspielt, offen, fröhlich und mit der Natur verbunden. Wir können uns auf den Moment einlassen, unsere Sinne öffnen, kommen vom Verstand ins Herz, ins Spüren, und können das Leben und uns selbst viel intensiver wahrnehmen.

Tiefe Verbundenheit mit allem und Harmonie sind so unfassbar wichtig, gerade in der heutigen Zeit der Digitalisierung. Denn die Unberechenbarkeit, Komplexität und Schnelllebigkeit des Alltags überfordern viele Menschen. Die Menschen sehnen sich nach Stabilität, Ruhe, Frieden und Harmonie. Unsere Gesellschaft verändert sich, wir spüren deutlich, dass die Anforderungen an jeden Einzelnen stetig zunehmen. Wir können daran verzweifeln oder aber daran wachsen und erwachen. Wir sollten die Herausforderungen der neuen vernetzten Welt positiv annehmen, indem wir die Balance in uns durch die Natur entwickeln und im Alltag bewahren.

So, wie ein starker Baum allen Stürmen gewachsen ist, so können auch wir uns stark verwurzelt fühlen. Wir können uns innerlich zum Himmel hin aufrichten und jegliches Joch der Gesellschaft von den Schultern abwerfen. Eine starke Persönlichkeit benötigt starke Wurzeln, das heißt Frieden mit ihrer Vergangenheit und tiefe Verankerung in ihren positiven Prägungen. Nur ein Baum mit starken Wurzeln wird einen starken Stamm entwickeln und eine gesunde grüne Krone, die sich zur Sonne hin reckt. Ebenso ist nur ein gut in sich verankerter Mensch fähig, seine Schöpferkraft in der Gegenwart auszuleben und aus einer lichtvollen Gegenwart eine kraftvolle Zukunft aufzubauen. Wir fühlen uns auch nicht überfordert, wenn wir unsere volle Schöpferkraft zu nutzen wissen und uns selbst vertrauen.

Das rein materielle Denken in der Ökonomie und die bisherigen auf Kontrolle basierenden Führungsstile werden mit der Zeit abgelöst werden durch inspirierende Werte wie Vertrauen, Sinnhaftigkeit, gemeinsamer Aufbruch und Verbundenheit. Damit dies gelingt, sollte jeder daran interessiert sein, sich in seiner Persönlichkeit und Berufskompetenz fortzubilden, also mit der Zeit zu gehen, und genauso aufmerksam seiner inneren Balance und Verwurzelung nachzukommen. Das ist spirituelle Persönlichkeitsentwicklung, die Menschen schon vor Urzeiten vollzogen haben.

Heute leben wir in einem Seelenzeitalter, wo langsam, aber doch zunehmend Emotionen und Spiritualität in den Blick rücken. Es wird erkannt, dass wir allein mit Rationalität nicht weiterkommen. Gefragt sind jetzt authentische, einzigartige Persönlichkeiten mit ihrer Kraft und ihren Ideen. Je mehr Menschen in ihrer

Persönlichkeit, in ihrem Bewusstsein erwachen, umso weniger haben Diktatoren, Populisten und Angstschürende Macht. Auf diese Weise kann sich aus dem inneren persönlichen Frieden der Weltfrieden entfalten. So kann sich aus der inneren Sicherheit auch die Sicherheit im Außen gestalten.

So, wie die Natur sich stets mit den Jahreszeiten wandelt, ist auch alles andere permanent im Wandel. Das einzig Beständige im Leben ist die Veränderung. Und wenn wir uns in unserem Gott- und Selbstvertrauen auch in der Ungewissheit geborgen wissen, können wir uns im neuen Zeitalter entfalten und zur Gestaltung der neuen Welt unseren Beitrag leisten. Selbstbestimmung wird immer mehr zur Lösung werden, wie auch die Verantwortung gegenüber der Gemeinschaft.

Wo der Mensch etwas als zu heiß und zu kalt bewertet, zu hell und zu dunkel, zu trocken und zu nass usw., wertet die Natur nicht. Sie fügt sich ganz in den Rhythmus des Lebens. Und wo der Mensch stets mit sich selbst hadert, sich als zu hässlich empfindet, zu dick, zu dünn, zu dumm usw., bewertet die Natur sich selbst nicht. Sie nimmt sich an, wie sie ist. Sie möchte gar nicht anders sein. Sie existiert einfach. Auch in dieser Hinsicht können wir von der Natur viel lernen. Je bewusster wir mit unserem inneren Potenzial umgehen, umso kraftvoller stehen wir auch in der Welt. Die Natur hilft uns stets, zurück zum Ursprung, zurück zur Kraft, zur Wahrheit zu finden; zurück zu unserem wahren göttlichen Selbst. Hier öffnen wir uns unserem Lebenssinn und finden unser Glück, anstatt dies in den Ablenkungen im Außen zu suchen. Hier fühlen wir uns frei und streben nicht nach Anerkennung. So können wir von ganzem Herzen entdecken, was für uns wirklich von Bedeutung ist, nämlich Gesundheit, Wohlbefinden, ein gemütliches

Zuhause, Liebe, Familie und Freunde, ein sinnerfülltes Arbeiten, Kreativität, das wirkliche, analoge, sinnliche Leben an sich und nicht das digitale. In diesem liebevollen Bewusstsein erfahren wir dann unser Glück, das von der Art, wie wir denken und fühlen, abhängt, und nicht von der Anhäufung von Gütern.

So können wir, durch unsere Verbindung mit der Natur gestärkt, in allen Lebensbereichen jeden Tag stets unser Bestes geben und uns selbst und das Leben lieben und wertschätzen. Gerade in der Ruhe und Schönheit der Natur können wir wirklich begreifen, dass wir, je weniger wir unser Selbstwertgefühl und unsere Zufriedenheit von äußeren Faktoren abhängig machen, umso mehr innere Sicherheit empfinden und gedeihen.

Ein selbstbewusster Mensch, also ein Mensch, der sich der Qualität seiner Gedanken, seiner Gefühle und seiner Handlungen bewusst ist, entscheidet sich, am Leben zu wachsen und nicht zu verzagen. Sobald wir das als unseren Lebenssinn akzeptieren, werden wir jede herausfordernde Situation als Trainingseinheit sehen und nicht als Gefahr. Wir können im erhöhten Bewusstsein stets Haltung bewahren und uns in unserer emotionalen Stärke, wie ein gesunder und kraftvoller Baum, aufrichten.

Wer sich aufrichtet, verlässt die verzagte Opferrolle und wird in seinen liebevollen Werten und Ideen handlungsfähig. Ein Baum stöhnt auch nicht, wenn der Wind stark weht oder die Sonne heiß scheint, sondern nimmt die Situation an und reift an diesen Umständen. So auch wir: Je mehr wir schwierige Situationen annehmen, umso mehr entwickeln wir unser Selbst, wir spüren uns, in jeder Herausforderung fühlen wir uns gefördert und wachsen daran! Der Mensch kann über seine Lebensphilosophie entscheiden. Und das bestimmt seine Gefühle und seine Handlungen. Betrachten wir also die Natur als unser Vorbild.

Der Mensch als Spiegelbild des Baumes

Die göttliche Wahrheit findet sich in allem, sie ist weder streng, dogmatisch noch einseitig. Die göttliche Wahrheit ist pure Liebe, die Liebe zu den Menschen, zu Natur und Schöpfung in all ihrer Vielfalt. Wer in die Natur geht und sich berühren lässt, der wird beschenkt mit dem tiefen Gefühl der Verbundenheit zu einer uralten Quelle der Kraft und Weisheit. Dann ist alles von göttlicher Kraft erfüllt, und alles ist gut, wie es ist.

So, wie der Baum Wurzeln hat, haben auch wir Menschen Wurzeln, Wurzeln in Form einer Geschichte, die uns geprägt hat. Wir kommen nicht umhin, uns im Laufe der verschiedenen Lebensphasen mit diesen Wurzeln auseinanderzusetzen. Denn starke Wurzeln fördern innere Reife und ermöglichen Wachstum. Für den einen ist dies ein friedvolles Thema, für den anderen jedoch eine besondere Herausforderung. Für jene zum Beispiel, die sich verpflanzen mussten und an einem neuen Ort zu gedeihen versuchen, und für jene, die mit den eigenen Wurzeln hadern, auf denen sie doch wachsen und gedeihen sollten.

Als spiritueller Mensch spreche ich auch von Wurzeln im Himmel, die es uns ermöglichen, überall zu gedeihen und den Lebenssinn der Liebe in allem zu erkennen und zu leben. Nicht nur wir haben unsere Himmelswurzeln, sondern auch göttliches Bewusstsein schlägt Wurzeln auf dieser Erde, und zwar durch die Natur und durch uns, durch unser liebevolles Bewusstsein. So ist Gott in uns und wir in Gott, und wir sind getragen von himmlischer Kraft, erfüllt von Zuversicht. Gott ist also nicht eine Wesenheit im Außen, sondern zeigt sich als ein liebevoller Zustand in unserem Inneren, als der Friede in uns. Durch das heilende und klärende Schweigen in der Natur können wir diese Erfahrung machen und wieder zum Lebenssinn, zu göttlicher Verbundenheit und zur eigenen Mitte finden.

Wenn wir unsere Wurzeln nicht verleugnen, können wir über uns hinauswachsen – aufgerichtet stehend zwischen Himmel und Erde. Denn unser irdisches Dasein und das göttliche Bewusstsein sind immer untrennbar miteinander verbunden.

So ist es nicht verwunderlich, dass der Baum ein Symbol in zahlreichen Religionen und in der spirituellen Ausrichtung ist sowie oftmals die Hauptrolle in Fabeln und Liedern spielt. Es ist ein sehr schönes und vielschichtiges Symbol, in dem wir uns wiedererkennen. Ein Baum, der wächst, reift, Früchte produziert und sich in viele Richtungen verwurzelt: Dieses Bild spiegelt das menschliche Werden, Reifen und Sich-Verwurzeln wider. In seinem Wachstum lehrt uns der Wald auch, dass wir uns stets vor Augen halten sollten, dass Wachstum nur maßvoll möglich ist, in einem Gleichgewicht, das der Nachhaltigkeit und auch der Vergänglichkeit ihren Platz einräumt.

Das Maßvolle möge uns lehren, dass Werden und Vergehen ein Gesetz der Natur ist. Es muss zuerst etwas vergehen, damit Neues entstehen und wachsen kann. Unaufhörliches Wachstum ist nicht möglich, Wachstum ist begrenzt. Also tun wir gut daran, zu überlegen, was wir reduzieren und abschließen können, bevor wir ein neues Projekt beginnen. Alles Lebendige hat seine Zeit und benötigt seine Zeit. Dieses bewusste Wachstum ist Voraussetzung für Entwicklung, für Stärkung und für Verbesserung. Fehlten hingegen das innere Wachstum und die Wandlung gänzlich, würde das zu Stagnation und zum Verfall führen. Dies sollten wir beachten, statt Bestehendes um jeden Preis erhalten zu wollen oder uns jeglicher Wandlung zu verweigern.

Die Umgebung des Baumes hat Einfluss auf ihn, auf das Innere des einzelnen Baumstammes. Die Zellbahnen gewährleisten den Flüssigkeitstransport von den Wurzeln durch den Stamm bis hinauf zur Baumkrone und umgekehrt. Nach einiger Zeit verstopfen sie und müssen durch neue ersetzt werden, welche infolge des jährlichen Wachstums entstehen und durch die Jahresringe sichtbar sind. Auch hier ist Wachstum also notwendig, um Funktion und das Leben zu gewährleisten. Dabei haben die äußeren Lebensumstände, zum Beispiel Bodenqualität, Wasserverfügbarkeit, Temperatur und Witterung sowie Konkurrenz und Nachbarschaft, aber auch seine genetische Veranlagung Einfluss auf den Baum. Dementsprechend produziert er breitere oder schmalere Jahresringe. So entstehen völlig unterschiedliche Holzqualitäten.

Auch wir Menschen sind von solch äußeren und inneren Einflüssen geprägt und haben unterschiedliche Fähigkeiten und Talente mit in dieses Leben gebracht. Diese zu erkennen und richtig zu nutzen ist die große Kunst des Lebens.

Es geht darum, in sich zu ruhen und auch in Stresssituationen und bei Spannungen geerdet und seelisch frei zu bleiben. Diese innere Kraft entspricht einem tiefen Frieden und großen Glück. Innere Standfestigkeit und Ausgeglichenheit stärken den inneren Frieden, und wir werden handlungsfähiger und erfolgreicher sein. So, wie ein starker Baum den Stürmen und Gewittern standhält, können auch wir den Stürmen trotzen und dem Leben Raum geben zum Erfahren, Wachsen und Reifen.

Je bewusster der Mensch wird, umso ethischer ist sein Verhalten. So ist für einen ethischen Menschen alles Leben heilig. Auch das, was uns vom menschlichen Standpunkt aus als tiefer stehend erscheint. Ist der Mensch solchermaßen von der Ehrfurcht vor dem Leben berührt, lebt er erfüllt von tiefer Dankbarkeit und Freude, er handelt ressourcenschonender, friedfertiger und achtsamer.

In der Natur zur Selbsterkenntnis finden

Wir sollten Liebe zu unserer Lebensphilosophie machen, uns selbst mehr lieben und Anerkennung geben und das Grübeln hinter uns lassen. Denn Grübeln voller Zweifel, Sorgen und Ängsten ist das größte Hindernis der geistigen Welt, es blockiert unsere positiven Gefühle und letztendlich auch die Selbsterkenntnis.

Allein in der Natur, in der Stille, sind wir auf uns selbst zurückgeworfen. Fernab von den Ablenkungen des Alltags nehmen wir uns stärker wahr: unseren Körper, unsere Atmung, unsere Art, uns zu bewegen. Und zurückgeworfen auf uns selbst, nehmen wir auch unsere Gefühle stärker wahr. Das sind Momente, in denen Fragen wie »Wer bin ich?«, »Was ist mein Kern?«, »Wie stehe ich im Leben?« auftauchen und wir uns mit uns selbst auseinandersetzen.

Wahre Einblicke und Erkenntnisse erhält man nur mit dem Herzen und in der Verbundenheit mit dem wahren Leben, in der Verbundenheit mit der Natur. Deshalb besteht die höchste Weisheit darin, den inneren Kampf aufzugeben und das Leben anzunehmen. So, wie die Bäume es tun. Sie kämpfen nicht gegen Herbst, Winter, Kälte und Stürme, sondern nehmen den Lauf des Lebens an und sind damit erfüllt von Lebendigkeit und Energie.

Öffnen wir uns mit absolutem Urvertrauen Gott und den geistigen Welten, und erkennen wir den göttlichen Kern in uns. Denn alles ist Energie. Die Materie, also unsere Körper wie auch die Bäume, besteht aus stark verdichteter Energie, und alles ist beseelt von feingeistiger Kraft der Liebe und der Bewusstheit. Aus dem inneren Vertrauen heraus können auch vertrauensvoll und heilsam die Wege im Außen gegangen werden und in Liebe alles seine Zeit und seinen Platz in unserem Leben finden. So können wir aufgerichtet wie ein gesunder Baum fest in uns verankert sein, verbunden mit dem Himmel und der Erde, und wir können erfüllt von Schöpferkraft, Liebe und geistiger Anbindung durch das Leben gehen.

Die Liebe ist unsere Heimat. Sie ist immer und überall, wo wir unsere liebevolle Aufmerksamkeit hinlenken. So mögen wir in jedem Baum, in jeder Pflanze, in jeder Blüte ein universelles Kunstwerk erkennen und von der Schöpfung fasziniert sein.

Oder wie der deutsche Dramatiker und Erzähler Heinrich von Kleist (1777–1811) es ausdrückte: »*Honig wohnt in jeder Blume, Freude an jedem Orte, man muss nur, wie die Biene, sie zu finden wissen.*« Wer den Reichtum und die Schönheit der Natur wahrnimmt, der fühlt sich nie allein, sondern erfüllt und reich beschenkt. So mag unsere Seele von all den Farben und Düften berührt werden sowie von tiefer Stille und zarten Tönen erfüllt. Dann ist unsere Seele offen für die Liebe und das Glück, und wir können der Natur mit einem Lächeln, erhöhtem Bewusstsein und Wohlwollen begegnen.

Wenn wir uns in der Natur aufhalten und zur Ruhe kommen, können sich Blockaden in uns auflösen, und wir können zur Selbsterkenntnis finden. Beim Innehalten können wir die Affirmation »*Ich bin Liebe, ich bin Licht, Frieden erfüllt mich*« wiederholt innerlich sprechen und uns so mit der höheren Kraft verbunden fühlen.

Währenddessen kann uns die Natur viel lehren, wie zum Beispiel den Wechsel von Licht und Schatten, von Ruhe und Bewegung, von lauten und leisen Tagen. So können wir von der Natur lernen, unsere Gefühle zuzulassen und uns dabei vom Leben getragen zu fühlen. Oft sind wir ängstlich vor dem nächsten Schritt, vor einer ehrlichen Auseinandersetzung. Dabei ist es genau das, was das Leben ausmacht, nämlich die Veränderung, die Entwicklung, die Wandlung. Wagen wir es also stets, durchzuatmen und loszulassen, um frei zu sein vom ewigen Grübeln und Zerdenken! Wenn wir im Herzen ankommen, fühlen, lieben und im tiefen Vertrauen leben, erfahren wir uns als geliebt, vom Leben getragen, voller Geborgenheit und stark.

Die Natur als Therapeut: Waldbaden

Achten wir auf die Heilkräfte in der Natur. Wenn wir uns ganz darauf einlassen, ist die Natur ein hervorragender Therapeut, weil sie uns lehrt, in der Gegenwart anzukommen und daraus Kraft zu schöpfen.
Die Natur begünstigt uns auch dabei, uns auf das Wesentliche zu besinnen, unsere wahren Bedürfnisse zu erkennen und diesen nachzugehen, während das Unwichtige zurücktritt.

Wir alle lieben den Duft von Moos, Blättern und Holz, der angenehm und wohltuend unsere Seele berührt. Der Aufenthalt im Wald tut unserem ganzen Organismus gut. Wenn wir nämlich im Wald die frische Luft einatmen, nehmen wir ganz wertvolle und wundersame Stoffe auf, die von Pflanzen und Bäumen abgegeben werden. Sie stärken unser Immunsystem, geben uns neuen Schwung und Kraft. Wenn wir regelmäßig in der heilsamen Energie des Waldes baden, können wir, umringt von Baumriesen, den stillen Zauber der Natur neu erleben. Überall gibt es etwas zu entdecken, zum Beispiel die Düfte. Wenn wir einen frischen Tannenzweig zwischen den Fingern reiben, lösen sich die Duftstoffe und umgeben uns mit einer wohltuenden, sinnlichen Atmosphäre. Wir atmen tief ein und fühlen uns innerlich leichter und freier. So heilen uns die Pflanzen und Bäume unter anderem auch mit ätherischen Ölen in ihren Blättern, Blüten, Stängeln und Rinden.

Ein Spaziergang durch den Wald wirkt wahrlich wie Medizin. Die heilsame Wirkung lässt sich mittlerweile beweisen und wird von den Menschen immer mehr als Therapie angewendet. Das, was für uns noch recht neu klingt, ist für die Japaner seit jeher eine gelebte Praxis. In Japan wird Waldbaden »Shinrin yoku« genannt und bedeutet »therapeutischer Aufenthalt im Grünen«. Shinrin yoku gilt als anerkannte Stress-Management-Methode im japanischen Gesundheitswesen. 1982 regte die staatliche japanische Forstbehörde an, Ausflüge in den Wald als Bestandteil eines guten Lebensstils zu integrieren. So wirkt der Wald wie eine Art Aromatherapie gesundheitsförderlich, vertreibt Angstzustände, Depressionen, verringert Aggression, baut Stresshormone ab und steigert die Vitalität. Die Bäume reichern die Luft mit Terpenen an, das sind chemische Verbindungen, die unser Immunsystem stärken, sie können unsere natürlichen Killerzellen aktivieren und so Krankheiten vorbeugen.

Studien zeigen, dass ein einziger Tag im Wald die Anzahl der natürlichen Killerzellen unseres Immunsystems durchschnittlich um fast 40 Prozent steigert. Diese Zellen schützen uns vor

Krankheiten, indem sie alles beseitigen, was in unserem Körper nichts verloren hat, wie Bakterien, Viren, Krebszellen. Wir stehen in enger Verbindung mit der Natur, so wie auch jede Pflanze, jeder Vogel und jedes Insekt in ihr seinen Platz hat und in das große Netz des Lebens eingebunden ist. Daher dürfen auch wir uns hier frei und aufgehoben fühlen.

Jeder sensible Mensch weiß und spürt, dass im Wald noch viel mehr ist, was auf unsere Seele heilend und friedenstiftend wirkt und über unsere Sinne körperlich erfahrbar wird. Wir empfinden in natürlicher Umgebung Sicherheit und Geborgenheit, weil wir ein Teil der Natur sind. Unser Körper ist gewissermaßen eine Verdichtung von Energie und somit ein Resonanzfeld. So schwingen wir bewusst oder unbewusst mit allem und jedem. Hinzu kommt die Energie der Naturwesen. Denn unser Körper steht in Resonanz mit dem Umfeld, er schwingt mit dem Universum mit und lässt uns Freude und Dankbarkeit spüren.

Das leise Rascheln der Zweige, der Farbenrausch der Blätter und Blüten und die würzig und frisch duftende Luft nähren unseren inneren Frieden, schenken uns Geborgenheit, stärken Vertrauen und eröffnen uns eine Pause zum Durchatmen. So stärkt der Wald, als kraftvoller Heiler, unsere Seele und unseren Körper. Waldluft kann uns vor allen Beschwerden schützen. Ein Tag im Wald senkt unsere Stresshormone um 30 bis 50 Prozent. Von einem Stadtbummel kann man das nicht behaupten.

Bäume sind energievolle Lichtträger. Sie geben uns Energie, Heilung, Wissen und Weisheit. Ein Baum mit seinen Wurzeln ist tief verbunden mit der Erde und gleichzeitig aufgerichtet, immer nach dem Licht strebend zu Sonnenkräften, und er nimmt über seine Krone auch die Sonnenkraft, die Ätherkraft auf und bringt sie über den Stamm in die Wurzeln, in die Mutter Erde hinein. Dieses Feingeistige, Ätherische strömt bis in das Mechanische, Materielle, Grobstoffliche, bis in das Gestein hindurch, und deshalb ist alles beseelt, alles von Leben erfüllt. So kann man über einen Baum auch mit dem Universum meditieren.

Regelmäßiger Aufenthalt in der Natur stärkt unsere Beziehung zum Leben und macht uns hoffnungsvoller, zuversichtlicher und stressresistenter. Die heilende Atmosphäre im Wald aktiviert unseren Vagusnerv. Dies ist jener Teil unseres vegetativen Nervensystems, der für Regeneration und innere Ruhe sorgt. So verbessert sich unsere emotionale Stabilität, und unser Selbstwertgefühl steigt. In der zauberhaften Waldatmosphäre unter zwitschernden Vögeln und dem Rascheln der Blätter können wir ein Gefühl der Geborgenheit zulassen und ganz in der heilenden Gegenwartspräsenz ankommen, in unserer liebevollen Schöpferkraft. Bereits der Anblick der Natur gibt uns neue Energie. Sonnenstrahlen glitzern auf den Sträuchern, und sattgrüne Blätter und Nadeln wiegen sich im Wind. Wir finden zu tiefem Atem und innerer Ruhe, unsere Augen können sich in der Natur entspannen und in die erholsame Weite schauen. Die Schönheit um uns herum tut gut und erinnert uns an unsere eigene innere Schönheit.

Hinzu kommt die Wirkung der Farben auf den Menschen. Seit den 1950er-Jahren ist durch Forschungen von Professor Becher aus Heidelberg bekannt, dass es in der Netzhaut des Auges sogenannte multipolare Zellen gibt, die aufgenommene Farben an das Gehirn weiterleiten. Die unterschiedlichen Frequenzen der Farben haben einen Einfluss auf unser Wohlbefinden. Grundsätzlich wird zwischen Grundfarben (lassen sich nicht durch Mischung herstellen) und Mischfarben (entstehen aus den Grundfarben) unterschieden. Außerdem unterteilt man die Farben noch wegen ihrer Wirkung auf uns in »warme« und »kalte« Farben. Die in der Natur am häufigsten vorkommende Farbe ist Grün. Grün gilt als kalte Mischfarbe und bringt uns Ruhe, Frieden und Entspannung. Bei schönem Wetter sehen wir am Himmel noch die Farbe Blau. Hierbei handelt es sich um eine kalte Grundfarbe. Auch sie wirkt entspannend und beruhigend auf uns. Zeigt sich dann noch das Sonnenlicht, erleben wir außerdem die Farbe Orange. Hier handelt es sich um eine warme Mischfarbe, die Fröhlichkeit, Heiterkeit und Lebensfreude fördert. In künstlichen Räumen begegnen wir meist anderen Farben, die einen anderen Einfluss auf uns haben. Allein deshalb lohnt sich ein täglicher Aufenthalt in der Natur.

Studien zeigen, dass sich Patienten im Krankenhaus von einer Operation schneller erholen, wenn sie vor ihrem Fenster auf Bäume anstatt auf ein Gebäude sehen. Allein der Blick ins Grüne hat bereits eine heilsame Wirkung. Sogar beim Betrachten von Naturfotos sinkt unser Stresshormonspiegel. Dies beweist, wie stark diese Kraft in unserem Unterbewusstsein beheimatet ist. Je bewusster und sensibler wir werden, umso mehr erleben wir, dass ein Wald ein Ort voller Kraft und Fürsorge ist. Wir sind eingebettet in eine wunderbare Energie und umgeben von Liebe. Der Wald offenbart uns ein Leben voller Urvertrauen und Selbstvertrauen.

In Deutschland wird die Tatsache zusehends akzeptiert, dass der Wald heilsam auf uns wirkt, indem sich das Wohlbefinden steigert, die Lunge regeneriert, der Blutdruck und die Herzfrequenz sinken, Stresshormone abgebaut werden und Glückshormone sprudeln. So weiß man heute, dass das von Bäumen filtrierte Gasgemisch, im Vergleich zur Stadtluft, 99 Prozent weniger Staubteilchen enthält und damit ein wahrer Jungbrunnen für unsere Lungen ist.

Der japanische Arzt Dr. Li, Assistenzprofessor im Zentrum für Medizin Nippon, erklärte, dass Pflanzen bestimmte Stoffe, sogenannte Phytonzide, bildeten, mit deren Hilfe sie sich selbst vor Bakterien und Insekten schützen. Diese Phytonzide geben die Pflanzen an die Luft ab. Während der Mensch in der Natur und insbesondere im Wald spazieren geht, atmet er diese ein, und dies führt deutlich zur Vermehrung der natürlichen Killerzellen im Körper.

Es gibt Studien, die aufzeigen, dass Menschen, die nahe an Bäumen wohnen, seltener Herz-Kreislauf-Leiden oder Diabetes bekommen sowie seltener an Krebs sterben. Menschen, die sich viel in der freien Natur aufhalten, entwickeln weniger häufig Allergien. Je mehr Bäume an einem Ort gedeihen, desto gesünder sind auch die Menschen dort.

Die Waldluft wirkt erwiesenermaßen heilsam, weil die Bäume bestimmte radioaktive Elemente aus dem Grundwasser nach oben ziehen, die an der Luft zerfallen und einzelne Luftteilchen negativ laden. So ist die Waldluft ionisiert. Auch wenn wir noch nicht genau wissen, wie sie auf den Körper wirken: Die Studien zeigen, dass sich das Einatmen dieser ionisierten Luft positiv auf seine Heilung auswirkt.

Für unsere Gesundheit müssen wir nicht ständig im Wald sein, sondern es reichen schon halbstündige Spaziergänge aus. Glücklicherweise steht uns gerade in Deutschland, als dem waldreichsten Land in der Europäischen Union, viel Waldfläche zur Verfügung und wartet auf unseren Besuch. Auch wenn jedes Jahr ca. 65 Millionen Kubikmeter Holz geschlagen werden, so wachsen doch 110 Millionen Kubikmeter nach. Außerdem sind ca. zwei Prozent des deutschen Waldes inzwischen dauerhaft aus der Nutzung genommen und können sich naturgemäß, nach den eigenen Gesetzen entwickeln. Bis 2020 sollen es fünf Prozent sein. Der deutsche Wald besteht ungefähr zur Hälfte aus Fichten und Kiefern. Die Laubbäume nehmen jedoch wieder zu, denn monotone Fichtenkulturen, die bereits nach 50 Jahren »geerntet« werden können, haben sich als anfällig gegen Insekten und Stürme erwiesen und werden immer mehr ihrer ursprünglichen Natur zugewiesen.

Der ursprüngliche Wald unterscheidet nicht nach schön und hässlich, gut und böse oder wertvoll und wertlos, sondern ist mit allem in Einheit und voller Präsenz. Der friedvolle Kreislauf der Natur ist faszinierend, so braucht zum Beispiel ein toter Baumriese Jahrzehnte, bis er vermodert. Bis dahin nährt er Moos, Sauerklee, Pilze und Käfer, bis er am Ende zu Humus wird, auf dem neuer Wald wachsen kann. Die Natur einfach sein zu lassen bringt vieles ins Gleichgewicht.

Nicht nur wir verbinden mit der Natur, mit dem Wald und den Bäumen ein Empfinden von Geborgenheit und Heimat. Jeder Baum in einem Wald bietet einer Vielzahl anderer Arten Lebensraum. So bildet ein Baum mit all seinen Bewohnern ein eigenes Ökosystem im Kleinen. Viele alte Bäume bieten im Laufe ihres Lebens vielen Hundert Spezies Unterschlupf. Flechten siedeln auf der Baumrinde, Moose gedeihen, Pilze nähren sich vom Holz. Im Geäst leben zahlreiche Käfer, Wespen, Fliegen, Asseln und Spinnen. Vögel bauen in den Kronen ihre Nester, und Baummarder nutzen Höhlen im morschen Stamm für ihren Wohnraum und um ihre Jungen großzuziehen.

Natürlich spüren wir deutlich den Unterschied, ob wir uns in einem Wirtschaftswald oder in einem Wald in natürlicher Entwicklung befinden. Auch wenn ein Spaziergänger den Unterschied nicht immer sofort erkennt – für aufmerksame und sensible Menschen ist dieser Unterschied nicht nur in der Vielfalt und Schönheit des Waldes deutlich zu erkennen, sondern vor allem im Empfinden des ausgeglichenen Friedens, der Harmonie und der Intensität der heilenden Energie.

Unterschätze auch die Wirkung des Sonnenlichtes nicht. Nimm die Sonnenstrahlen stets ganz bewusst in deiner Umgebung sowie auf deiner Haut wahr. Durch das lebensnotwendige Sonnenlicht entsteht nicht nur Vitamin D in unserem Körper, das für unser Immunsystem wichtig ist und den Kalziumeinbau in unseren Knochen unterstützt, das Sonnenlicht ist auch die wesentliche Triebfeder des Waldlebens. Die Pflanzen, die es einfangen, stellen mit seiner Hilfe pflanzliche Biomasse her, die wiederum zahlreiche Tiere ernährt.

Die heilende Energie des Waldes ist in jeder Jahreszeit von großem Zauber und starker Kraft. Natürlich empfinden wir den Frühling und den Sommer als besonders heilsam, doch auch im Herbst und Winter verliert der Wald nichts von seiner Faszination und Stärke.

Denken wir dabei besonders an die Farben des Herbstes, an die eigentümliche Stimmung über den Wäldern. Die Bäume und Büsche beginnen sich allmählich auf die kalte Jahreszeit vorzubereiten und verändern ihre Farben und ihren Ausdruck. Die Bäume bauen zunehmend den grünen Blattfarbstoff Chlorophyll ab, der die lebenswichtige Fotosynthese im Frühjahr und Sommer ermöglicht. Nach und nach kommen gelbe, rötliche und braune Töne des Blattwerks zum Vorschein, die auch zuvor schon im Laub vorhanden, jedoch nicht sichtbar waren. So kündet das Rostrot des Laubes den Wandel des Lebens an.

Zu kaum einem Zeitpunkt ist der Stoffwechsel in den Blättern aktiver. Wenn die dunkle Jahreszeit naht und die Temperaturen fallen, bereiten sich die Bäume auf den Winter vor. Ein Laubbaum entzieht dazu seinen Blättern wichtige Nährstoffe und lagert diese in Stamm und Wurzel ein. Vor allem die grünen Bestandteile der Blätter schwinden, wodurch leuchtende Töne des goldenen Herbstes zum Vorschein kommen. Nun wirft der Baum sein altes Blattwerk ab.

Im Winter scheint das Leben im Wald wie erstarrt, während die klirrende Kälte Bäume, Äste und Stämme überzieht. Viele Tiere halten Winterschlaf. Unser Energielevel verringert sich ebenfalls. Und auch Bäume müssen Winterschlaf halten, befinden sich in einer Ruhephase, denn sonst würden sie sterben. Die Bäume haben starke Überlebensstrategien und sind tiefen Temperaturen nicht schutzlos ausgeliefert. Gegen die Kälte wirkt ihre oft mit winzigen Luftpolstern ausgestattete Borke wie ein Schutzpanzer. Außerdem sind manche, wie die Eiche, in der Lage, eine Art Antifrostschutzmittel herzustellen, das ihr Gewebe vor dem Erfrieren bewahrt. Die Kälte tut den Bäumen sogar gut. Das sehen wir daran, dass gerade nach sehr frostreichen Monaten ein Baum im nächsten Frühjahr besonders rasch und kraftvoll austreibt.

Das besondere Klima des Waldes zu jeder Jahreszeit hat positive Wirkung auf uns und auf die Umwelt. Auf einzigartige Weise beeinflussen Bäume das Wetter und Klima wie auch die Qualität der Luft. Die Bäume filtern mit ihren Blättern und Nadeln Schadstoffe aus der Atmosphäre und reinigen den Regen mit ihrem Wurzelwerk auf dem Weg zum Grundwasser.

Gleichzeitig entsorgt der Baum mitsamt seinem Blätterdach Schmutz- und Giftpartikel, die sich im Laufe des Jahres angesammelt haben. Denn wir sollten wissen, dass ein großer Baum an einem warmen Tag bis zu 200 Liter Wasser verdunsten kann und nebenbei jede Menge Sauerstoff und ätherische Öle produziert.

Die Wälder bringen ganze Luftströme zum Zirkulieren, indem sie Wasser verdunsten, so ist es in ihrer Nähe meist kühler als etwa in einer Siedlung. Aus der warmen Stadtluft steigt die warme Luft auf, und aus dem Gehölz strömt eine angenehm kühlere Brise nach. Die Bäume schleusen durch ihre Kronen gigantische Mengen Luft und prägen das Wetter auf vielfältige Weise.

All diese Energievielfalt wirkt sich auf uns bei einem Spaziergang wohltuend aus. Die Natur schenkt uns erhöhte Lebensqualität und führt uns immer wieder auch zu uns selbst zurück. Ich staune jedes Mal aufs Neue darüber, wie sich mein Blick auf das Leben verändert, wenn ich im Wald ausgetretene Pfade verlasse und den mir bereits bekannten Wald aus einem anderen Blickwinkel anschaue.

Solche Naturerlebnisse stärken meine Kreativität und unterstützen mich dabei, auch den Blick auf mein eigenes Leben zu verändern und meine Anliegen im Leben anders, nämlich kreativer, spontaner und flexibler, zu betrachten. Ich fühle mich dabei stets von großer Kraft und tiefem Vertrauen erfüllt, sodass mir faszinierende Lösungen für mein Leben zufallen.

Ich mache immer wieder die Erfahrung, dass, wenn ich anderen Lebewesen bewusst begegne, ich auch einen neuen, anderen Zugang zu mir selbst finde. So bin ich zum Beispiel fasziniert davon, die fleißigen Ameisen in ihrem Wirken zu beobachten oder das Moos zu berühren. Da, wo Kontakt über die Sinne entsteht, findet auch auf natürliche Art und Weise Bewusstseinsentfaltung statt, und das Leben wird intensiver erlebt. Aus dieser Kraftquelle schöpfen wir Lebenssinn und können existenzielle Fragen in unserem Herzen klären.

Diese Naturerfahrung wirkt selbstverständlich nicht nur auf Erwachsene beflügelnd, sondern stimuliert die Fantasie und erschafft tiefes Vertrauen auch in Kindern. Es war mir eine Freude, meiner Tochter für einige Jahre ermöglichen zu können, in einen Wald- und Wiesenkindergarten mit vielen Tieren zu gehen. In der Kindergartengruppe wurde deutlich, dass in der Natur eine starke Gemeinschaft unter Kindern entsteht und kein Kind als zu schwach oder zu stark in der Gruppe hervorsticht bzw. aus der Gruppe herausfällt. Es entstand eine heilsame Symbiose aus all den individuellen Unterschieden sowie soziale Stabilität und emotionale Balance.

Aufenthalte im Wald geben uns Raum und die nötige Ruhe, uns selbst zu erleben und das Leben mit allen Sinnen zu genießen. Immer wenn ich längere Zeit auf Vortragsreisen in den Städten war oder mich in geschlossenen Räumen aufgehalten habe, merke ich, dass mir etwas Existenzielles fehlt. Dann gehe ich hinaus in einen Park oder zu Hause in meinen Garten, oder ich laufe mit unserem Hund durch den Wald und genieße die natürliche Kraft und das Sein.

Ich genieße es, zu sehen, wie das Licht in den Kronen der Bäume bricht. Ich lasse meinen Blick in die Weite gleiten und auf etwas Wohltuendem verweilen, ob auf dem inspirierenden Verlauf des Waldweges oder auf der filigranen Struktur eines grünen Blattes. Die Lebendigkeit, die mich umgibt, lässt mich die Lebendigkeit meiner Seele, meiner Gefühle, meiner Kreativität spüren und klärt meine Gedanken und meinen Blick.

Im Wald kann ich der Natur und mir selbst besonders nah sein. Es erfüllt mich stets mit tiefem Frieden und Vertrauen, zu sehen, wie alles um mich herum lebt und alles seinen Sinn hat. Gerade in der Begegnung und im Austausch mit den Naturwesen, in denen ich tiefer in das Energiefeld der Natur eintauche, fühle ich mich jedes

Mal verzaubert, voller Ehrfurcht und Begeisterung vor dem Leben. Ich fühle mich dann wie »Alice im Wunderland«.

Der Zauber des Lebens nimmt für mich auf diese Weise niemals ab. Denn ich bekomme Kontakt zu dem, was das Leben und die Schöpfung ausmacht, was lebendig ist, was unser aller Dasein ermöglicht und uns nährt, was unsere eigentliche Heimat ist. Dies bringt mich immer wieder in einen neuen und intensiven Kontakt mit mir selbst. So bewege ich mich körperlich aktiv in natürlicher Landschaft, und auch mein Bewusstsein, meine Gefühle und Gedanken kommen in Bewegung und klären sich. Denn Bewusstsein braucht Bewegung. Auf diese Weise kann ich ungestört über mich und über das Leben nachdenken, Erfahrungen aus dem Alltag verarbeiten und mich frei erfahren.

Mein Bewusstsein wird rege, weil die Sinne im Wald schärfer arbeiten als sonst. Die Sinne werden auf vielfältige Weise angesprochen, da wir hier eine Welt betreten, in der wir unglaublich viel entdecken können. Wir kommen in die Achtsamkeit und heilsame Gegenwartspräsenz, während unsere Sinne alle gleichzeitig angesprochen werden. Bei einem langsamen Spaziergang barfuß im Mai beispielsweise, hören wir ein Knacken im Geäst, wir riechen den berauschenden Duft von Maiglöckchen, kurz davor roch es noch intensiv nach den ätherischen Ölen des Bärlauchs. Wir »schmecken« die frische Luft und spüren mit den Füßen die Unebenheiten und die Struktur des Bodens. Bei uns Menschen läuft diese facettenreiche Wahrnehmung im Wald mal bewusst, mal weniger bewusst ab. Doch stets führt sie dazu, dass wir uns vitaler und erfüllter fühlen. Wir empfinden all das Lebendige und diese Vielfalt als beruhigend und stabilisierend. Je mehr wir neue Waldpfade entdecken und gehen, umso intensiver erleben wir den Moment, die Natur und uns selbst. Dazwischen genießen wir in einer

Ruhepause auf einem Baumstamm aus einer anderen Perspektive uns und unsere aufregende spannende Umgebung.

Obwohl im Wald unsere Aufmerksamkeit außerordentlich aktiv ist, wirkt dies auf uns beruhigend. Denn die natürlichen Reize der Natur wirken nicht penetrant und gezielt, sondern auflockernd. Im Gegensatz dazu richten wir im Alltag unsere Aufmerksamkeit oft auf etwas Spezielles, etwa auf ein Gespräch oder eine E-Mail, und als Kulisse dienen allerhand Geräusche wie Büro- und Straßenlärm. Dadurch sind wir überreizt und geistig relativ schnell erschöpft. Doch schon ein kurzer Spaziergang im Grünen vermag uns zu beruhigen und hilft uns, unsere Konzentrationsfähigkeit für die tägliche Arbeit wiederzuerlangen. Die Forschung nennt dies »Attention Restoration«.

Kommunikation der Pflanzen

Das wahre Leben geschieht im heiligen Jetzt. Eine große Hilfe, zu Ruhe und innerem Frieden zu kommen, bietet uns Gottes Schöpfung durch die Natur. Denn dort können die Gedanken am besten der Stille weichen, und wir können Gottes Allgegenwart begegnen. Wir finden dort inneren Frieden, indem wir uns auf das Wesentliche, nämlich auf den Augenblick, besinnen und uns nicht in der eigenen Fantasie der Vergangenheit oder der Zukunft verirren.

Noch vor einigen Jahrzehnten gehörte es in den Bereich der Esoterik, wenn man sagte, Pflanzen würden miteinander sprechen. Als Mitte der 1990er-Jahre die ersten wissenschaftlich fundierten Resultate darüber publiziert wurden, entstanden weltweit immer mehr Arbeitsgruppen, die sich mit dem Thema »Pflanzenkommunikation« beschäftigten. Heute wissen wir, dass ein Baum, der zum Beispiel von einer bestimmten Insektenart angegriffen wird, sich wehrt, indem er Bitterstoffe produziert, die den Insekten den Appetit verderben. Gleichzeitig produziert er einen Duftstoff, mit dem er seine Nachbarn warnt, die dann ebenfalls mit der Produktion der Bitterstoffe beginnen.

Die meisten Baumwurzeln bilden zusammen mit der gigantischen Anzahl vorhandener Pilzfäden ein Gewebe, ein sogenanntes Mykorrhiza-Netz. Die Pflanze gibt dem Pilz Zucker, und dieser besorgt ihr dafür Nährstoffe aus dem Boden. Seit einigen Jahren weiß man, dass über dieses Netzwerk auch Informationen ausgetauscht werden und Nährstoffe nicht nur von Pilz zu Pflanze, sondern auch von Pflanze zu Pflanze transportiert werden, um an möglichst viele Nährstoffe zu kommen. So sind diese Mykorrhiza-Netze wie ein unterirdisches Internet der Pflanzengemeinschaften zu verstehen. Der Boden wird von einem faszinierenden Netz aus aktiven Pilzen durchzogen, die alle Bäume miteinander verbinden. Forscher bezeichnen das als »Wood Wide Net«. Es ist also wie ein Internet für Bäume, die elektrische Botschaften aussenden und empfangen und sich so gegenseitig unterstützen können. In nur einem einzigen Teelöffel Walderde befinden sich mehrere Kilometer Pilzleitung. Unter unseren Füßen befindet sich also eine gigantische Verbindung, die uns nun langsam bewusst wird.

Je mehr wir über die Natur wissen, desto mehr verschwindet das Bild von der unbeseelten Flora. Auch wenn wir das Rätsel des Pflanzenreichs wohl nie ganz lösen werden, so ist zumindest klar, dass Pflanzen keine Bio-Automaten sind, die in ihrem Leben bloß ihr vorgegebenes genetisches Programm abspulen. Denn eine Pflanze ist weitaus mehr, sie ist ein Subjekt, das in Beziehungsnetze eingebunden ist, wie wir Menschen auch. Das Pflanzenreich ist viel lebendiger und fähiger, als wir es uns je vorstellen können, und es ist beseelt!

Es ist sehr faszinierend, sich vorzustellen, dass die Bäume und Sträucher, an denen wir auf unserem Spaziergang vorbeilaufen, eine Talkrunde abhalten, ohne dass wir es sehen oder verstehen können, und dass unter uns im Boden ein reger Austausch an Nährstoffen und Informationen stattfindet. Die Forderung, dass der Mensch so wenig wie möglich in den Wald eingreifen sollte, wird vor diesem Hintergrund dringlicher. Es braucht noch seine Zeit, bis sich solche Erkenntnisse im allgemeinen Bewusstsein niederschlagen.

Stefano Mancuso und Alessandra Viola beschreiben in ihrem Buch »Die Intelligenz der Pflanzen« (2015) die Sinne der Pflanzen wie folgt:

Die Pflanzen als lebendige Organismen kommunizieren über die Sinne:

- *Sehen:* Mit Lichtrezeptoren können sie Licht und Lichtintensität erkennen und darauf reagieren.

- *Riechen:* Sie können Duftmoleküle produzieren und auch selbst Düfte wahrnehmen.

- *Schmecken:* Wurzeln können verschiedene Stoffe im Boden unterscheiden und dadurch gezielt in Richtung Nährstoffe wachsen und Giften ausweichen.

- *Fühlen:* Einige Pflanzen, zum Beispiel fleischfressende oder kletternde, haben einen ausgeprägten Tastsinn.

- *Hören:* Sie können Frequenzen wahrnehmen und reagieren darauf mit ihrem Wachstum.

Pflanzen können auch den Feuchtigkeitsgrad im Boden messen, haben einen Sinn für Schwerkraft und elektromagnetische Felder, und sie können den Gehalt chemischer Stoffe im Boden analysieren.

Außerdem hat man erforscht, dass die Pflanzen aus Erfahrungen lernen und sich erinnern können.

Über Sinneserfahrungen der Natur näherkommen

Wir können unsere Sinne ganz bewusst bei der Kontaktaufnahme mit einem Baum nutzen und ihn mit unseren Händen berühren, die Beschaffenheit seiner Borke spüren, an einem Blatt riechen, mit den Händen den Boden nah an seinem Stamm berühren oder ein Stück Rinde aufheben und so erkennen, dass sich im Verborgenen unglaublich viel abspielt.

Diese bewussten körperlichen Sinneserfahrungen stimmen unsere feingeistigen Sinne auf eine Meditation und den Kontakt mit der beseelten Natur ein. Auf diese Weise lernen wir mit dem Geist, mit dem Körper und mit der Seele. Denn wenn alle drei Dimensionen beteiligt sind, profitieren wir am meisten und nehmen die Welt vom Herzen her wahr. So gehen wir unserem natürlichen Lernbedürfnis nach und geben dieser kindlichen Neugier Raum und Zeit, um uns selbst zu entfalten und zu erfahren. Dann wird unsere natürliche Intuition angeregt, und wir werden aktiv, wir folgen unserem Herzensruf.

Wir folgen unseren spielerischen und befreienden Bedürfnissen, während wir über den kleinen Fluss springen, eine Feder in die Hand nehmen oder einen Stein hochheben. Wir sollten uns immer mehr trauen, aus der passiven Beobachterrolle auszubrechen und mit unseren Sinnen unsere Welt aktiv zu erleben. Dies erhöht das Bewusstsein, unser Selbstvertrauen wächst, wir lassen höhere Impulse in uns aufsteigen und finden zum Frieden und Vertrauen und zu Lösungen von Problemen.

Wir kommen ins »Jetzt«, tauchen automatisch in eine liebevolle Schwingung ein, die eine liebevolle Lebensphilosophie in uns befreit, und innovative Ideen für unser Leben werden in uns präsent. Wir lernen ganzheitlich wahrzunehmen, mit dem Körper, mit dem

Kopf und mit dem Herzen. Wer die gewohnten Pfade verlässt, kommt den Schätzen der Natur näher. So auch im Leben: Wer die gewohnten Wege verlässt und sich auf neue Lebenserfahrungen einlässt, wird mehr Fülle und Vielfalt erfahren sowie seine Persönlichkeit besser erkennen.

Es ist sehr wohltuend, aus einem Waldspaziergang eine Meditation zu machen und ins Hier und Jetzt zu kommen. Dabei konzentrieren wir uns auf unseren Atem und machen aus unserem Spaziergang eine Gehmeditation, indem wir jede Körperbewegung ganz bewusst wahrnehmen. Wir können visualisieren, dass wir selbst im Boden Wurzeln schlagen und uns mit den Bäumen verbinden. Wir können einfach unserer Intuition folgen und das tun, was in diesem Moment stimmig ist für unser Herz. Entscheidend dabei ist, keinen Erwartungs- oder Leistungsdruck auf sich auszuüben. Denn dann geschieht vieles von selbst. Mit der Zeit können wir gar spüren, dass der Wald noch immer ein Zuhause für den Menschen ist und dass seine Wurzeln unsere Wurzeln sind. Wir können den Wald als einen mystischen Ort der Stille begreifen und göttliches Bewusstsein des inneren Friedens in allem erfahren.

Jeder erlebt die Welt, somit auch seinen Waldspaziergang unterschiedlich. Für den einen steht das Abenteuer im Vordergrund, für den anderen die Ruhe, indem er sich auf einen Stamm setzt und ein Buch liest oder die Landschaft genießt. Wieder für einen anderen ist das Entdecken verschiedener Pflanzenarten wichtig.

Gerade für die Kinder steht das Abenteuer oft an erster Stelle. Ich werde nie vergessen, wie meine damals noch kleine Tochter vergnügt barfuß über einen Bach sprang, dabei im Wasser landete und von Herzen lachte und lachte. Oder wie ich ihr erzählte, dass Zwerge für sie am Ende unserer Wegstrecke im Wald etwas versteckt haben, und sie ganz aufgeregt zu suchen begann. Sie freute sich stets riesig, wenn sie kleine bunte Edelsteinchen oder kleine Filzfigürchen als Geschenk von den Zwergen fand. Und es ist immer wieder erstaunlich, wie köstlich ein einfaches Essen für uns, aber ganz besonders für die Kinder ist, wenn wir während einer Wanderung eine Pause einlegen und picknicken.

Dabei berichte ich gern meinen Lieben, welche Waldwesen uns umgeben, und übermittle all ihre Botschaften, während wir gemeinsam den Frieden, die Inspiration, die Ruhe und das Zusammensein genießen. Gemeinsame Zeit ist so einzigartig und bereichernd, dass ich mir das sogar als Geschenk zu Feierlichkeiten wünsche, wie zum Beispiel einen Familienausflug an einen bestimmten Kraftort oder eine Wanderung an einem neuen Ort. Nichts ist kostbarer als etwas, das die Seele tatsächlich mit liebevollen Werten berührt und nährt. Gerade diese tiefen Erlebnisse sind das, was unsere Kinder ein Leben lang in ihren Herzen bewahren werden. Und die Liebe und das Vertrauen, das wiederum aus diesen Erlebnissen in ihnen entstand, wird sie lebenslang tragen.

In meinen Naturwesen-Seminaren habe ich nicht selten Menschen erlebt, die Berührungsängste mit dem Wald hatten. Da ich selbst in einer Großstadt aufwuchs, kann ich das gut nachvollziehen. Vielen ist die freie Natur völlig fremd. Manche besuchen solche Seminare, um zum ersten Mal in ihrem Leben einen persönlichen Kontakt zu Mutter Erde herzustellen. Wir können heutzutage ja in Städten völlig isoliert von der Natur leben und sie nie wirklich kennenlernen. Und alles, was wir nicht kennen, kann uns verunsichern.

In Russland zum Beispiel, in der Zeit vor der Perestroika, haben die Menschen die Natur eher als Gefahr verstanden. Denn die

Wälder sind wild und ohne Wanderwege, sodass man sich schnell verlaufen kann, und auch Raubtiere, zum Beispiel Bären, können einem dort begegnen. Heute entdeckt das russische Volk, wie im Westen, die Natur immer mehr als Kraftort. Die Menschen suchen auch dort immer öfter den Ausgleich zu einem hektischen Leben in der Stadt.

So kann man, auch ohne in der Natur aufgewachsen zu sein, seine Beziehung zum Wald Schritt für Schritt aufbauen und sein Herz für Gottes Schöpfung und für sich selbst öffnen. Gerade für die Entwicklung unserer Persönlichkeit und die unserer Kinder sind Naturerlebnisse und Sinneserfahrungen so wichtig. Nur über die aktiven Sinneserfahrungen nimmt der Mensch sich wahr und entwickelt sich – das passiert nicht, wenn er passiv auf einen Bildschirm starrt.

Naturwesen

Die Natur bringt dir die Schöpfung näher. Lausche aufmerksam den Geräuschen der Natur, achte auf deine Gedanken und auf deine inneren Empfindungen. Sei bereit dafür, die Schönheit und den Duft der Blumen zu erkennen. Spüre in dir Liebe und Verehrung, dann wird sich dein Geist öffnen wie eine Blüte am Morgen. Die Natur gibt Trost über die Sinne und bringt heilsame innere Stille. Weise zu sein bedeutet, achtsam die Stille zu bewahren.

Es gibt Lichtwesen für die Fauna und Naturwesen für die Flora. So haben zum Beispiel Berge ihren jeweiligen Berggeist und Tiere einen übergeordneten, der jeweiligen Art entsprechenden Schutzengel. Die Erde hat ihre Erdwesen wie Zwerge und Feen, und die Gewässer haben ihre entsprechenden Wasserwesen. Alles ist von Gottes Licht durchzogen, alles ist beseelt, denn es gibt Feuer-, Luft-, Wasser- und Erdwesen. Und die Bäume haben ihre Baumgeister, denen ich dieses Buch widme.

Jeder Mensch kann diese beseelten Welten, diese lichtvollen Wesen wahrnehmen. Dazu ist es aber notwendig, sein Herz zu öffnen, seinen feinen Instinkten und Wahrnehmungen, seiner Intuition zu vertrauen und den Intellekt zurückzustellen. Ich weiß, dass dies in der heutigen Zeit mit unserem ausgeprägten Großhirn und mit unserem gigantischen intellektuellen Wissen keine leichte Aufgabe ist. Und doch kann es uns gelingen.

Die geistige Welt ist genauso vorhanden wie die Materie, die durch die moderne Wissenschaft in rasender Geschwindigkeit bis in die kleinsten molekularen Strukturen erforscht wird, und doch wird sie niemals von der Menschheit ganz verstanden werden. Materie ist letztendlich die maximale Verdichtung der Energie, deren genaue Strukturen niemand kennt. Auch dies ist bewiesen, selbst wenn es noch nicht in jedes Bewusstsein vorgedrungen ist.

Das Wissen um die geistigen Welten, um die höhere Führung und deren Akzeptanz steigert das Urvertrauen. Hieraus erwächst die Sicherheit, dass alles, so, wie es ist, vollkommen und richtig ist, und dass wir selbst, so, wie wir sind, ebenfalls vollkommen und perfekt sind. Wir treffen dann unsere Entscheidungen, privat wie auch beruflich, nicht mehr nur aus dem Intellekt heraus, sondern lassen auch die Emotion mit einfließen. Über das große Gefühl des Vertrauens zu uns selbst und in unsere geistigen Wurzeln geraten wir immer mehr in die Resonanz des Positiven. Unsere Vorhaben können mehr und mehr gedeihen, und unsere Wünsche können sich verwirklichen. Dem Menschen, der sich unbeirrt vertrauens- und liebevoll auf diesem Weg befindet, steht das gesamte Wissen des Universums zur Verfügung.

Die Existenz der Naturwesen ist den meisten Menschen in unserer Kultur nicht sehr geläufig. Engel sind uns aus der Bibel und anderen religiösen Schriften vertraut. Naturwesen kennen wir zwar aus den Märchen, denen wir als Kinder noch fasziniert zugehört haben, aber mit zunehmendem Erwachen des Intellekts ging unser Glauben an ihre Existenz verloren. Und doch sind solche Wesen existent und beseelen die Natur.

Naturwesen sind lichtvolle, feinstoffliche Wesen, die die Natur mit ihrer Energie beseelen. Sie können sich energetisch, heilend und liebevoll auch mit dem Menschen verbinden.

Sie erfüllen Aufgaben für die Erde und die Flora. Ähnlich wie bei den Engeln gibt es auch bei Naturwesen eine ganze Fülle von unterschiedlichen lichtvollen, geistigen Wesen. Sensible Menschen können von ihnen energetische Behandlungen erhalten oder persönliche Botschaften, die die Befindlichkeit des Menschen betreffen, oder Empfehlungen für eine heilsame Gestaltung des eigenen Gartens.

Diese heilenden Kräfte der Naturwesen wirken auf uns meist unbewusst, jedoch können wir diese auch bewusst empfangen.

Der Umgang und besonders die Meditation mit Naturwesen können durchaus hilfreich für die eigene Selbstwahrnehmung sein, denn die Natur bringt uns am schnellsten und intensivsten zur Ruhe und in die Präsenz der Gegenwart. In dieser Präsenz wiederum herrschen Friede und Freude.

Dies ist ein schöner Kontrast zu unserem üblichen unaufmerksamen Leben. Wir sind rastlos geworden, stets suchen wir etwas, finden es jedoch nicht, weil wir eigentlich nicht wissen, wonach wir suchen. Dabei verlieren wir uns selbst, spüren uns und die Liebe nicht.

Aufenthalte in der Natur können uns helfen, unserer Rastlosigkeit zu entkommen und unser Glück zu entfalten. Denn wir können Bäume, Pflanzen und Gestein anfassen, sehen und riechen, und wir können dem Gesang der Vögel lauschen. So fällt es uns oft leichter, über diese Sinneskontakte auch einen direkteren Zugang zu den Geistwesen, die die Natur beleben, aufzunehmen. Dann gelingt es uns meist auch besser, einen direkteren Zugang zu uns selbst zu entwickeln. Erkennen wir in dieser Achtsamkeit, wonach wir uns wirklich sehnen, so erkennen wir auch, wer wir wirklich sind.

In unserem liebevollen Bewusstsein können wir die liebevolle Schwingung des Lebens erfahren. Dann fällt es uns leichter, das Leben als Energiebewusstsein zu akzeptieren und die Schwingung der Natur wahrzunehmen und zu begreifen. Die Naturwesen sind Schwingungen der Erde, die sie mit ihrer Energie beseelen und beleben. Je harmonischer die Natur ist, desto bessere Voraussetzungen für die Naturwesen sind gegeben, und desto besser können die Naturwesen wiederum wirken.

Naturwesen sind energetische Wesen, die sich in ihrer Gestalt stetig verändern, aber je nach ihrer Aufgabe eine individuelle Ausdruckskraft besitzen. Am Beispiel der Baumgeister möchte ich dies erläutern.

Die Baumgeister sind hohe lichtvolle Wesen, die ungefähr so groß sind wie der entsprechende Baum. Im Herbst zieht sich der Baumgeist immer mehr in den Baumstamm zurück. Im Winter, wenn der Baum »erstarrt« und »Winterschlaf« hält, weil dem Baum die Sonnenenergie fehlt, hält er sich dann in den Wurzeln innerhalb der Erde auf. So hält er die Energie des Baumes auch ohne Sonnenkräfte stabil. Die Bäume wirken im Winter auch unbeseelter.

Während der Meditation mit dem Baumgeist können uns auch andere Naturwesenheiten begegnen, wie zum Beispiel die Wurzelwesen. Die Wurzelwesen sind von Gestalt her kleine Erdwesen. Sie stärken die Wurzelkraft der Bäume und Sträucher und können auch große Heiler für uns Menschen sein. In ihrem braunen Licht sehen sie tatsächlich den Wurzeln sehr ähnlich.

Wenn ich mich unter einen Baum lege und diese Wurzelwesen in die Meditation einlade, dann springen sie auf mich und gehen auf meine Bitten hin gezielt heilend an die körperlichen Organe. Sie behandeln gern die einzelnen Organe, die Schwächen aufweisen. Sie reinigen diese energetisch, versorgen sie mit Lichtenergie und machen mir sogar Vorschläge, wie ich körperlich gesünder leben kann.

Meditation

mit den Bäumen

Liebevolle Verbindung in der Praxis

Allgemeines

Wir können mit allen Pflanzenarten meditieren, mit Blumen, Büschen oder Bäumen. In diesem Buch beschränke ich mich auf 31 Baumarten, die, bis auf eine, bei uns zu finden sind. Jede besitzt ihre ganz eigene Wesenheit und Kraft, mit der du in Verbindung treten kannst.
Bei der Auseinandersetzung mit den Bäumen sollten wir uns an die wunderschöne Aussage von Khalil Gibran erinnern: »Bäume sind Gedichte, die die Erde in den Himmel schreibt.«

Wir nutzen die Kraft der Bäume, indem wir ihre Weisheit in Form von Affirmationen empfangen und ihre heilende Wirkung auf unseren Körper über bestimmte Chakren genießen. Verinnerlichen wir, dass Bäume tatsächliche Kraftorte sind, weil sie Lichtträger sind, die mit Himmel und Erde verbunden sind. Der gesundheitliche Schwerpunkt einer Meditation mit den Baumgeistern liegt auf dem Energiefluss im Körper und in den Organen, in der Auflösung von energetischen Blockaden, der Stärkung der Chakren und den damit verbundenen körperlichen und geistigen Kräften. Des Weiteren können wir für unseren Lebensweg Unterstützung erhalten in Form von Weisheit und Affirmation.

Man kann die Ausdrucksform der Baumwesen in drei Kategorien einteilen:

- Meist sehen sie aus wie eine strahlende weiße Lichtsäule um den Stamm, und sie hüllen auch die Krone ein.

- Bei Buschformen sehe ich sie mehr wie eine den Busch einhüllende Lichtwolke.

- Bei Obstbäumen leuchtet der Baumgeist wie eine Säule im Stamm, die auch die Krone durchdringt. Und aus dieser Säule strahlen unzählige Energiestrahlen aus und kommunizieren mit den anderen Bäumen der gleichen Gattung.

Bitte bedenke: Je mehr du während deiner Besinnung auf die Natur Wertschätzung und Dankbarkeit empfindest, umso mehr baust du auch eine Beziehung zu den Naturwesen auf und kannst ihre Kräfte wahrnehmen, nutzen und genießen.

Beim Meditieren mit den Bäumen sollten wir außerdem beachten, dass einige Jahreszeiten dafür besser geeignet sind als andere. Frühjahr, Sommer und Frühherbst entsprechen optimalen Jahreszeiten für die Wahrnehmung der Baumgeister. Denn im Laufe des Spätherbstes ziehen sie ihre Energie von ihren Blättern und Zweigen immer mehr zurück in den Baumstamm, um sich im Winter ganz in ihr Wurzelwerk zurückzuziehen. Je weniger Sonnenaktivität im Außen ist, umso mehr sind die Naturwesen in der Erde aktiv und nicht an ihrer Oberfläche. Im Herbst, ab ca. Mitte November, ziehen sich die Naturwesen in die Erde zurück, um ihre Kräfte und die aufgenommene Sonnenenergie darin zu transformieren und neuen Energieschub für das Wachstum im Frühjahr zur Verfügung zu stellen. Je tiefer sich die Naturwesen im Wurzelwerk befinden, umso weniger wahrnehmbar sind sie für unsere feingeistigen Sinne.

Ich ziehe es daher vor, meine Naturwesen-Seminare in der Schweiz und meine Reisen zu den Kraftorten Russlands in den Monaten Mai bis Juli zu machen. Denn in dieser Zeit ist die Aktivität der Natur am intensivsten, und die Umstände sind für alle am optimalsten.

Mögen dir meine Ausführungen über die verschiedenen Bäume und ihre Mythologie sowie die dazugehörigen Meditationen eine Unterstützung und Inspiration sein. Jeder Mensch empfindet und erlebt das Licht des Baumgeistes individuell. Ich möchte dir in meinen Wahrnehmungen eine Hilfestellung und Orientierung geben.

Auswahl des Baumes

Achtsamkeit ist die Offenbarung des Augenblicks. Gehe aufmerksam und mit ruhigen Schritten durch die Natur. Öffne deine Augen und dein Herz für die Vollkommenheit des Jetzt. Sei offen für neue Eindrücke, und lass dich von der Schönheit der Natur berühren. Vielleicht fällt dir der Gesang eines Vogels oder ein Schmetterling auf einer Blume auf. Diese achtsamen Momente offenbaren die Transformation des Lebens.

Lass uns gemeinsam in die heilsame Kraft der Natur eintauchen. Spaziere entspannt zwischen den Bäumen, und öffne ganz bewusst deine Sinne für die Magie und die Schönheit deiner Umgebung. Nimm mit einem Lächeln auf deinen Lippen ganz bewusst wahr, wie der Waldboden mit den Blättern und kleinen Ästen unter deinen Füßen raschelt und knackt. Achte bewusst darauf, worauf du gerade läufst und wie sich die verschiedenen Höhen und Härtegrade anfühlen. Ist das Laub noch frisch, sind die Steine groß, sind die Wurzeln fest? Siehst du kleine, fleißige Waldbewohner? Lausche weiter: Hörst du vielleicht einen Vogel in der Ferne, oder herrscht einfach nur eine friedliche Stille? Schau dich um, und nimm die intensiven Farben deiner Umgebung wahr. Was siehst du, welche Farbtöne überwiegen? Ist noch alles grün, oder hat der Herbst schon einen goldenen Zauber in den Wald gebracht? Nimm mit einem tiefen und bewussten Atemzug die klare Luft auf, und rieche den Duft der Bäume. Nimm bewusst wahr: Der Wald ist so lebendig und doch voller Stille. Kaum ein anderer Ort vereint diese Gegensätze so perfekt. Deshalb bringt uns der Aufenthalt im Wald in eine wunderbare Balance.

Spüre, in welche Richtung deine Intuition dich leitet und zu welchem Baum du dich magisch hingezogen fühlst. Betrachte ihn von der Krone bis zu den Wurzeln, nimm seine Farben wahr. Raschelt es in seinen Zweigen? Entdeckst du eine faszinierende Welt aus Blättern, Ästen, Nüsschen, Samen und Beeren? Nimm wahr, dass Bäume, auch wenn sie fest verwurzelt und still in der Erde stehen, ein lebendiges Universum mit viel Bewegung, Energien und Düften bilden. Bäume schwingen voller Liebe und Kraft und setzen Stoffe ab, die mit dem Wind herangetragen werden und auf unsere Seele und unseren Körper beruhigend, heilend und stärkend wirken. Öffne dich für die Schwingung und Heilkraft dieses Baumes, der dich »gerufen« hat, und wenn du möchtest, lehne dich an ihn an, und schließe die Augen. Atme tief durch, und komme ganz zur Ruhe.

Du brauchst dir nichts Spezielles zu überlegen, denn allein die Gegenwart eines Baumes ist etwas Heiliges und Heilsames, sodass der alleinige Aufenthalt unter seinen Blättern eine spürbare Wirkung zeigt. Dabei ist es unwichtig, ob du mit einem Baum bewusst meditierst oder ein Schläfchen in seinem Schatten machst, ein Buch liest oder einfach dem Licht- und Schattenspiel der Blätter zuschaust. Die Energie der Liebe und des Friedens wird dich dabei stets erreichen, denn sie wirkt bewusst, wie auch unbewusst. Eine bewusste Meditation jedoch erweitert unser Bewusstsein, intensiviert unsere Erfahrungen, bringt tiefere Erkenntnisse und stärkere Kräfte.

Bei den Meditationsanleitungen für die einzelnen Bäume ab Seite 75 wiederholen sich wichtige Elemente bei jedem Baum. Ich habe die Meditation dennoch jedes Mal von Anfang bis Ende beschrieben, da ich dir nicht zumuten möchte, immer wieder umständlich zu einem allgemein verfassten Text zurückzublättern.

Kontaktaufnahme mit den Baumgeistern

Hast du dich schon einmal an einen Baum angelehnt und dich auf seine Energie eingelassen? Wenn ja, so hast du sicherlich seine Kraft gespürt, die zunahm, je mehr du zur Ruhe kamst und je meditativer und verbindlicher du wurdest. Manche Menschen spüren in einem Baum einen kraftvollen Freund. Bei anderen fließen beim Umarmen eines Baumes die Tränen – aufgestaute Emotionen lösen sich. Manche Menschen erfahren bei einer Baummeditation Geistesblitze und starke, hilfreiche Inspirationen für ihren Weg. Wenn wir einen Baum berühren, können wir von ihm etwas von seiner Stärke und Zuversicht annehmen. Interessant: Buddha hat einst die Erleuchtung unter einem Baum gefunden, und das Symbol eines Lebensbaumes hat für uns eine besondere Bedeutung. In vielen früheren Kulturen wurden die Bäume verehrt und den Göttern zugeschrieben.

Wie nimmt man Kontakt mit den Baumgeistern auf?

Schritt 1: Zunächst nehmen wir den Baum mit den physischen Sinnen wahr. Wir betrachten ihn (Sehsinn), wir berühren ihn (Tastsinn), wir riechen ihn (Geruchssinn). Über diese Form der Gegenwartspräsenz kommen wir zur Ruhe. Unser Bewusstsein schärft sich für den Moment, für die Natur und für uns.

Schritt 2: Durch die Gegenwartspräsenz verschärfen sich unsere feingeistigen Sinne, und das Energetische hinter dem Physischen wird »sichtbar«. Die Schwingung, die Aura, das Energiefeld, der heilende Wirkungskreis und die Weisheit, die Botschaft des Baumgeistes erreichen unser Herz. Die Schwingung und die Gestalt des Baumgeistes werden für unser Bewusstsein präsent.

Schritt 3: Über eine direkte Ansprache kommen wir in Kontakt mit der heilenden und lebendigen Kraft des Baumgeistes, und wir können Nähe und Verbundenheit zu ihm empfinden.

Schritt 4: Über die entstandene Lebendigkeit zwischen uns und dem Baum können wir unsere Frage an den Baumgeist formulieren, dies kann zum Beispiel folgendermaßen passieren:

a) »Lieber Baumgeist, was ist deine *Aufgabe?*« Dabei nehmen wir dessen Energie noch mehr wahr. Diese Einstiegsfrage dient vor allem dazu, sich auf den Charakter des Baumes einzulassen, zum Beispiel ist eine Birke erleuchtend, ein Obstbaum nährend, ein Mammutbaum erdend.

b) »Lieber Baumgeist, was ist deine *Botschaft?*« Wir öffnen uns dabei liebevoll für die Botschaft, wir lassen uns von der lichtvollen Weisheit des Baumgeistes inspirieren und konzentrieren uns innerlich darauf, was an Antworten auf die eigenen Lebensfragen aufkommt.

c) »Lieber Baumgeist, wie ist deine *Heilkraft?*« Wir spüren in uns hinein, nehmen die heilende Kraft in uns auf und genießen die heilende Behandlung. Wir spüren, wie die Heilkraft unsere Körperzellen aktiviert.

Schritt 5: Wir schließen den Kontakt mit dem Baumgeist ab, indem wir uns von ganzem Herzen bedanken, und beenden die heilende Behandlung.

Kraftvolle Bäume von A bis Z

Ahorn

Der Baum der Ruhe und Harmonie

Es gibt weit über 100 Ahornarten. Sie haben allesamt gegenständige Blätter, die spitz gezackt sind. Sie wachsen überwiegend in den gemäßigten nördlichen Zonen und in Asien. Bei uns in der freien Natur treffen wir vorwiegend auf Spitzahorn, Bergahorn und Feldahorn. In Gärten und Parks finden wir weitere Formen und Arten, besonders auch strauchförmige, die in Japan und China sehr beliebt sind. Im Herbst bekommt das Laub des Spitzahorns eine besonders schöne rot-bunte Färbung.

Ahorn findet nicht nur in der Möbelindustrie Verwendung, sondern ist auch ein hervorragendes Klangholz. Er wird deshalb auch zur Herstellung von Musikinstrumenten benutzt, vor allem für Geigen, Zithern, Harfen, Lauten und Flöten. Auch der berühmte Geigenbauer Giacomo Stradivari verwendete Ahornholz als Boden für seine Geigen.

Gequetschte Ahornblätter eignen sich als kühlende Erste-Hilfe-Maßnahme bei Insektenstichen. Aus dem Saft von Ahornstämmen gewinnt man den Ahornsirup, der eine honigähnliche Konsistenz besitzt und gern als natürliches Süßungsmittel eingesetzt wird. Ahornsirup wird hauptsächlich in Kanada hergestellt. Es werden dazu im Winter die Stämme des Zuckerahorns eingeschnitten, und der Saft wird aufgefangen. Dieser Prozess wird bereits seit

Jahrhunderten von den kanadischen Ureinwohnern praktiziert. Der Vorgang kann jährlich wiederholt werden, wenn man auf die abgezapfte Menge achtet. Für einen Liter Sirup benötigt man ca. 40 Liter Saft.

Der Ahorn steht für Harmonie, Erweiterung, Ausdehnung, heitere Ruhe und Gelassenheit, Vereinigung von Gegensätzen und klare Gedanken. Kein Wunder, dass bei so vielen positiven Attributen das Ahornblatt als Wahrzeichen sogar die kanadische Flagge schmückt.

Früher sagte man dem Ahorn nach, dass er in der Lage sei, Hexen und böse Geister zu vertreiben und bösen Zauber abzuwehren. So war es mancherorts üblich, Zapfen aus Ahornholz an Schwellen und Türen der Ställe zu nageln. Auch war es üblich, am Johannistag (24. Juni) geschnittene Zweige an Türen und Fenster zu stecken, um böse Geister abzuwehren.

Der Geist des Ahorns leuchtet wie eine feine weiße, weiche, liebliche Lichtsäule aus seinem Baumstamm heraus. Es schwingt sanft und gütig in durchscheinendem, warmem Licht, als ob er lächelt, und hüllt den Menschen nach der Kontaktaufnahme mit seinem Licht ein. Seine Kraft wirkt sich stimulierend auf alle Chakren aus, die von unten, vom Wurzelchakra, nach oben zum Scheitelchakra nacheinander aktiviert werden. Dies stärkt unseren gesamten Organismus und fördert innere Ruhe sowie Gegenwartspräsenz. Die Kraft des Ahorngeistes schenkt uns neue Energie, tiefe Erholung und Entspannung. Sie richtet uns von innen heraus auf, lässt seelische und körperliche Wunden heilen und stärkt unsere Konstitution.

Die Affirmation des Ahorngeistes lautet:

*»Ruhe und Harmonie erfüllen meine Seele, ich bin
in meinem lichtvollen Leben angekommen!«*

Meditation mit dem Geist des Ahorns

- Begib dich zu einem Ahorn, den du ausgesucht hast. Stelle
oder setze dich bequem hin, und atme mehrmals tief durch.
Lass deine Gedanken vorüberziehen, und spüre Liebe in
deinem Herzen. Beruhige deinen Atem, und lass ihn tief in
den Bauch strömen. Komm zur Ruhe, und nimm höflich mit
dem Geist des Ahorns Kontakt auf, indem du innerlich mit
einem Herzenslächeln sagst: »Lieber Geist des Ahorns, ich
bin hier, um dir meine liebevolle Aufmerksamkeit zu schenken und mich von deiner Weisheit inspirieren zu lassen. Bist
du bereit, mit mir heilsam zu arbeiten?« Folge deinem tiefen
und harmonischen Atem, und spüre, wie die Verbindung mit
dem Baum entsteht. Vielleicht fühlst du dich wie magnetisch
von ihm angezogen. Vielleicht erlebst du andere äußere
Zeichen, wie zum Beispiel das Singen eines Vogels in seiner
Baumkrone. Lass dich auf dein Gefühl ein, und lass dich von
deinem Herzen leiten.

- Aktiviere all deine Sinne, nutze deinen Sehsinn, und betrachte
intensiv und aufmerksam die Eigenart dieses Baumes. Sind
die Wurzeln sichtbar? Wie sieht die Rinde aus? In welchen
Farben leuchten seine Blätter? In welche Richtung dehnt sich
seine Krone aus?

- Nutze deinen Tastsinn, und taste über die gräuliche glatte Rinde. Nutze deinen Geruchssinn, und nimm den Duft des Baumes in dich auf. Lass dich ganz auf den Moment ein. Lass deinen Atem immer tiefer und ruhiger fließen.

- Nun aktiviere deine feingeistigen Sinne, und richte deine Aufmerksamkeit nach innen. Schließe die Augen, und stelle dir diesen Baum vor deinem inneren Auge vor. Spüre in dir, wie seine Wurzeln, sein Baumstamm und seine Blätter beschaffen sind. Nimm wahr, wie sanft und intensiv dieser Baum schwingt. Welche Farben und welches Licht verbindest du damit? Wie erlebst du seine Schwingung, seine Energie, seine Größe, seine Präsenz? Entspanne dich, während sich dein Körper auf das heilsame Energiefeld des Baumes ein-schwingt. Stelle dir die Wurzeln des Baumes vor, wie sie tief in den Boden greifen. Spüre die Krone des Baumes über dir, wie sie hoch zum Himmel ragt.

- Verbinde dich von ganzem Herzen mit dem Geist dieses Ahornbaumes, und sprich innerlich: »Liebe lichtvolle geistige Welt, lieber Geist dieses Baumes, ich bin von Herzen bereit für deine heilende Kraft und deine heilende Botschaft. Bitte offenbare dich mir so, wie es sinn- und lichtvoll für meine Entwicklung ist und wie ich es am besten verstehen kann. Ich bin bereit, hinzuhören und hinzusehen.«

- Nimm wahr, wie sich dein Herzensraum weitet, und spüre Liebe, Geborgenheit und Wärme in dir. Lausche, ob in dir Gefühle, Inspirationen oder Erkenntnisse hochkommen. Spüre, wie der Baumgeist des Ahorns deinen gesamten

Körper von unten nach oben in eine feine, klare Energie einhüllt, die durch dich als eine nach rechts drehende Spirale schwingt und dich berührt, dir neue Kräfte verleiht. Lass dir Zeit zum tiefen und heilsamen Ein- und Ausatmen.

- Nimm nach und nach wahr, wie dich die Energie des Baumes beruhigt und klärt und wie sie alle deine Chakren in aufsteigender Richtung aktiviert. Deine Chakren beginnen, ganz fein zu kribbeln und sich sanft zu öffnen. Spüre, wie du immer mehr zur Ruhe kommst und wie sich dein Bewusstsein erweitert. Nimm wahr, wie an einer Stelle deines Körpers, an der du besonders heilende Unterstützung benötigst, die Energie zu kribbeln und zu fließen beginnt. Lass dir Zeit für deine heilsame Behandlung, und lass dich fallen, genieße die heilige und heilsame Gegenwartspräsenz.

- Genieße liebevolle Gefühle, die in dir hochkommen, genieße das Gefühl der Leichtigkeit und der Stabilisierung deines Körpers. Folge deinem fließenden, friedvollen Atem, und genieße es, im Licht eingehüllt zu sein und den Segen des Universums zu empfangen.

- Mit jedem tiefen Ausatmen fühlst du dich leichter und freier. Mit jedem tiefen Einatmen erlebst du innere Kraft und Stabilität, die dich himmelwärts aufrichtet. Genieße jeden Atemzug, und schöpfe so viel Kraft, wie du brauchst. Erlebe dich von starkem Licht durchflutet und von neuer Kraft erfüllt.

- Lass die Affirmation des Ahorngeistes in dir aufsteigen, und wiederhole diese Affirmation voller Liebe und Güte: »*Ruhe*

und Harmonie erfüllen meine Seele, ich bin in meinem
lichtvollen Leben angekommen!« Erlebe in diesem erhöhten
Bewusstsein die vollkommene und absichtslose Liebe des
Baumgeistes und des Universums, und erkenne, dass du eine
liebevolle Lichtsäule bist zwischen Himmel und Erde.

🍂 Wenn du dich erfüllt fühlst und das Bedürfnis verspürst, in
das Tagesgeschehen zurückzukehren, so bedanke dich
innerlich mit den Worten: »Lieber Baumgeist, lieber Ahornbaum, ich bedanke mich für die Begegnung, für die Heilkraft
und Inspiration. Mögest du gedeihen und Liebe entfalten.«
Spüre Freude in deinem Herzen, und schenke ein Lächeln
dem Ahorn, dem Leben und auch dir selbst.

Apfelbaum

Der Baum der Selbstakzeptanz und der Selbstannahme

Es gibt über 1000 verschiedene Apfelsorten. Sie alle stammen aus
Züchtungen des wilden Apfels, auch Holzapfel genannt. Die ver-
edelten Kulturäpfel kamen durch die Römer zu uns.

Als »Reichsapfel« gilt der Apfel als ein wichtiges Symbol für
Herrschaft. Die sinnlichen Früchte des Baumes fanden in Bräu-
chen um Liebe, Brautwerbung und Fruchtbarkeit Einzug. Daraus
entstand eine Assoziation mit erotischer Versuchung. In der pat-
riarchischen Kultur, nach dem Untergang matriarchalischer Kulturen, wurde der Apfel zum Symbol der Sünde. Der Sündenfall von
»Adam und Eva« im Alten Testament begann demnach mit dem
verbotenen Verzehr eines Apfels.

Der Apfel besitzt viele Mineralstoffe und Vitamine und ist von großem gesundheitlichem Nutzen. Aus dem Englischen kennen wir das Sprichwort: »An apple a day keeps the doctor away.« (»Ein Apfel am Tag hält den Arzt fern.«) Als Hausmittel ist der Apfel, sehr fein gerieben, als gutes Heilmittel gegen Durchfall bekannt. Der Apfel fördert die Entgiftung des Körpers.

In der Bachblütentherapie findet der Wildapfel, »Crab Apple«, Verwendung für Menschen, die sich unrein oder unschön fühlen und zu Perfektionismus und zwanghaftem Verhalten neigen. »Crab Apple« dient zur »Seelenreinigung«, indem es von negativen Erfahrungen befreit.

Der Apfelbaum hat eine liebliche, liebevolle und vergebungsvolle Ausstrahlung, sie steht für Gesundheit und Fruchtbarkeit.

Bei Obstbäumen stelle ich einen deutlichen Unterschied zu allen anderen Bäumen in ihrer Arbeit und in ihrem Wirken fest. Beim Meditieren mit einem Obstbaum sehe ich, dass sein Geist sich nicht gezielt mit uns Menschen verbindet. Der Geist eines Obstbaumes ist nämlich sehr damit beschäftigt, die Früchte gedeihen zu lassen und seine Kraft innerhalb der Frucht zu fördern. Wenn wir also die Frucht essen, so nehmen wir die intensivste Form der Heilenergie auch auf den feinstofflichen Ebenen in uns auf.

Der Geist des Apfelbaumes leuchtet anders als die Baumwesen anderer Laub- oder Nadelbäume. Wie beim Ahornbaum leuchtet er wie eine feine, weiße, weiche, liebevolle Lichtsäule aus seinem Stamm heraus, jedoch fließt sein Licht horizontal in unzähligen Lichtstrahlen zu allen Seiten nach außen. Seine Lichtfäden verbinden sich mit den Lichtfäden anderer Apfelbäume in seinem Umfeld, selbst wenn diese kilometerweit entfernt sind. Die Apfelbäume schwingen synchron miteinander. So entsteht über die ganze Welt ein energetisches, morphisches Netzwerk, eine energetische Matrix, durch die die Obstbäume miteinander kommunizieren und Informationen austauschen. Sie unterstützen sich nicht nur über Wurzeln, sondern auch über den Kosmos.

Sobald ein Mensch mit einem Obstbaum meditiert und sich auf ihn einstellt, taucht er in ein großes Energiefeld ein und wird darüber energetisiert und gestärkt.

Jeder Obstbaum besitzt aber auch eine eigene Aura. Er schwingt in seinem Energiefeld, rund, wie eine große sonnendurchflutete Kugel. So wird auch der Mensch von diesem heilsamen Lichtkreis eingehüllt und kann daraus neue Kraft schöpfen.

Die Energie des Apfelbaumes wirkt sich besonders aktivierend auf das Sakralchakra aus. Dies stärkt nicht nur sexuelle und erdende Energie, sondern auch die Persönlichkeit, fördert Selbstannahme und Selbstakzeptanz. Die heilende Kraft des Apfelbaumes wirkt auf alle Organe gleichzeitig. Der Körper wird gereinigt und kann gesunden.

Die Affirmation des Apfelbaumgeistes lautet:

*»Meine Seele ist lichtvoll, meine Seele ist stark,
ich bin in meinem liebevollen Herzen angekommen,
ich nehme mich an!«*

Meditation mit dem Geist des Apfelbaumes

- Begib dich zu dem Apfelbaum, den du ausgesucht hast. Stelle oder setze dich bequem hin, und atme mehrmals tief ein und aus. Lass deine Gedanken vorüberziehen, und spüre Liebe in deinem Herzen. Beruhige deinen Atem, und lass ihn tief in den Bauch strömen. Komme zur Ruhe, und nimm höflich mit dem Geist des Apfelbaumes Kontakt auf, indem du innerlich mit einem Herzenslächeln sagst: »Lieber Geist des Apfelbaumes, ich bin hier, um dir meine liebevolle Aufmerksamkeit zu schenken und mich von deiner Weisheit inspirieren zu lassen. Bist du bereit, mit mir heilsam zu arbeiten?« Folge deinem tiefen und harmonischen Atem, und spüre, wie die Verbindung mit dem Baum entsteht. Vielleicht fühlst du dich wie magnetisch von ihm angezogen. Vielleicht erlebst du andere Zeichen, wie zum Beispiel das Singen eines Vogels in seiner Baumkrone. Lass dich auf dein Gefühl ein, und lass dich vom Herzen leiten.

- Aktiviere all deine Sinne, nutze deinen Sehsinn, und betrachte aufmerksam die Eigenart dieses Baumes. Sind die Wurzeln sichtbar? Wie sieht die Rinde aus? In welchen Farben leuchten seine Blätter? Blüht er, oder trägt er Früchte? In welche Richtung dehnt sich seine Krone aus?

- Nutze deinen Tastsinn, und ertaste die Rinde, die bei jungen Apfelbäumen hellgrau und glatt ist und sich mit zunehmendem Alter zu einer abblätternden Borke verändert. Nimm dann den Duft des Baumes in dich auf. Lass dich ganz auf den Moment ein. Lass deinen Atem immer tiefer und ruhiger fließen.

- Nun aktiviere deine feingeistigen Sinne, und richte deine Aufmerksamkeit nach innen. Schließe die Augen, und stelle dir diesen Baum vor deinem inneren Auge vor. Spüre in dir,

wie seine Wurzeln, sein Baumstamm und seine Blätter
beschaffen sind. Nimm wahr, wie sanft und intensiv dieser
Baum schwingt. Welche Farben und welches Licht verbindest
du damit? Wie erlebst du seine Schwingung, seine Energie,
seine Größe, seine Präsenz? Entspanne dich, während dein
Körper sich auf das heilsame Energiefeld des Baumes einschwingt. Stelle dir die Wurzeln des Baumes vor, wie sie tief
in den Boden greifen, und spüre die Krone des Baumes, die
sich über dir ausbreitet.

- Verbinde dich von ganzem Herzen mit dem Geist dieses
  Apfelbaumes, und sprich innerlich: »Liebe lichtvolle geistige
  Welt, lieber Geist dieses Apfelbaumes, ich bin von Herzen
  bereit für deine heilende Kraft und deine heilende Botschaft.
  Bitte offenbare dich mir so, wie es sinn- und lichtvoll für
  meine Entwicklung ist und wie ich es am besten verstehen
  kann. Ich bin bereit, hinzuhören und hinzusehen.«

- Nimm wahr, wie sich dein Herzensraum weitet, und spüre
  Liebe, Geborgenheit und Wärme in dir. Lausche, ob in dir
  Gefühle, Inspirationen oder Erkenntnisse hochkommen.
  Spüre, wie das Energiefeld des Apfelbaumes dich in seinem
  Lichtkreis ganz einhüllt und du Wärme und Geborgenheit
  wahrnimmst. Spüre die Vibration des Apfelbaumes und wie
  seine unzähligen Lichtstrahlen nach außen, in das Universum
  und zu anderen Apfelbäumen fließen. Erlebe dich als ein Teil
  des universellen Lichtes, verbunden mit allem im Universum.
  Lass dir Zeit zum tiefen und heilsamen Ein- und Ausatmen,
  und nimm den feinen Apfelduft wahr, genieße diese nährende
  und aufbauende Energie.

- Nimm nach und nach wahr, wie die heilende Kraft des Baumes und des Sonnenlichtes deine Lungen mit neuem Leben erfüllt.

- Spüre, wie das Sonnenlicht in deinen Bauch und in die Nierengegend fließt und dir Wärme und Heilung schenkt. Lass dich in deinem tiefen Empfinden von Vertrauen auf dieses heilsame Licht ein.

- Spüre, wie verbrauchte und belastende Energie aus deinem Körper über die Füße in die Erde hinausfließt. Genieße die Reinigung und Transformation. Folge deinem tiefen harmonischen Atem, und genieße deine individuelle Heilbehandlung. Spüre das Wirken der Heilenergie in deinem Körper wie ein angenehmes Kribbeln oder das Gefühl von innerlicher Befreiung. Genieße die emotionale und physische Entlastung.

- Lass dir in deiner Vorstellung aus deinen Füßen Wurzeln wachsen, die dich mit der Erde verbinden. Atme tief und harmonisch in den Bauch hinein, und spüre, wie dein Urvertrauen immer mehr zunimmt und du dich als ein lichtvoller Teil der Schöpfung erlebst.

- Die Energie des Baumes stärkt dich. Spüre die pulsierende Kraft, die in dein Sakralchakra hineinfließt und dieses aktiviert. Spüre, wie dein Sakralchakra fein zu kribbeln beginnt und sich sanft entfaltet. Nimm wahr, wie du immer mehr ein bewusstes und authentisches »Ja« zu dir selbst empfindest und dich stark und wohl in deiner Haut fühlst. Lass dir Zeit, und genieße diese heilsame Kraft. Folge deinem fließenden, friedvollen Atem, und genieße es, im Licht eingehüllt zu sein und den Segen des Universums zu empfangen. Genieße jeden Atemzug und schöpfe so viel Kraft, wie du brauchst. Erlebe dich von großem Licht durchflutet und von neuer Kraft erfüllt.

- Lass die Affirmation des Apfelbaumes in dir aufsteigen, und wiederhole den Satz voller Liebe und Güte: *»Meine Seele ist lichtvoll, meine Seele ist stark, ich bin in meinem liebevollen Herzen angekommen, ich nehme mich an!«* Erlebe die vollkommene und absichtslose Liebe des Baumgeistes und des Universums. Erkenne in diesem erhöhten Bewusstsein, dass du eine liebevolle Lichtsäule bist zwischen Himmel und Erde.

- Wenn du dich erfüllt fühlst und das Bedürfnis verspürst, in das Tagesgeschehen zurückzukehren, so bedanke dich innerlich mit den Worten: »Lieber Baumgeist, lieber Apfelbaum, ich bedanke mich für die Begegnung, für die Heilkraft und Inspiration. Mögest du gedeihen und Liebe entfalten.« Spüre Freude in deinem Herzen und schenke dein Lächeln dem Apfelbaum, dem Leben und auch dir selbst.

Birnbaum

Der Baum des Gleichgewichts

Der Birnbaum kommt ursprünglich aus dem persischen Raum und ist sehr langlebig. Er zählt, wie auch der Apfelbaum, zu den Rosengewächsen. Es gibt über 3000 Birnensorten.

In der wilden Form ist die Frucht, wenn sie keine Blüten oder Fruchtstände hat, vom Holzapfel schwer zu unterscheiden. Sie wurde, wie der Apfel, von der Wildform zu vielen größeren und süßeren Kulturformen gezüchtet.

Die Ausstrahlung des Birnbaumes ist ähnlich wie die anderer Obstbäume, besonders die des Apfelbaumes, der bereits beschrieben wurde: liebevoll, vergebungsvoll hilft er uns, uns gut zu fühlen, und steht für Gesundheit und Glück. Der Baumgeist des Birnbaumes leuchtet gütig aus dem Inneren des Stammes wie eine liebevolle Lichtsäule und strahlt wie alle Obstbäume nach außen, wie ein Lichtnetz, worüber er mit allen anderen Birnbäumen synchron zusammenschwingt.

Die heilende Kraft des Birnbaumes wirkt auf den Menschen, nach der Kontaktaufnahme, ausgleichend. Die männlichen und weiblichen Kräfte in uns, die linke und die rechte Körperhälfte, werden in Balance gebracht, was sich sowohl aktivierend als auch harmonisierend auf alle Chakren auswirkt.

So beeinflusst seine heilende Kraft alle Organe gleichzeitig. Unsere Schwingung wird ausgeglichen und der Körper in seinen Selbstheilungskräften gestärkt.

Eine Meditation mit dem Geist eines Birnbaumes fördert das Gleichgewicht auf der emotionalen, mentalen und physischen Ebene, und wir fühlen uns gestärkt und ausgeruht.

Die Affirmation des Birnbaumgeistes lautet:
»Ich bewahre mein Gleichgewicht in allen Lebenslagen!«

✍ Begib dich zu dem Birnbaum, den du ausgesucht hast. Stelle oder setze dich bequem hin, und atme mehrmals tief durch. Lass deine Gedanken vorüberziehen, und spüre Liebe in deinem Herzen. Beruhige deinen Atem, und lass ihn tief in den Bauch strömen. Komme zur Ruhe, und nimm höflich mit dem Geist des Birnbaumes Kontakt auf, indem du innerlich mit einem Herzenslächeln sagst: »Lieber Geist des Birnbaumes, ich bin hier, um dir meine liebevolle Aufmerksamkeit zu schenken und mich von deiner Weisheit inspirieren zu lassen. Bist du bereit, mit mir heilsam zu arbeiten?« Folge deinem tiefen Atem, und spüre, wie die Verbindung mit dem Baum entsteht. Vielleicht fühlst du dich wie magnetisch von ihm angezogen. Vielleicht erlebst du andere Zeichen wie das Singen eines Vogels in der Baumkrone. Lass dich auf dein Gefühl ein, und lass dich vom Herzen leiten.

✍ Aktiviere all deine Sinne, nutze deinen Sehsinn, und betrachte aufmerksam die Eigenart dieses Baumes. Sind die Wurzeln sichtbar? Wie sieht die Rinde aus? In welchen Farben leuchten seine Blätter? In welche Richtung dehnt sich seine Krone aus? Diese ist im Aufbau spitzer als beim Apfelbaum. Blüht er, oder trägt er Früchte?

✍ Nutze deinen Tastsinn, und ertaste die Rinde, die beim Birnbaum dunkel, graubraun und sehr borkig ist. Nutze deinen Geruchssinn und nimm den Duft des Baumes in dich auf. Lass dich ganz auf den Moment ein. Lass deinen Atem immer tiefer und ruhiger fließen.

- Nun aktiviere deine feingeistigen Sinne, und richte deine Aufmerksamkeit nach innen. Schließe die Augen, und stelle dir diesen Baum vor deinem inneren Auge vor. Spüre in dir, wie seine Wurzeln, sein Baumstamm und seine Blätter beschaffen sind. Nimm wahr, wie sanft und intensiv dieser Baum schwingt. Welche Farben und welches Licht verbindest du damit? Wie erlebst du seine Schwingung, seine Energie, seine Größe, seine Präsenz? Entspanne dich, während dein Körper sich auf das heilsame Energiefeld des Baumes einschwingt. Stelle dir die Wurzeln des Baumes vor, wie sie tief in den Boden greifen. Spüre die Statur der Krone des Baumes über dir.

- Verbinde dich von ganzem Herzen mit dem Geist dieses Birnbaumes, und sprich innerlich: »Liebe lichtvolle geistige Welt, lieber Geist dieses Birnbaumes, ich bin von Herzen bereit für deine heilende Kraft und deine heilende Botschaft. Bitte offenbare dich mir so, wie es sinn- und lichtvoll für meine Entwicklung ist und wie ich es am besten verstehen kann. Ich bin bereit, hinzuhören und hinzusehen.«

- Spüre, wie sich dein Herzensraum weitet, und spüre Liebe, Geborgenheit und Wärme in dir. Lausche, ob in dir Gefühle, Inspirationen oder Erkenntnisse hochkommen. Spüre, wie das Energiefeld des Birnbaumes dich in seinem Lichtkreis ganz einhüllt und du Wärme und Geborgenheit wahrnimmst. Spüre die Vibration des Birnbaumes und wie seine unzähligen Lichtstrahlen nach außen, in das Universum, zu anderen Birnbäumen fließen. Erlebe dich als ein Teil des universellen Lichtes, verbunden mit der heilenden Kraft des Universums. Lass dir Zeit zum tiefen und heilsamen Ein- und Ausatmen, und nimm den feinen Birnenduft wahr, genieße diese nährende und aufbauende Energie.

- Nimm nach und nach wahr, wie die heilende Kraft des Baumes und des Sonnenlichtes deine Schwingung erhöht und du eine feine, angenehme Vibration in deiner gesamten linken Körperseite verspürst und dann auch in der rechten Seite. Genieße es, wie dein gesamter Körper mit neuem Leben erfüllt wird.

- Spüre, wie das Sonnenlicht dir Wärme und Heilkraft schenkt und dein gesamter Körper sich von Liebe und Licht eingehüllt anfühlt. Lass dich in deinem tiefen Empfinden von Vertrauen auf dieses heilsame Licht ein.

- Lass dir in deiner Vorstellung Wurzeln an deinen Füßen wachsen, und atme tief und harmonisch in den Bauch hinein. Spüre, wie dein Urvertrauen immer mehr zunimmt und du dich als ein lichtvoller Teil der Schöpfung erlebst.

- Genieße es, wie die Energie des Baumes dich stärkt, und nimm die pulsierende Kraft wahr, die durch all deine Chakren, vom Wurzelchakra hin zum Scheitelchakra, fließt und die heilende Kraft aktiviert. Spüre, wie dein Energiefeld fein kribbelt und sich sanft entfaltet.

- Genieße die Leichtigkeit, die Stärke und das Gleichgewicht in dir, und fühle dich stark und wohl in deiner Haut. Lass dir Zeit, und genieße diese heilsame Kraft. Folge deinem fließenden, friedvollen Atem, und genieße es, im Licht eingehüllt zu sein und den Segen des Universums zu empfangen. Genieße jeden Atemzug, und schöpfe so viel Kraft, wie du brauchst. Erlebe dich von starkem Licht durchflutet und von neuer Kraft erfüllt.

- Lass die Affirmation des Birnbaumes in dir aufsteigen, und wiederhole diesen Satz voller Liebe und Güte: *»Ich bewahre mein Gleichgewicht in allen Lebenslagen!«* Erlebe die vollkommene und absichtslose Liebe des Baumgeistes und des Universums.

- Erlebe in diesem erhöhten Bewusstsein, dass du eine liebevolle Lichtsäule bist zwischen Himmel und Erde.

- Wenn du dich erfüllt fühlst und das Bedürfnis verspürst, in das Tagesgeschehen zurückzukehren, so bedanke dich innerlich mit den Worten: »Lieber Baumgeist, lieber Birnbaum, ich bedanke mich für die Begegnung, für die Heilkraft und Inspiration. Mögest du gedeihen und Liebe entfalten.« Spüre Freude in deinem Herzen, und schenke dein Lächeln dem Birnbaum, dem Leben und auch dir selbst.

Birke

Der Baum der himmlischen Anbindung und inneren Leichtigkeit

Die Birke mit ihrer schlanken Form und der weißen Rinde ist ein besonders schöner und graziler Baum. Es gibt ca. 50 Birkenarten, als Laubbäume und als Sträucher. Die männlichen Blütenkätzchen sind hängend und lang, die weiblichen sind kürzer und stehend.

Medizinisch hat die Birke ausleitende Wirkung über Leber, Nieren und über die Haut. Sie hat eine positive Heilwirkung auf rheumatische Erkrankungen. Tee aus jungen Blattknospen wird neben der Brennnessel gerne als »Frühjahrskur« zur inneren Köperreinigung verwendet.

Die Birke ist Sinnbild für Erneuerung, Jugendlichkeit, Freude, Leichtigkeit und nicht zuletzt auch für die Liebe. Sie unterstützt die Einheit von Körper, Seele und Geist, bringt Licht ins Dunkel und stärkt das Gefühl von Anmut und Schönheit. Sie wirkt wie ein Jungbrunnen, der neue Kräfte verleiht.

In Russland hat die Birke eine große Bedeutung bei den Einweihungszeremonien der Schamanen. Mit seinen leuchtenden grünen Blättern vermittelt der Baum die Stimmung von Leichtigkeit und Lebensfreude. In vielen Gegenden gilt das Aufstellen eines Birkenbäumchens vor dem Haus seiner Angebeteten als symbolisches Zeichen der Liebe. Früher galt dieses Zeremoniell als Heiratsantrag.

Seinen Ursprung hat dieser Brauch bei den Kelten. Diese verwendeten Birkenzweige, um Beltane-Feuer (Mai-Fest) zu entzünden, und Liebespaare zogen sich gern in die Birkenwälder zurück. Nachdem dieser Brauch nach der Christianisierung zurückging, wurden die Birken als Maibäume aufgestellt.

Mit dem Aufstellen eines Maibaumes in der Mitte eines Dorfes holten sich die Bewohner die Eigenschaften dieses Baumes in ihren Ort. Dieser Brauch hat gebietsweise auch heute noch Bestand.

In Russland gibt es viele Birkenwälder, und es ist ein schöner Brauch, dass ein Liebespaar bei der Heirat an einer Birke ein

Vogelhäuschen mit seinen Namen und dem Hochzeitsdatum aufhängt. Das soll Glück und Nachkommen für die junge Familie bringen.

Weit verbreitet war früher auch der Brauch, sich mit frischen Birkenzweigen zu schlagen. Damit sollte die Energie der neu erwachten Natur auf den Menschen übertragen werden. In Russland hat dieses Ritual im »Banja«, der russischen Sauna, noch heute Tradition: Dort schlagen sich die Gäste nach dem Saunagang an der frischen Luft mit feuchten Birkenzweigen auf den Rücken, um die Durchblutung anzuregen und sich vor einem Hexenschuss zu schützen.

Der Geist der Birke leuchtet wie eine feine, zarte, liebliche Lichtsäule aus seinem Baumstamm heraus. Er schwingt weich in durchscheinendem sonnigem Licht, gütig, als ob er lächelt, und hüllt den Menschen, wenn er mit ihm Kontakt aufnimmt, damit ein. Seine Kraft wirkt sich erweiternd aus, vor allem auf unser Scheitelchakra. Dies stärkt unsere geistige Anbindung, fördert feingeistige Wahrnehmungen und Fähigkeiten und kräftigt unsere Intuition. Die Kraft des Birkengeistes schenkt uns neue Energie, tiefe Freude und Inspiration. Er richtet uns von innen heraus auf und lässt alten Ballast abfallen.

Die Affirmation des Birkengeistes lautet:
»Ich bin von Liebe erfüllt, mit der himmlischen Kraft verbunden und meistere mein Leben in Leichtigkeit!«

Meditation mit dem Geist der Birke

☙ Begib dich zu der Birke, die du ausgesucht hast. Stelle oder setze dich bequem hin, und atme mehrmals tief durch. Lass deine Gedanken vorüberziehen, und spüre Liebe in deinem Herzen. Beruhige deinen Atem, und lass ihn tief in den Bauch strömen. Komme zur Ruhe, und nimm höflich mit dem Geist der Birke Kontakt auf, indem du innerlich mit einem Herzenslächeln sagst: »Lieber Geist der Birke, ich bin hier, um dir meine liebevolle Aufmerksamkeit zu schenken und mich von deiner Weisheit inspirieren zu lassen. Bist du bereit, mit mir heilsam zu arbeiten?« Folge deinem tiefen und harmonischen Atem, und spüre, wie die Verbindung mit dem Baum entsteht. Vielleicht fühlst du dich wie magnetisch von ihm angezogen. Vielleicht erlebst du andere Zeichen wie das Singen eines Vogels in seiner Baumkrone. Lass dich auf dein Gefühl ein, und lass dich vom Herzen leiten.

- Aktiviere all deine Sinne, nutze deinen Sehsinn, und betrachte aufmerksam die Eigenart dieses Baumes. Sind die Wurzeln sichtbar? Wie sieht die weiße Rinde aus? In welchen Farben leuchten seine Blätter? In welche Richtung dehnt sich seine Krone aus?

- Nutze deinen Tastsinn, und ertaste die Rinde, die je nach Art glatt oder borkig sein kann. Nutze dann deinen Geruchssinn, und nimm den Duft des Baumes in dich auf. Lass dich ganz auf den Moment ein. Lass deinen Atem immer tiefer und ruhiger fließen.

- Nun aktiviere deine feingeistigen Sinne, und richte deine Aufmerksamkeit nach innen. Schließe die Augen, und stelle dir diesen Baum vor deinem inneren Auge vor. Spüre in dir, wie seine Wurzeln, sein Baumstamm und seine Blätter beschaffen sind. Nimm wahr, wie sanft und intensiv dieser Baum schwingt. Welche Farben und welches Licht verbindest du damit? Wie erlebst du seine Schwingung, seine Energie, seine Größe, seine Präsenz? Entspanne dich, während dein Körper sich auf das heilsame Energiefeld des Baumes ein-schwingt. Stelle dir die Wurzeln des Baumes vor, wie sie tief in den Boden greifen. Spüre die Statur der Krone des Baumes über dir.

- Verbinde dich von ganzem Herzen mit dem Geist dieser Birke, und sprich innerlich: »Liebe lichtvolle geistige Welt, lieber Geist dieser Birke, ich bin von Herzen bereit für deine heilende Kraft und deine heilende Botschaft. Bitte offenbare dich mir so, wie es sinn- und lichtvoll für meine Entwicklung ist und wie ich es am besten verstehen kann. Ich bin bereit, hinzuhören und hinzusehen.«

- Spüre, wie sich dein Herzensraum weitet, und spüre Liebe, Geborgenheit und Wärme in dir. Lausche, ob in dir Gefühle, Inspirationen oder Erkenntnisse hochkommen. Spüre, wie der Baumgeist der Birke deinen gesamten Körper in eine feine, sonnige Energie hüllt und dich berührt. Lass dir Zeit zum tiefen und heilsamen Ein- und Ausatmen.

- Nimm nach und nach wahr, wie die Energie des Baumes dich beruhigt und klärt, wie dein Scheitelchakra ganz fein zu kribbeln beginnt und sich sanft öffnet. Deine geistige Anbin-dung verstärkt sich, indem deine feingeistigen, sensitiven, hellsichtigen Wahrnehmungen sich erhöhen und deine Intuition und Inspiration stärker werden. Folge deinem fließenden, friedvollen Atem, und genieße es, im Licht eingehüllt zu sein und den Segen des Universums zu empfangen.

- Erlebe deine Verbindung mit der Energie der Birke, und spüre tiefe und erfüllende Freude in deinem Herzen. Spüre, wie sich deine Wirbelsäule von innen heraus angenehm und wohltuend aufrichtet und alter Ballast von deinem Rücken abfällt.

- Mit jedem tiefen Ausatmen lässt du Altes los, und mit jedem tiefen Einatmen nimmst du neue, heilsame Energie des Lebens auf. Genieße jeden Atemzug, und schöpfe so viel Kraft, wie du brauchst. Mit jedem tiefen Ausatmen und Loslassen gewinnst du an Freiraum und befindest dich im fließenden Bewusstsein des Loslassens, des Seinlassens und des Zulassens der neuen, heilsamen und liebevollen Kraft.

- Lass die Affirmation, die das Wesen der Birke dir übergibt, in dir aufsteigen und wirken und sprich dann den Satz: *»Ich bin von Liebe erfüllt, mit der himmlischen Kraft verbunden und meistere mein Leben in Leichtigkeit!«* Erlebe und genieße die vollkommene und absichtslose Liebe des Baumgeistes und des Universums. Erlebe in diesem erhöhten Bewusstsein, dass du eine liebevolle Lichtsäule bist zwischen Himmel und Erde.

- Wenn du dich erfüllt fühlst und das Bedürfnis verspürst, in das Tagesgeschehen zurückzukehren, so bedanke dich innerlich mit den Worten: »Lieber Baumgeist, liebe Birke, ich bedanke mich für die Begegnung, für die Heilkraft und

Inspiration. Mögest du gedeihen und Liebe entfalten.« Spüre ein Lächeln in deinem Herzen und auf deinen Lippen. Schenke dein Lächeln der Birke, dem Leben und auch dir selbst.

Buche

Der Baum der Selbstliebe und Vergebung

Es gibt ca. 250 Buchenarten. Die beiden wichtigsten Arten sind die Rotbuche und die Blutbuche. Sie unterscheiden sich durch die Farbe ihrer Blätter. Die Rotbuche trägt grüne Blätter und hat ihren Namen wegen ihres rötlichen Holzes erhalten. Die rotblättrige Buche ist die Blutbuche.

Eine alte Buche kann über eine halbe Million Blätter mit einer gesamten Oberfläche von über 1000 Quadratmetern haben. Sie kann im Sommer an einem Tag bis zu 2000 Liter Wasser verdunsten und eine Sauerstoffmenge für den Bedarf von drei Menschen produzieren.

Bis zur Eisenzeit trug die Buche ganz wesentlich zur Ernährung der Menschen bei. Blattknospen, Frühlingsblätter und vor allem die Buchecker, die zu Brot verarbeitet werden können, dienten als Nahrungsquelle. Ebenso als Nahrungsquelle dienten Eichen und Esskastanie. Auch sie gehören zur Gattung der Buchengewächse.

Die Buche war ursprünglich die wichtigste und meist verbreitete Baumart in unserer Region. Sie ist ein vitaler und schattenspendender Baum. Durch die Nutzung des Waldes als Holzlieferant wurde sie, wie auch andere Laubbäume, durch vermehrten Anbau einer schneller nutzbaren Fichten-, Tannen- und Kiefernpopulation zurückgedrängt.

Bei den Germanen wurden die Runen aus Buchenholz hergestellt. Es handelte sich um gespaltene Holzstäbchen, in die man die Runenzeichen ritzte. Runen sind eine Art Alphabet aus 24 Buchenstäben. Daher stammen unsere Bezeichnung »Buchstaben« und in der Folge auch das Wort »Buch«.

Soweit bekannt ist, handelte es sich bei den Runen um ein magisches Alphabet. Sie dienten nicht der Schrift, wie wir sie heute kennen, sondern ausschließlich kultischen Zwecken. Man benutzte sie als Orakel für Weissagung, die man vor allen wichtigen Entscheidungen befragte.

Mit dem Übergang zu einem Gebrauchsalphabet begann man, als Alternative zu Schriftrollen, dünne Buchentafeln zusammenzubinden. So entstand eine neue Möglichkeit, Wissen aufzuzeichnen: das Buch.

Die Buche steht für Verständnis und Bewahrung. Sie hat eine beruhigende, tröstende und mitfühlende Schwingung. Sie besänftigt und stärkt die emotionale Energie und absorbiert gleichzeitig krank machende Energien des Menschen.

Kein Wunder, dass in der Bachblütentherapie die Rotbuche, »Beech«, Verwendung bei Menschen mit ausgeprägter Intoleranz, Kritiksucht, mangelndem Einfühlungsvermögen und Mitgefühl findet. »Beech« hilft, toleranter, liebevoller und nachsichtiger zu sein, sich selbst und anderen gegenüber. Sie stärkt außerdem das Selbstvertrauen. ˙

Der Geist der Buche leuchtet wie eine vibrierende, kraftvolle, gütige und liebliche Lichtsäule aus seinem Baumstamm heraus. Mütterlich hüllt er den Menschen nach der Kontaktaufnahme in sein heilendes Licht. Seine Kraft wirkt entspannend und erdend und fördert die Vergebung und das Loslassen. Dabei entfaltet sich besonders unser Herzchakra, auch die Nierenenergie wird gestärkt und gewärmt. Dies öffnet vor allem unser emotionales Herz, fördert die Heilung alter Verletzungen und stärkt unsere Selbstliebe. Die Kraft des Buchengeistes schenkt uns inneren Freiraum, tiefe Selbstliebe und Kraft. Sie lässt alte Erwartungen und Vorurteile abfallen und lässt uns energetische »Wurzeln« wachsen.

Die Affirmation des Buchengeistes lautet:
»Ich bin erfüllt von Liebe, Frieden und Vergebung.
Aus tiefem Mitgefühl heraus betrachte ich das Leben!«

Meditation mit dem Geist der Buche

- Begib dich zu der Buche, die du ausgesucht hast. Stelle oder setze dich bequem hin, und atme mehrmals tief durch. Lass deine Gedanken vorüberziehen, und spüre Liebe in deinem Herzen. Beruhige deinen Atem, und lass ihn tief in den Bauch strömen. Komme zur Ruhe, und nimm höflich mit dem Geist der Buche Kontakt auf, indem du innerlich mit einem Herzenslächeln sagst: »Lieber Geist der Buche, ich bin hier, um dir meine liebevolle Aufmerksamkeit zu schenken und mich von deiner Weisheit inspirieren zu lassen. Bist du bereit, mit mir heilsam zu arbeiten?« Folge deinem tiefen und harmonischen Atem, und spüre, wie die Verbindung mit dem Baum entsteht. Vielleicht fühlst du dich wie magnetisch von ihm angezogen. Vielleicht erlebst du andere Zeichen wie das Singen eines Vogels in seiner Baumkrone. Lass dich auf dein Gefühl ein, und lass dich vom Herzen leiten.

- Aktiviere all deine Sinne, nutze deinen Sehsinn, und betrachte aufmerksam die Eigenart dieses Baumes. Sind die Wurzeln sichtbar? Wie sieht die Rinde aus? In welchen Farben leuchten seine Blätter? In welche Richtung dehnt sich seine Krone aus?

- Nutze deinen Tastsinn, und ertaste die Buchenrinde. Sie ist meist grau und glatt. Im Alter können sich bei der Rotbuche im unteren Bereich Borken bilden. Nutze jetzt deinen Geruchssinn, und nimm den Duft der Buche in dich auf. Lass dich ganz auf den Moment ein. Lass deinen Atem immer tiefer und ruhiger fließen.

- Nun aktiviere deine feingeistigen Sinne, und richte deine Aufmerksamkeit nach innen. Schließe die Augen, und stelle dir diesen Baum vor deinem inneren Auge vor. Spüre in dir, wie seine Wurzeln, sein Baumstamm und seine Blätter beschaffen sind. Nimm wahr, wie sanft und intensiv dieser Baum schwingt. Welche Farben und welches Licht verbindest du damit? Wie erlebst du seine Schwingung, seine Energie, seine Größe, seine Präsenz? Entspanne dich, während sich dein Körper auf das heilsame Energiefeld des Baumes einschwingt. Stelle dir die Wurzeln des Baumes vor, wie sie tief in den Boden greifen. Spüre die Statur der Krone des Baumes über dir.

- Verbinde dich von ganzem Herzen mit dem Geist dieser Buche, und sprich innerlich: »Liebe lichtvolle geistige Welt, lieber Geist dieser Buche, ich bin von Herzen bereit für deine heilende Kraft und deine heilende Botschaft. Bitte offenbare dich mir so, wie es sinn- und lichtvoll für meine Entwicklung ist und wie ich es am besten verstehen kann. Ich bin bereit, hinzuhören und hinzusehen.«

- Spüre, wie sich dein Herzensraum weitet, und spüre Liebe, Geborgenheit und Wärme in dir. Lausche, ob in dir Gefühle, Inspirationen oder Erkenntnisse hochkommen. Spüre, wie der Baumgeist der Buche deinen gesamten Körper in eine sanft vibrierende weiche Energie einhüllt und dich berührt. Lass dir Zeit zum tiefen und heilsamen Ein- und Ausatmen.

- Nimm nach und nach wahr, wie die Energie des Baumes dich beruhigt und klärt und wie dein Herzchakra ganz fein zu kribbeln beginnt und sich sanft öffnet. Spüre, wie sich eine warme Energie in deinem Brustraum ausbreitet, als ob die Sonne dich anstrahlt und dein Inneres wärmt. Folge deinem fließenden, friedvollen Atem, und genieße es, im Licht eingehüllt zu sein und den Segen des Universums zu empfangen. Lass dich ganz auf das immer intensiver werdende Empfinden der Selbstliebe ein, und erhole dich darin.

- Verbinde dich mit der Energie der Buche, und erlebe tiefe und erfüllende Geborgenheit und Liebe in deinem Herzen. Spüre, wie du dich immer mehr fallen lässt, jegliche Erwartungshaltung und Vorurteile von dir abfallen und du immer freier in deinem Herzen wirst. Genieße es zu spüren, wie dir energetische »Wurzeln« wachsen und dich stabilisieren. Spüre, wie die Erde unter deinen Füßen pulsiert, und erlebe dich als ein Teil des Universums. Genieße es, wie die pulsierende Kraft dich in deiner Nierengegend erwärmt und stärkt, und schöpfe mit jedem Atemzug Energie.

- Spüre mit jedem tiefen Ausatmen, wie die Erde dich trägt, und spüre mit jedem tiefen Einatmen große Geborgenheit und heilende Energie in deinem Herzen. Genieße jeden Atemzug, und schöpfe so viel Kraft, wie du brauchst. Mit jedem tiefen Ausatmen und Freiwerden gewinnst du an Vertrauen und befindest dich im fließenden Bewusstsein der Liebe und der Vergebung. Spüre, wie die heilende Kraft der Vergebung dich ganz sanft und weich macht und starkes Mitgefühl ermöglicht.

- Lass die Affirmation, die der Buchengeist dir übergibt, in dir aufsteigen und wirken. Je mehr Selbstliebe du in deinem Herzen erlebst, umso intensiver und wärmender spürst du die Kraft der Vergebung. Formuliere die Affirmation voller Liebe und Güte: *»Ich bin erfüllt von Liebe, Frieden und Vergebung. Aus tiefem Mitgefühl heraus betrachte ich das Leben!«* Erlebe und genieße die vollkommene und absichtslose Liebe des Baumgeistes und des Universums. Fühle dich eingeladen, dich mit deinem Rücken ganz an den Stamm der Buche anzulehnen und dich auf den heilsamen Moment einzulassen. Lass dir dabei so viel Zeit, wie du brauchst, und genieße es.

- Erlebe in diesem erhöhten Bewusstsein, dass du eine liebevolle Lichtsäule bist zwischen Himmel und Erde.

- Wenn du dich erfüllt fühlst und das Bedürfnis verspürst, in das Tagesgeschehen zurückzukehren, so bedanke dich innerlich mit den Worten: »Lieber Baumgeist, liebe Buche, ich bedanke mich für die Begegnung, für die Heilkraft und Inspiration. Mögest du gedeihen und Liebe entfalten.« Spüre ein Lächeln in deinem Herzen und auf deinen Lippen. Schenke dein Lächeln der Buche, dem Leben und auch dir selbst.

Eberesche

Der Baum der Lebenskraft

Es gibt ca. 80 Arten der Eberesche, die auch Vogelbeere genannt wird. Es sind laubabwerfende Bäume und Sträucher, die bis zu 15 Meter hoch werden können.

Der Name Eberesche bedeutet »falsche Esche«. Die Blätter der Eberesche und der Esche ähneln sich, allerdings gehört die Eberesche zu den Rosengewächsen, während die Esche zu den Ölbäumen zählt. Die Blüten erscheinen im Mai, die roten Beeren im Herbst. Wie der Name schon sagt, fressen die Vögel die scharlachroten Früchte besonders gern und tragen damit sehr zur Verbreitung des Baumes bei.

Die Eberesche steht für Schutz, Eingebung und Weisheit und gilt als Baum des Lebens.

Sie war einer der mächtigsten magischen Bäume. In vielen ursprünglichen Religionen ist sie einer der meist verehrten Bäume, und auch nach der Christianisierung behielt sie lange in der Volksmagie ihre Bedeutung als Schutzbaum.

Der Baum wurde früher häufig als Orakel benutzt und auch zur Herstellung von »Zauberstäben« und Schutzamuletten.

Die Ausstrahlung des Ebereschenbaumes ist wie die eines Obstbaumes, wie zum Beispiel eines Apfelbaumes, der oben beschrieben ist. Der Baumgeist der Eberesche leuchtet gütig und strahlt nach außen wie ein Lichtnetz aus, das mit allen anderen Ebereschenbäumen synchron zusammenschwingt.

Die heilende Kraft des Ebereschenbaumes wirkt auf den Menschen nach der Kontaktaufnahme erdend, nährend, anregend und fördert das Hormonsystem. Der Geist des Ebereschenbaumes leuchtet wie eine feine, zarte, liebliche Lichtsäule aus seinem Stamm heraus. Seine Kraft fließt in den Unterleib, stärkt und richtet uns auf. Das gesamte Chakrensystem wird aktiviert und gestärkt. Der Ebereschebaum schenkt uns neue Lebenskraft und Freude.

Die Affirmation des Ebereschengeistes lautet:
»Ich gestalte mein Leben voller Freude und Kraft!«

Meditation mit dem Geist der Eberesche

Begib dich zu der Eberesche, die du ausgesucht hast. Stelle oder setze dich bequem hin, und atme mehrmals tief durch. Lass deine Gedanken vorüberziehen, und spüre Liebe in deinem Herzen. Beruhige deinen Atem, und lass ihn tief in den Bauch strömen. Komme zur Ruhe, und nimm höflich mit dem Geist der Eberesche Kontakt auf, indem du innerlich mit einem Herzenslächeln sagst: »Lieber Geist der Eberesche, ich bin hier, um dir meine liebevolle Aufmerksamkeit zu schenken und mich von deiner Weisheit inspirieren zu lassen. Bist du bereit, mit mir heilsam zu arbeiten?« Folge deinem tiefen und harmonischen Atem, und spüre, wie deine Verbindung mit dem Baum entsteht. Vielleicht fühlst du dich wie magnetisch von ihm angezogen. Vielleicht erlebst du andere

Zeichen wie das Singen eines Vogels in seiner Baumkrone. Lass dich auf dein Gefühl ein, und lass dich vom Herzen leiten.

- Aktiviere all deine Sinne, nutze deinen Sehsinn, und betrachte aufmerksam die Eigenart dieses Baumes. Sind die Wurzeln sichtbar? Wie sieht die Rinde aus? In welchen Farben leuchten seine Blätter? In welche Richtung dehnt sich seine Krone aus?

- Nutze deinen Tastsinn, und ertaste die Rinde. Sie ist meist glatt und silbrig grau, später schwärzlich mit Längsrissen. Dann nimm den Duft des Baumes in dich auf. Lass dich ganz auf den Moment ein. Lass deinen Atem immer tiefer und ruhiger fließen.

- Nun aktiviere deine feingeistigen Sinne, und richte deine Aufmerksamkeit nach innen. Schließe die Augen, und stelle dir diesen Baum vor deinem inneren Auge vor. Spüre in dir, wie seine Wurzeln, sein Baumstamm und seine Blätter beschaffen sind. Nimm wahr, wie sanft und intensiv dieser Baum schwingt. Welche Farben und welches Licht verbindest du damit? Wie erlebst du seine Schwingung, seine Energie, seine Größe, seine Präsenz? Entspanne dich, während sich dein Körper auf das heilsame Energiefeld des Baumes einschwingt. Stelle dir die Wurzeln des Baumes vor, wie sie tief in den Boden greifen. Spüre die Statur der Krone des Baumes über dir.

- Verbinde dich von ganzem Herzen mit dem Geist dieser Eberesche, und sprich innerlich: »Liebe lichtvolle geistige Welt, lieber Geist dieser Eberesche, ich bin von Herzen bereit für deine heilende Kraft und deine heilende Botschaft. Bitte offenbare dich mir so, wie es sinn- und lichtvoll für meine Entwicklung ist und wie ich es am besten verstehen kann. Ich bin bereit, hinzuhören und hinzusehen.«

- Spüre, wie sich dein Herzensraum weitet, und spüre Liebe, Geborgenheit und Wärme in dir. Lausche, ob in dir Gefühle, Inspirationen oder Erkenntnisse hochkommen. Spüre, wie das Energiefeld der Eberesche dich ganz in einen Lichtkreis einhüllt und du Wärme und Geborgenheit empfindest. Spüre die Vibration der Eberesche und wie ihre unzähligen Lichtstrahlen nach außen, in das Universum, zu anderen Ebereschen fließen. Erlebe dich als ein Teil des universellen Lichtes, verbunden mit der heilenden Kraft dieses Baumes und des Universums. Lass dir Zeit zum tiefen und heilsamen Ein- und Ausatmen und nimm den feinen Duft der Eberesche wahr, genieße diese nährende und aufbauende Energie.

- Nimm nach und nach wahr, wie die heilende Kraft des Baumes und des Sonnenlichtes deine Schwingung erhöht und du eine warme, angenehme Energie in deinem Unterleibsbereich und deinem Unterbauch verspürst und dich geerdet und gestärkt fühlst. Genieße es, wie dein gesamter Körper mit neuem Leben erfüllt wird und wie die neue, lichtvolle Energie dich nährt und stärkt.

- Spüre, wie dieses Licht dir Wärme und Heilkraft schenkt und sich dein gesamter Körper von Liebe und Licht eingehüllt anfühlt. Lass dich in deinem tiefen Empfinden von Vertrauen auf dieses heilsame Licht ein, und lass der Energie etwas Zeit, dein Hormonsystem anzuregen und zu fördern.

- Lass dir in deiner Vorstellung an den Füßen Wurzeln wachsen, und atme tief und harmonisch in den Bauch hinein. Nimm wahr, wie dein Urvertrauen immer mehr zunimmt und du dich als ein lichtvoller Teil der Schöpfung erlebst.

- Genieße es, wie die Energie des Baumes dich stärkt, und nimm die pulsierende Kraft wahr, die durch all deine Chakren vom Wurzelchakra bis zum Scheitelchakra fließt und die heilende Kraft aktiviert. Spüre, wie dein Energiefeld fein kribbelt und sich sanft entfaltet.

- Genieße die beruhigende und stärkende Wirkung der Baumenergie, und die Ausgeglichenheit und große Zuversicht, die sie dir schenkt. Lass dir Zeit, diese heilsame Kraft in dich aufzunehmen. Folge deinem fließenden, friedvollen Atem, und genieße es, den Segen des Universums zu empfangen. Genieße jeden Atemzug, und schöpfe so viel Kraft, wie du brauchst. Mit jedem tiefen Atmen erlebst du dich von Licht durchflutet und von neuer Kraft erfüllt.

- Lass die Affirmation des Ebereschengeistes in dir aufsteigen, und wiederhole den Satz voller Liebe und Güte: »*Ich gestalte mein Leben voller Freude und Kraft!*« Erlebe die vollkommene und absichtslose Liebe des Baumgeistes und des

Universums. Erlebe in diesem erhöhten Bewusstsein, dass du eine liebevolle Lichtsäule bist zwischen Himmel und Erde.

- Wenn du dich erfüllt fühlst und das Bedürfnis verspürst, in das Tagesgeschehen zurückzukehren, so bedanke dich innerlich mit den Worten: »Lieber Baumgeist, liebe Eberesche, ich bedanke mich für die Begegnung, für die Heilkraft und Inspiration. Mögest du gedeihen und Liebe entfalten.« Spüre ein Lächeln in deinem Herzen und auf deinen Lippen. Schenke dein Lächeln der Eberesche, dem Leben und auch dir selbst.

Eibe

Der Baum des Schutzes und der Transformation

Die Eibe ist unser ältester heimischer Nadelbaum. Sie gehört zu den langlebigsten Bäumen auf unserer Erde, da sie bis zu 2000 Jahre alt werden kann.

Das Holz der Eibe wurde früher für den Bogenbau genutzt, es gilt als das beste Bogenholz. Alle Pflanzenteile, außer den roten Fruchtmänteln, enthalten Taxin, ein tödliches Gift!

Irland hat seinen Namen durch die Eibe erhalten; Eibenland = Irland. Es hat im früheren waldreichen Irland nämlich viele Eiben gegeben.

Die Eibe, die als einer der kraftvollsten magischen Bäume gilt, steht für ewiges Leben. Sie steht für Wechsel, Veränderung und Transformation. Für Hildegard von Bingen war sie Sinnbild der Fröhlichkeit. Der Geist der Eibe strahlt eine mystische Energie aus und leuchtet wie eine intensive, liebliche Lichtsäule aus seinem Baumstamm heraus. Er schwingt intensiv in durchscheinendem, weißem Licht und zieht einen magisch an. Er hüllt uns nach der Kontaktaufnahme mit seinem Licht ein. Seine Kraft wirkt beschützend und reinigend. Die Intensität seiner Energie auf unser Herzchakra kann karmische Verstrickungen auflösen und uns transformieren. Dies stärkt unser Ur- und Selbstvertrauen und befreit von Ängsten. Die Kraft des Eibengeistes schenkt uns Schutz, Transformation und unterstützt uns in unserer Selbsterkenntnis. Sie lässt uns innerlich leicht werden und alte Ängste und Zweifel abfallen.

Die Affirmation des Eibengeistes lautet:
»Ich bin beschützt und spüre meine innere Stärke!«

Meditation mit dem Geist der Eibe

- Begib dich zu der Eibe, von der du dich angezogen fühlst. Stelle oder setze dich bequem hin, und atme mehrmals tief durch. Lass deine Gedanken vorüberziehen, und spüre Liebe in deinem Herzen. Beruhige deinen Atem, und lass ihn tief in den Bauch strömen. Komme zur Ruhe, und nimm höflich mit dem Geist der Eibe Kontakt auf, indem du innerlich mit einem Herzenslächeln sagst: »Lieber Geist der Eibe, ich bin hier, um dir meine liebevolle Aufmerksamkeit zu schenken und mich von deiner Weisheit inspirieren zu lassen. Bist du bereit, mit mir heilsam zu arbeiten?« Folge deinem tiefen und harmonischen Atem, und spüre, wie deine Verbindung mit dem Baum entsteht. Vielleicht fühlst du dich wie magnetisch von ihm angezogen. Vielleicht erlebst du andere Zeichen wie das Singen eines Vogels in seiner Baumkrone. Lass dich auf dein Gefühl ein, und lass dich vom Herzen leiten.

- Aktiviere all deine Sinne, nutze deinen Sehsinn, und betrachte aufmerksam die Eigenart dieses Baumes. Sind die Wurzeln sichtbar? Wie sieht die Rinde aus? In welcher Intensität leuchten seine Nadeln? Welchen Geruch verströmt er? In welche Richtung dehnt sich seine Krone aus?

- Nutze deinen Tastsinn, und ertaste die rötliche oder graubraune, sich ablösende Rinde. Nutze dann deinen Geruchssinn, und nimm den Duft des Baumes in dich auf. Lass dich ganz auf den Moment ein. Lass deinen Atem immer tiefer und ruhiger fließen.

- Nun aktiviere deine feingeistigen Sinne und richte deine Aufmerksamkeit nach innen. Schließe die Augen, und stelle dir diesen Baum vor deinem inneren Auge vor. Spüre in dir, wie seine Wurzeln, sein Baumstamm und seine Nadeln beschaffen sind. Nimm wahr, wie sanft und intensiv dieser Baum schwingt. Welche Farben und welches Licht verbindest du damit? Wie erlebst du seine Schwingung, seine Energie, seine Größe, seine Präsenz? Entspanne dich, während sich dein Körper auf das heilsame Energiefeld des Baumes einschwingt. Stelle dir die Wurzeln des Baumes vor, wie sie tief in den Boden greifen. Spüre die Statur der Krone des Baumes über dir.

- Verbinde dich von ganzem Herzen mit dem Geist dieser Eibe, und sprich innerlich: »Liebe lichtvolle geistige Welt, lieber

Geist dieser Eibe, ich bin von Herzen bereit für deine heilende Kraft und deine heilende Botschaft. Bitte offenbare dich mir so, wie es sinn- und lichtvoll für meine Entwicklung ist und wie ich es am besten verstehen kann. Ich bin bereit, hinzuhören und hinzusehen.«

✤ Spüre, wie sich dein Herzensraum weitet, und spüre Liebe, Geborgenheit und Wärme in dir. Lausche, ob in dir Gefühle, Inspirationen oder Erkenntnisse hochkommen. Spüre, wie der Baumgeist der Eibe dich magisch anzieht, wie er deinen gesamten Körper in weiche, mystische Energie einhüllt und dich berührt. Lass dir Zeit zum tiefen und heilsamen Ein- und Ausatmen.

✤ Nimm nach und nach wahr, wie die Energie des Baumes dich beruhigt und klärt und dein Herzchakra sich ganz intensiv, voller Geborgenheit anfühlt. Erlebe dich vom beschützenden Licht der Eibe eingehüllt, und genieße die stetige Zunahme des Lichtes in dir. Dein Inneres erstrahlt, und du erlebst dich in deiner wahren inneren Größe, in deinem Energiefeld. Folge deinem fließenden, friedvollen Atem, und genieße es, im Licht eingehüllt zu sein und den Segen des Universums zu empfangen.

✤ Verbinde dich mit der Energie der Eibe, und empfinde die tiefe und erfüllende Wärme in deinem Herzen. Spüre, wie die Sonne in dir leuchtet, und fühle deine Lebendigkeit und Kraft. Immer mehr öffnet sich dein emotionales Herz nach innen und nach außen, sodass alter Ballast von dir abfällt und du dich immer befreiter fühlst. Spüre, wie sich in diesem

Freisein belastende Emotionen und karmische bewusste wie auch unbewusste Verstrickungen auflösen.

- Mit jedem tiefen Ausatmen lässt du alles Schwere los, und mit jedem tiefen Einatmen nimmst du neue, heilsame, transformierende Energie des Eibengeistes auf. Genieße jeden Atemzug, und schöpfe so viel Kraft, wie du brauchst. Sollten Bilder in deinem Inneren auftauchen, so lass sie mit jedem tiefen Ausatmen los, und werde frei. Lächle alle aufsteigenden Bilder und Erinnerungen voller Gleichmut an, und spüre Gnade in deinem Herzen. Mache dir bewusst, dass das Vergangene vorbei und somit nicht mehr wichtig ist. Atme alle bewussten und unbewussten Ängste aus, und lass Liebe in dein Herz.

- Spüre ein immer größer werdendes Vertrauen in deinem Inneren. Erlebe dein Vertrauen in dich sowie das Vertrauen in das Universum. Lass tiefen Frieden in alles hinein, was dich bewegt. Erfahre dich in Liebe beschützt, denn du bist ein Teil des Lichtes, ein Teil des Universums. Spüre, dass das Leben dich trägt. Erinnere dich daran, dass deine Seele aus der Quelle der Liebe kommt und du mit deinem individuellen Bewusstsein der Liebe die Welt beseelst.

- Lass die Affirmation des Eibengeistes in dir aufsteigen und wiederhole den Satz voller Liebe und Güte: »*Ich bin beschützt und spüre meine innere Stärke!*« Erlebe und genieße die vollkommene und absichtslose Liebe des Baumgeistes und des Universums. Lass die Ruhe in dir nachwirken, und genieße es, in Liebe und Schutz geborgen zu sein. Erlebe deine einzigartige seelische Stärke, und nimm dich ganz an. Erlebe in diesem erhöhten Bewusstsein, dass du eine liebevolle Lichtsäule bist zwischen Himmel und Erde.

🌿 Wenn du dich erfüllt fühlst und das Bedürfnis verspürst, in das Tagesgeschehen zurückzukehren, so bedanke dich innerlich mit den Worten: »Lieber Baumgeist, liebe Eibe, ich bedanke mich für die Begegnung, für die Heilkraft und Inspiration. Mögest du gedeihen und Liebe entfalten.« Spüre ein Lächeln in deinem Herzen und auf deinen Lippen. Schenke dein Lächeln der Eibe, dem Leben und auch dir selbst.

Eiche

Der Baum der Kraft und der Beständigkeit

Es gibt mehr als 200 verschiedenen Eichenarten. Bei uns sind Stiel- und Traubeneiche heimisch. Der Baum kann über 30 Meter hoch und bis zu 1000 Jahre alt werden.

Das Eichenholz gilt als sehr haltbares Bau- und Möbelholz. Es findet auch beim Bau von Fässern Verwendung, in denen Whisky, Cognac, Rotwein usw. reifen.

Die Eichenrinde besitzt einen hohen Anteil an Gerbsäure, sie hat eine adstringierende, desinfizierende und antiseptische Wirkung und kann in Form von Umschlägen und Sitzbädern verwendet werden. Sie ist auch geeignet zur Behandlung von inneren Beschwerden.

Die Eiche steht für Härte, Kraft, Ausdauer und Beständigkeit. In der Bachblütentherapie hilft die Eiche, »Oak«, verantwortungsbewussten und zuverlässigen Menschen, die pflichtbewusst niemals aufgeben, egal wie groß die Widerstände sind. Es sind ausdauernde Kämpfer, die viel leisten, aber kurz vor dem Zusammenbruch stehen. »Oak« bringt Kräfte zurück gepaart mit der Einsicht, dass es wichtig ist, auf die Gesundheit zu achten und die eigenen Grenzen nicht dauerhaft zu überschreiten. Die Eiche lässt uns innerlich freier, unbeschwerter und lockerer werden, verstärkt Sympathie und Toleranz.

Die Eiche wurde in der keltischen Mythologie mit schützenden Eigenschaften verbunden. Der kräftige Stamm und die machtvolle Krone brachten dem Magier auf seinem Weg nach Vervollkommnung Schutz und Ruhe aus der himmlischen Ebene. Die keltischen Priester hießen Druiden, und diese kletterten mit ihrer goldenen Sichel in die Eichenkronen und ernteten dort die Mistel, der man magische Kräfte, insbesondere Schutz- und Abwehrkräfte, zusprach.

Der Geist der Eiche leuchtet wie eine starke, breite, liebliche Lichtsäule aus seinem Baumstamm heraus. Es schwingt weich in durchscheinendem, goldenem Licht und hüllt den Menschen nach der Kontaktaufnahme umarmend und behütend mit seinem leuchtenden Licht ein. Seine Kraft wirkt tröstend, erdend und aufbauend. Eine besondere Intensität übt seine Energie vor allem auf unser Wurzelchakra aus und vermittelt das Gefühl, dass alles gut wird. Der Eichengeist schenkt uns neue Kraft und Beständigkeit und nährt unsere Seele mit Liebe und Zuversicht.

Die Affirmation des Eichengeistes lautet:

»Ich bin von großer Kraft erfüllt, mögen Liebe und
Zuversicht mein Leben begleiten!«

Meditation mit dem Geist der Eiche

- ✍ Begib dich zu der Eiche, die du ausgesucht hast. Stelle oder
setze dich bequem hin, und atme mehrmals tief durch. Lass
deine Gedanken vorüberziehen, und spüre Liebe in deinem
Herzen. Beruhige deinen Atem, und lass ihn tief in den Bauch
strömen. Komme zur Ruhe, und nimm höflich mit dem Geist
der Eiche Kontakt auf, indem du innerlich mit einem Herzenslächeln sagst: »Lieber Geist der Eiche, ich bin hier, um
dir meine liebevolle Aufmerksamkeit zu schenken und mich
von deiner Weisheit inspirieren zu lassen. Bist du bereit, mit
mir heilsam zu arbeiten?« Folge deinem tiefen und harmonischen Atem, und spüre, wie deine Verbindung mit dem Baum
entsteht. Vielleicht fühlst du dich wie magnetisch von ihm
angezogen. Vielleicht erlebst du andere Zeichen wie das
Singen eines Vogels in seiner Baumkrone. Lass dich auf dein
Gefühl ein, und lass dich vom Herzen leiten.

- ✍ Aktiviere all deine Sinne, nutze deinen Sehsinn, und betrachte
aufmerksam die Eigenart dieses Baumes. Sind die Wurzeln
sichtbar? Wie sieht die Rinde aus? In welchen Farben leuchten seine Blätter? In welche Richtung dehnt sich seine Krone
aus?

- ✍ Nutze deinen Tastsinn, und ertaste die harte, profilreiche und
gefurchte Rinde. Nutze deinen Geruchssinn, und nimm den

Duft der Eiche in dich auf. Lass dich ganz auf den Moment ein. Lass deinen Atem immer tiefer und ruhiger fließen.

- Nun aktiviere deine feingeistigen Sinne, und richte deine Aufmerksamkeit nach innen. Schließe die Augen, und stelle dir diesen Baum vor deinem inneren Auge vor. Spüre in dir, wie seine Wurzeln, sein Stamm und seine Blätter beschaffen sind. Nimm wahr, wie sanft und intensiv dieser Baum schwingt. Welche Farben und welches Licht verbindest du damit? Wie erlebst du seine Schwingung, seine Energie, seine Größe, seine Präsenz? Entspanne dich, während sich dein Körper auf das heilsame Energiefeld des Baumes einschwingt. Stelle dir die Wurzeln des Baumes vor, wie sie tief in den Boden greifen. Spüre die Statur der Krone des Baumes über dir.

- Verbinde dich von ganzem Herzen mit dem Geist dieser Eiche, und sprich innerlich: »Liebe lichtvolle geistige Welt, lieber Geist dieser Eiche, ich bin von Herzen bereit für deine heilende Kraft und deine heilende Botschaft. Bitte offenbare dich mir so, wie es sinn- und lichtvoll für meine Entwicklung ist und wie ich es am besten verstehen kann. Ich bin bereit, hinzuhören und hinzusehen.«

- Spüre, wie sich dein Herzensraum weitet, und fühle Liebe, Geborgenheit und Wärme in dir. Lausche, ob in dir Gefühle, Inspirationen oder Erkenntnisse hochkommen. Spüre, wie der Baumgeist der Eiche deinen gesamten Körper in ein wärmendes, goldenes Licht einhüllt und dich berührt. Lass dir Zeit zum tiefen und heilsamen Ein- und Ausatmen.

- Nimm nach und nach wahr, wie die Energie des Baumes dich beruhigt und klärt und wie dein Wurzelchakra ganz warm wird und sanft schwingt. Deine Erdung und innere Sicherheit verstärken sich, und große Kraft und Zuversicht erfüllen deine Seele. Folge deinem fließenden, friedvollen Atem, und genieße es, im Licht eingehüllt zu sein und den Segen des Universums zu empfangen.

- Erlebe deine Verbindung mit der Energie der Eiche, und spüre Trost und Kraft in deinem Inneren. Spüre, wie sich das Gefühl in deinem Brustraum ausbreitet, dass alles stets gut wird und dass sich alles stets sinn- und lichtvoll in deinem Leben entwickeln wird. Genieße es zu spüren, wie sich Zuversicht in dir ausbreitet und du dich immer mehr erdest. Spüre immer stärker die Verbindung zwischen deinen Füßen und Mutter Erde.

- Mit jedem tiefen Ausatmen lässt du Altes los, und mit jedem tiefen Einatmen nimmst du neue, heilsame Energie des Lebens auf. Genieße jeden Atemzug, und schöpfe so viel Kraft, wie du brauchst. Genieße mit jedem tiefen Atemzug, wie deine Aura von mehreren Schichten des goldenen Lichtes eingehüllt wird, gestärkt und mit heilendem Licht versorgt. Spüre, wie sich deine Seele mit Liebe und Zuversicht nährt und wie sie gedeiht.

- Lass die Affirmation des Eichengeistes in dir aufsteigen und wirken, formuliere dann den Satz voller Liebe und Güte: *»Ich bin von großer Kraft erfüllt, mögen Liebe und Zuversicht mein Leben begleiten!«* Erlebe und genieße die vollkommene und absichtslose Liebe des Baumgeistes und des Universums. Spüre in diesem erhöhten Bewusstsein, dass du eine liebevolle Lichtsäule bist zwischen Himmel und Erde.

- Wenn du dich erfüllt fühlst und das Bedürfnis verspürst, in das Tagesgeschehen zurückzukehren, so bedanke dich innerlich mit den Worten: »Lieber Baumgeist, liebe Eiche, ich bedanke mich für die Begegnung, für die Heilkraft und Inspiration. Mögest du gedeihen und Liebe entfalten.« Spüre ein Lächeln in deinem Herzen und auf deinen Lippen. Schenke dein Lächeln der Eiche, dem Leben und auch dir selbst.

Esche

Der Baum des Lichtes

Die Esche gehört zur Gattung der Ölbaumgewächse. Mit ihren gefiederten Blättern ist sie ein heller und luftiger Baum. Man findet sie oft in der Nähe von Flüssen und Bächen. Sie wird aber auch gerne an Straßenrändern gepflanzt. Ihre Blätter verwendet man in der Viehzucht als Futter.

Medizinisch gilt sie als ausleitendes Medikament. Sie wirkt harntreibend und somit gegen Rheuma und Gicht. Sie kann auch abführend wirken.

Auf verschlossene Menschen, die ihre Gefühle nicht zeigen können, nach außen stark wirken und sich hinter einer Maske verstecken, hat sie eine heilsame emotionale Wirkung.

Die Esche steht für Licht, Herrschaft und Schutz, für Duldsamkeit und Opferbereitschaft.

Der Geist der Esche leuchtet als pures Licht wie eine liebevolle Lichtsäule aus seinem Baumstamm heraus. Er schwingt weich und gütig voller Leichtigkeit und hüllt uns nach der Kontaktaufnahme mit seinem Licht von allen Seiten ein. Seine Kraft wirkt, ähnlich wie bei einer Birke, erweiternd, vor allem in unserem Scheitelchakra. Dies stärkt unsere geistige Präsenz, fördert unsere Erinnerung an unsere göttliche Quelle und stärkt unseren Bezug zu unserer spirituellen, himmlischen Heimat. Der Geist der Esche schenkt uns inneres Wachstum, ermöglicht Inspiration von oben und lässt uns zum göttlichen Lichtbewusstsein wachsen. Er richtet uns von innen heraus auf und lässt alles in uns im Licht erscheinen.

Die Affirmation des Eschengeistes lautet:
»Ich bin von Licht und Liebe erfüllt und wachse zum göttlichen Licht empor!«

Meditation mit dem Geist der Esche

✍ Begib dich zu der Esche, die du ausgesucht hast. Stelle oder setze dich bequem hin, und atme mehrmals tief durch. Lass deine Gedanken vorüberziehen, und spüre Liebe in deinem Herzen. Beruhige deinen Atem, und lass ihn tief in den Bauch strömen. Komme zur Ruhe, und nimm höflich mit dem Geist der Esche Kontakt auf, indem du innerlich mit einem Herzenslächeln sagst: »Lieber Geist der Esche, ich bin hier, um dir meine liebevolle Aufmerksamkeit zu schenken und mich von deiner Weisheit inspirieren zu lassen. Bist du bereit, mit mir heilsam zu arbeiten?« Folge deinem tiefen und harmonischen Atem, und spüre, wie deine Verbindung mit dem Baum entsteht. Vielleicht fühlst du dich wie magnetisch von ihm angezogen. Vielleicht erlebst du andere Zeichen wie das Singen eines Vogels in seiner Baumkrone. Lass dich auf dein Gefühl ein, und lass dich vom Herzen leiten.

- Aktiviere all deine Sinne, nutze deinen Sehsinn, und betrachte aufmerksam die Eigenart dieses Baumes. Sind die Wurzeln sichtbar? Wie sieht die Rinde aus? In welchen Farben leuchten seine Blätter? In welche Richtung dehnt sich seine Krone aus?

- Nutze deinen Tastsinn, und ertaste die Rinde; sie ist profilreich breit gerippt, mit länglichen und quer verlaufenden Rissen. Nutze jetzt deinen Geruchssinn, und nimm den Duft der Esche in dich auf. Lass dich ganz auf den Moment ein. Lass deinen Atem immer tiefer und ruhiger fließen.

- Nun aktiviere deine feingeistigen Sinne, und richte deine Aufmerksamkeit nach innen. Schließe die Augen, und stelle dir diesen Baum vor deinem inneren Auge vor. Spüre in dir, wie seine Wurzeln, sein Stamm und seine Blätter beschaffen sind. Nimm wahr, wie sanft und intensiv dieser Baum schwingt. Welche Farben und welches Licht verbindest du damit? Wie erlebst du seine Schwingung, seine Energie, seine Größe, seine Präsenz? Entspanne dich, während sich dein Körper auf das heilsame Energiefeld des Baumes einschwingt. Stelle dir die Wurzeln des Baumes vor, wie sie tief in den Boden greifen. Spüre die Statur der Krone des Baumes über dir.

- Verbinde dich von ganzem Herzen mit dem Geist dieser Esche und sprich innerlich: »Liebe lichtvolle geistige Welt, lieber Geist dieser Esche, ich bin von Herzen bereit für deine heilende Kraft und deine heilende Botschaft. Bitte offenbare dich mir so, wie es sinn- und lichtvoll für meine Entwicklung ist und wie ich es am besten verstehen kann. Ich bin bereit, hinzuhören und hinzusehen.«

- Spüre, wie sich dein Herzensraum weitet, und spüre Liebe, Geborgenheit und Wärme in dir. Lausche, ob in dir Gefühle, Inspirationen oder Erkenntnisse hochkommen. Spüre, wie der Baumgeist der Esche deinen gesamten Körper in eine feine, sonnige Energie einhüllt und dich berührt. Lass dir Zeit zum tiefen und heilsamen Ein- und Ausatmen.

- Nimm nach und nach wahr, wie die Energie des Baumes dich beruhigt und klärt. Nimm wahr, wie dein Scheitelchakra zu leuchten beginnt, sich sanft zum Himmel hin öffnet und du von innen heraus wächst. Deine geistige Anbindung verstärkt sich, indem du dein Licht spürst und dich in deinem lichtvollen Wesen ausdehnst. Folge deinem fließenden, friedvollen Atem, und genieße es, im Licht eingehüllt zu sein und den Segen des Universums zu empfangen.

- Erlebe deine Verbindung mit der Energie der Esche, und spüre große Leichtigkeit in deinem Herzen. Spüre, wie alles in dir leuchtet und sich wohltuend und angenehm anfühlt.

- Mit jedem tiefen Ausatmen lächelt deine Seele befreit, und mit jedem tiefen Einatmen nimmst du neue heilsame Energie der Lebendigkeit und Leichtigkeit auf. Genieße jeden Atemzug, und schöpfe so viel Kraft, wie du brauchst. Mit jedem tiefen Ausatmen und Loslassen gewinnst du an Freiraum und befindest dich im puren Bewusstsein der Liebe.

- Lass die Affirmation des Eschengeistes in dir aufsteigen und wiederhole den Satz voller Liebe und Güte: *»Ich bin von Licht und Liebe erfüllt und wachse zum göttlichen Licht empor!«* Erlebe und genieße die vollkommene und absichtslose Liebe des Baumgeistes und des Universums. Erlebe in diesem erhöhten Bewusstsein, dass du eine liebevolle Lichtsäule bist zwischen Himmel und Erde.

- Wenn du dich erfüllt fühlst und das Bedürfnis verspürst, in das Tagesgeschehen zurückzukehren, so bedanke dich innerlich mit den Worten: »Lieber Baumgeist, liebe Esche, ich bedanke mich für die Begegnung, für die Heilkraft und Inspiration. Mögest du gedeihen und Liebe entfalten.« Spüre ein Lächeln in deinem Herzen und auf deinen Lippen. Schenke dein Lächeln der Esche, dem Leben und auch dir selbst.

Feigenbaum

Der Baum der Freude

Der Feigenbaum ist ein laubabwerfender Baum oder Strauch. Als Baum erreicht er eine Höhe von zehn Metern. Er kommt hauptsächlich im Mittelmeerraum vor, wächst aber auch in einigen Regionen Deutschlands.

Der Feigenbaum, der für Freude, Frieden und Weltoffenheit

steht, gehört zu den ältesten Kulturpflanzen und wurde von vielen Völkern als heilig verehrt. Bereits im Alten Testament wird das Feigenblatt erwähnt. Und der Feigenbaum gehörte zum Garten Eden.

In der Antike galt der Feigenbaum als Symbol für Fruchtbarkeit, Erotik und Sinnesfreuden. Er galt auch als Orakelbaum, und aus seinem Holz wurden Schutzamulette gefertigt.

Im Buddhismus soll Buddha seine Erleuchtung unter einem Feigenbaum empfangen haben.

Die Ausstrahlung des Feigenbaumes ist ähnlich wie die eines anderen Obstbaumes. Der Geist des Feigenbaumes leuchtet gütig aus dem Inneren des Stammes wie eine feine, zarte, liebevolle Lichtsäule und strahlt nach außen wie ein Lichtnetz aus, das mit allen anderen Feigenbäumen synchron zusammenschwingt.

Die heilende Kraft des Feigenbaumes wirkt auf den Menschen nach der Kontaktaufnahme befreiend, anregend und die Seele beflügelnd. Seine Kraft fließt besonders in das Herzchakra hinein und lässt das gesamte Chakrensystem wie Sterne leuchten. Er schenkt uns neue Lebenskraft und Freude, sodass wir uns unseren Alltagsaufgaben und unserer wahren Berufung gleichermaßen widmen können.

Die Affirmation des Feigenbaumgeistes lautet:
»Ich feiere das Leben. Die Freude weist mir meinen Herzensweg!«

Meditation mit dem Geist des Feigenbaumes

☙ Begib dich zu dem Feigenbaum, der dich angezogen hat. Stelle oder setze dich bequem hin, und atme mehrmals tief durch. Lass deine Gedanken vorüberziehen, und spüre Liebe in deinem Herzen. Beruhige deinen Atem, und lass ihn tief in den Bauch strömen. Komme zur Ruhe, und nimm höflich mit dem Geist des Feigenbaumes Kontakt auf, indem du innerlich mit einem Herzenslächeln sagst: »Lieber Geist des Feigenbaumes, ich bin hier, um dir meine liebevolle Aufmerksamkeit zu schenken und mich von deiner Weisheit inspirieren zu lassen. Bist du bereit, mit mir heilsam zu arbeiten?« Folge deinem tiefen und harmonischen Atem, und spüre, wie deine Verbindung mit dem Baum entsteht. Vielleicht fühlst du dich wie magnetisch von ihm angezogen. Vielleicht erlebst du andere Zeichen wie das Singen eines Vogels in seiner Baumkrone. Lass dich auf dein Gefühl ein, und lass dich vom Herzen leiten.

- Aktiviere all deine Sinne, nutze deinen Sehsinn, und betrachte aufmerksam die Eigenart dieses Baumes. Sind die Wurzeln sichtbar? Wie sieht die Rinde aus? In welchen Farben leuchten seine Blätter? In welche Richtung dehnt sich seine Krone aus?

- Nutze deinen Tastsinn, und ertaste die glatte und hornige Rinde. Nutze jetzt deinen Geruchssinn, und nimm den Duft des Baumes in dich auf. Lass dich ganz auf den Moment ein. Lass deinen Atem immer tiefer und ruhiger fließen.

- Nun aktiviere deine feingeistigen Sinne, und richte deine Aufmerksamkeit nach innen. Schließe die Augen, und stelle dir diesen Baum vor deinem inneren Auge vor. Spüre in dir, wie seine Wurzeln, sein Baumstamm und seine Blätter beschaffen sind. Welche Farben und welches Licht verbindest du damit? Wie erlebst du seine Schwingung, seine Energie, seine Größe, seine Präsenz? Entspanne dich, während sich dein Körper auf das heilsame Energiefeld des Baumes ein-schwingt. Stelle dir die Wurzeln des Baumes vor, wie sie tief in den Boden greifen. Spüre die Statur der Krone des Baumes über dir.

- Verbinde dich von ganzem Herzen mit dem Geist dieses Feigenbaumes, und sprich innerlich: »Liebe lichtvolle geistige Welt, lieber Geist dieses Feigenbaumes, ich bin von Herzen bereit für deine heilende Kraft und deine heilende Botschaft. Bitte offenbare dich mir so, wie es sinn- und lichtvoll für meine Entwicklung ist und wie ich es am besten verstehen kann. Ich bin bereit, hinzuhören und hinzusehen.«

- Spüre, wie sich dein Herzensraum weitet, und fühle Liebe, Geborgenheit und Wärme in dir. Lausche, ob in dir Gefühle, Inspirationen oder Erkenntnisse hochkommen. Spüre, wie das Energiefeld des Feigenbaumes dich ganz in seinen Lichtkreis einhüllt und du Wärme und Geborgenheit erfährst. Spüre die vibrierende Energie des Feigenbaumes und wie seine unzähligen Lichtstrahlen nach außen, in das Universum und zu anderen Feigenbäumen fließen. Erlebe dich als ein Teil des universellen Lichtes, verbunden mit der heilenden Kraft der Feigenbäume im Universum. Lass dir Zeit zum tiefen und heilsamen Ein- und Ausatmen, und nimm den feinen Feigenduft wahr. Genieße diese nährende und aufbauende Energie.

- Nimm nach und nach wahr, wie die heilende Kraft des Baumes und des Sonnenlichtes deine Schwingung erhöht. Nimm eine warme, angenehme Energie in deinem Herzensraum wahr, und spüre, wie erfüllt und gestärkt du bist. Genieße es, wie dein gesamter Körper mit neuem Leben erfüllt wird und wie die neue lichtvolle Energie dich nährt und stärkt.

- Spüre, wie dieses sonnige Licht dir Wärme und Heilkraft schenkt und dein gesamter Körper von Liebe und Licht eingehüllt wird. Lass dich in deinem tiefen Empfinden von Vertrauen auf dieses heilsame Licht ein, und lass dir ein freudvolles Lächeln auf die Lippen zaubern.

- Lass dir in deiner Vorstellung an den Füßen Lichtwurzeln wachsen, und atme tief und harmonisch in den Bauch hinein. Nimm wahr, wie deine Freude immer mehr zunimmt und du dich befreit und als ein lichtvoller Teil der Schöpfung erlebst.

- Genieße die aktivierende und stärkende Wirkung der Baumenergie und deine wachsende Ausgeglichenheit und große Zuversicht. Lass dir Zeit, und genieße diese heilsame Kraft. Folge deinem fließenden, friedvollen Atem, und empfange, eingehüllt im Licht, den Segen des Universums. Genieße jeden Atemzug, und schöpfe so viel Kraft, wie du brauchst. Mit jedem tiefen Ein- und Ausatmen erlebst du dich von großem Licht durchflutet und von neuer Kraft erfüllt.

- Lass die Affirmation des Feigenbaumgeistes in dir aufsteigen und wiederhole den Satz voller Liebe und Güte: »*Ich feiere*

das Leben. Die Freude weist mir meinen Herzensweg!«
Erlebe die vollkommene und absichtslose Liebe des Baumgeistes und des Universums.

- Erlebe in diesem erhöhten Bewusstsein, dass du eine liebevolle Lichtsäule bist zwischen Himmel und Erde.

- Wenn du dich erfüllt fühlst und das Bedürfnis verspürst, in
das Tagesgeschehen zurückzukehren, so bedanke dich
innerlich mit den Worten: »Lieber Baumgeist, lieber Feigenbaum, ich bedanke mich für die Begegnung, für die Heilkraft
und Inspiration. Mögest du gedeihen und Liebe entfalten.«
Spüre ein Lächeln in deinem Herzen und auf deinen Lippen.
Schenke dein Lächeln dem Feigenbaum, dem Leben und auch
dir selbst.

Fichte und Tanne

Bäume der Ausgeglichenheit und des Lebenssinns

Fichte und Tanne wurden bei uns lange Zeit vermehrt angepflanzt,
weil sie sich einfach und preiswert kultivieren lassen und somit
schnelle Erlöse versprechen. Fichten erreichen Höhen von 20 bis
60 Metern, Tannen zwischen 40 und 70 Metern. Das Holz der
Bergfichten ist ein hervorragender Werkstoff für zum Beispiel Geigenbauer.

Medizinisch werden Extrakte der Sprossen hauptsächlich zur
Linderung von Erkältungskrankheiten gebraucht. Das Harz dient
zur Herstellung von Salben und Ölen. Bekannt ist auch das

Fichtennadelbad. Das Fichtenöl wird gemischt mit Mandelöl als Körperöl verwendet. Mit seinen ätherischen Ölen wirkt es reinigend, belebend und kräftigend, ähnlich wie bei einem Waldspaziergang.

Fichte und Tanne haben in der christlichen Kultur als Weihnachtsbaum eine besondere Bedeutung. Das Weihnachtsfest symbolisiert den Beginn neuen Lebens durch Jesus Christus. Es symbolisiert die Erlösung aus der Dunkelheit der Welt hin zum Licht. Es ist die Zeit der Wintersonnenwende. Bereits vor der Christianisierung feierten unsere Vorfahren, die Kelten und Germanen, um den 20. Dezember das Fest der Zeitenwende. Wegen des Wiederaufstiegs des Sonnenlichtes war es ein Fest des Sieges des Lichtes über den Tod. Während des »Julfestes« und der folgenden zwölf Heiligen Nächte verwendete man gern immergrüne Bäume und Zweige, weil diese auch im Winter, wenn draußen die ganze Natur zu sterben scheint, ihre grünen Nadeln behalten. So hat auch unser Weihnachtsfest, ebenso wie viele andere christliche Feste, seinen Ursprung im Keltischen und Indogermanischen. Die Bäume wurden in den alten Kulten mit Opfergaben als Verehrung für die Götter geschmückt. Diese Tradition verschwand im christlichen Europa. Der Weihnachtsbaum im Heim der Familie hat sich erst im 18. Jahrhundert verbreitet. Sein Schmücken erinnert noch sehr stark an die früheren Opfergaben.

Fichte und Tanne stehen für den Sieg des Lichtes über den Tod. Beide Bäume helfen uns, unseren Kummer zu überwinden, uns voller Zuversicht aufzurichten, uns dem Leben zu stellen und mit dem Himmel verbunden zu sein. Sie bewirken innere Ruhe und Ausgeglichenheit.

Der Geist der Fichte/Tanne leuchtet wie eine große, intensive, liebliche Lichtsäule aus seinem Baumstamm heraus. Er schwingt weich in heilendem, grünem Licht und hüllt uns nach der Kontaktaufnahme damit liebevoll und stärkend ein. Seine Kraft wirkt sich aktivierend aus, vor allem auf unser Solarplexuschakra. Dies stärkt unsere geistige und physische Kraft und hilft, die Eindrücke des Lebens zu verdauen sowie in allem einen lichtvollen Sinn zu erkennen. Der Geist der Fichte/Tanne schenkt uns neuen Elan und Selbstvertrauen.

Die Affirmation des Fichten- und Tannengeistes lautet:
»Ich bin in meinem Leben fest verankert und lebe meinen liebevollen Lebenssinn!«

Meditation mit dem Geist der Fichte und der Tanne

- Begib dich zu der Fichte oder Tanne, die du ausgesucht hast. Stelle oder setze dich bequem hin, und atme mehrmals tief durch. Lass deine Gedanken vorüberziehen, und spüre Liebe in deinem Herzen. Beruhige deinen Atem, und lass ihn tief in den Bauch strömen. Komme zur Ruhe, und nimm höflich mit dem Geist der Fichte Kontakt auf, indem du innerlich mit einem Herzenslächeln sagst: »Lieber Geist der Fichte/Tanne, ich bin hier, um dir meine liebevolle Aufmerksamkeit zu schenken und mich von deiner Weisheit inspirieren zu lassen. Bist du bereit, mit mir heilsam zu arbeiten?« Folge deinem tiefen und harmonischen Atem und spüre, wie deine Verbindung mit dem Baum entsteht. Vielleicht fühlst du dich wie magnetisch von ihm angezogen. Vielleicht erlebst du andere Zeichen wie das Singen eines Vogels in seiner Baumkrone. Lass dich auf dein Gefühl ein, und lass dich vom Herzen leiten.

- ☘ Aktiviere all deine Sinne, nutze zunächst deinen Sehsinn, und betrachte aufmerksam die Eigenart dieses Baumes. Sind die Wurzeln sichtbar? Wie sieht die Rinde aus? In welcher Intensität leuchten seine Nadeln? In welche Richtung dehnt sich seine Krone aus?

- ☘ Nutze nun deinen Tastsinn, und ertaste die Rinde. Wie fühlt sie sich an? Nutze jetzt deinen Geruchssinn, und nimm den Duft des Baumes in dir auf. Lass dich ganz auf den Moment ein. Lass deinen Atem immer tiefer und ruhiger fließen.

- ☘ Nun aktiviere deine feingeistigen Sinne, und richte deine Aufmerksamkeit nach innen. Schließe die Augen, und stelle dir diesen Baum vor deinem inneren Auge vor. Spüre in dir, wie seine Wurzeln, sein Stamm und seine Nadeln beschaffen sind. Nimm wahr, wie sanft und intensiv dieser Baum schwingt. Welche Farben und welches Licht verbindest du damit? Wie erlebst du seine Schwingung, seine Energie, seine Größe, seine Präsenz? Entspanne dich, während sich dein Körper auf das heilsame Energiefeld des Baumes einschwingt. Stell dir die Wurzeln des Baumes vor, wie sie tief in den Boden greifen. Spüre die Statur der Krone des Baumes über dir.

- ☘ Verbinde dich von ganzem Herzen mit dem Geist dieser Fichte/Tanne, und sprich innerlich: »Liebe lichtvolle geistige Welt, lieber Geist dieser Fichte/Tanne, ich bin von Herzen bereit für deine heilende Kraft und deine heilende Botschaft.

Bitte offenbare dich mir so, wie es sinn- und lichtvoll für meine Entwicklung ist und wie ich es am besten verstehen kann. Ich bin bereit, hinzuhören und hinzusehen.«

- Spüre, wie sich dein Herzensraum weitet, und spüre Liebe, Geborgenheit und Wärme in dir. Lausche, ob in dir Gefühle, Inspirationen oder Erkenntnisse hochkommen. Fühle, wie der Baumgeist der Fichte/Tanne deinen gesamten Körper in eine kräftigende grüne Energie einhüllt und dich berührt. Lass dir Zeit zum tiefen und heilsamen Ein- und Ausatmen.

- Nimm nach und nach wahr, wie die Energie des Baumes dich beruhigt und klärt, nimm wahr, wie dein Solarplexuschakra ganz fein und angenehm zu kribbeln beginnt und aktiviert wird. Lass mit jedem Ausatmen die Last der vielen Erfahrungen in deinem Leben los, und stelle dir mit jedem Einatmen vor, wie du neue Kraft aufnimmst und dich von innen heraus kräftigst. Spüre mit jedem Ausatmen und Loslassen alter Erinnerungen Güte und Vertrauen in dir. Erlebe in deinem Herzen, dass alles in deiner Vergangenheit seinen lichtvollen Sinn hatte und du stets das Beste aus allem gemacht hast. Folge deinem fließenden friedvollen Atem, und genieße es, im Licht eingehüllt zu sein und den Segen des Universums zu empfangen. Lass dein Vertrauen in dich selbst stetig größer werden.

- Erlebe deine Verbindung mit der Energie der Fichte oder der Tanne, und spüre tiefes und erfüllendes Vertrauen in deinem Herzen. Spüre, wie du dich in dir immer wohler fühlst und alter Ballast von deinem Rücken abfällt. Mit jedem tiefen

Ausatmen lässt du Altes los, und mit jedem tiefen Einatmen nimmst du neue, heilsame Energie des Lebens auf. Genieße jeden Atemzug, und schöpfe so viel Kraft, wie du brauchst.

- Lass die Affirmation, die das Wesen der Fichte oder der Tanne dir übergibt, in dir aufsteigen und wirken, formuliere dann den Satz voller Liebe und Güte: *»Ich bin in meinem Leben fest verankert und lebe meinen liebevollen Lebenssinn!«* Erlebe und genieße die vollkommene und absichtslose Liebe des Baumgeistes und des Universums. Erlebe in diesem erhöhten Bewusstsein, dass du eine liebevolle Lichtsäule bist zwischen Himmel und Erde.

- Wenn du dich erfüllt fühlst und das Bedürfnis verspürst, in das Tagesgeschehen zurückzukehren, so bedanke dich innerlich mit den Worten: »Lieber Baumgeist, liebe Fichte/ Tanne, ich bedanke mich für die Begegnung, für die Heilkraft und Inspiration. Mögest du gedeihen und Liebe entfalten.« Spüre ein Lächeln in deinem Herzen und auf deinen Lippen. Schenke dein Lächeln der Fichte oder der Tanne, dem Leben und auch dir selbst.

Ginkgo

Der Baum des inneren Ausdrucks und der Erfüllung von Träumen

Der Ginkgo, auch Mädchenhaarbaum genannt, gilt als die älteste noch lebende Pflanze, die sich durch Samen vermehrt. Er ist quasi ein lebendes Fossil, und es gibt ihn schätzungsweise seit 160 bis

180 Millionen Jahren. Er war bereits lange vor den anderen Bäumen über der Erde verbreitet. Nach Europa kam er vor ca. 300 Jahren.

Der Ginkgo ist zwar ein Laubbaum, nimmt jedoch im Pflanzenreich eine Sonderstellung ein. Er besitzt ein Laubblatt, hat aber seinen Samen nach auch eine gewisse Verwandtschaft zu den Nadelbäumen. In Wirklichkeit ist er allerdings mit keiner lebenden Pflanze nah verwandt. Im Gegensatz zu anderen Laubbäumen hat der Ginkgo parallel angeordnete gabelnervige Blätter ohne Mittelrippe.

Medizinisch wird der Ginkgo biloba in Europa zur Verbesserung der Hirndurchblutung eingesetzt.

Der Ginkgo steht für Harmonie, Trost und Hoffnung. In Asien gilt er als ein heiliger Baum. Besonders alte Exemplare werden in Japan verehrt. In China wird er seit über 1000 Jahren von den buddhistischen Mönchen kultiviert. Im Taoismus gilt er als Symbol der Harmonie zwischen Ying und Yang.

Der Ginkgo wurde auch als »Großvater-Enkel-Baum« bezeichnet, da er drei Generationen zur Reife benötigt.

Der Geist des Ginkgobaumes leuchtet wie eine zarte, liebliche Lichtsäule aus seinem Baumstamm heraus. Er schwingt weich und gütig in durchscheinendem, weißem Licht und erfüllt die Aura des Menschen nach der Kontaktaufnahme wie ein zarter Sommerregen, während unzählige Lichtstrahlen den menschlichen Körper durchdringen. Seine Kraft wirkt erneuernd und heilend, vor allem in unserem Halschakra. So werden unser innerer Ausdruck, Freude und Mitteilungsvermögen und unser Bewusstsein für unsere innigsten Wünsche und Bedürfnisse gestärkt. Der Geist des Ginkgo hilft uns, unsere Träume zu leben und unserem inneren Ruf zu vertrauen.

Die Affirmation des Ginkgogeistes lautet:
»Ich folge meinem Herzen und verwirkliche meine Träume!«

Meditation mit dem Geist des Ginkgobaumes

☙ Begib dich zu dem Ginkgobaum, den du ausgesucht hast. Stelle oder setze dich bequem hin, und atme mehrmals tief durch. Lass deine Gedanken vorüberziehen, und spüre Liebe in deinem Herzen. Beruhige deinen Atem, und lass ihn tief in den Bauch strömen. Komme zur Ruhe, und nimm höflich mit dem Geist des Ginkgobaumes Kontakt auf, indem du innerlich mit einem Herzenslächeln sagst: »Lieber Geist des Ginkgobaumes, ich bin hier, um dir meine liebevolle Aufmerksamkeit zu schenken und mich von deiner Weisheit inspirieren zu lassen. Bist du bereit, mit mir heilsam zu arbeiten?« Folge deinem tiefen und harmonischen Atem, und spüre, wie deine Verbindung mit dem Baum entsteht. Vielleicht fühlst du dich wie magnetisch von ihm angezogen. Vielleicht erlebst du andere Zeichen wie das Singen eines Vogels in seiner Baumkrone. Lass dich auf dein Gefühl ein, und lass dich vom Herzen leiten.

☙ Aktiviere all deine Sinne, nutze deinen Sehsinn, und betrachte aufmerksam die Eigenart dieses Baumes. Sind die Wurzeln sichtbar? Wie sieht die Rinde aus? In welchen Farben leuchten seine Blätter? In welche Richtung dehnt sich seine Krone aus?

- Nutze deinen Tastsinn, und ertaste die furchige Rinde. Nutze deinen Geruchssinn, und nimm ihren Duft in dich auf. Lass dich ganz auf den Moment ein. Lass deinen Atem immer tiefer und ruhiger fließen.

- Nun aktiviere deine feingeistigen Sinne, und richte deine Aufmerksamkeit nach innen. Schließe die Augen, und stelle dir diesen Baum vor deinem inneren Auge vor. Spüre in dir, wie seine Wurzeln, sein Baumstamm und seine Blätter beschaffen sind. Nimm wahr, wie sanft und intensiv dieser Baum schwingt. Welche Farben und welches Licht verbindest du damit? Wie erlebst du seine Schwingung, seine Energie, seine Größe, seine Präsenz? Entspanne dich, während sich dein Körper auf das heilsame Energiefeld des Baumes ein- schwingt. Stelle dir die Wurzeln des Baumes vor, wie sie tief in den Boden greifen. Spüre die Statur der Krone des Baumes über dir.

- Verbinde dich von ganzem Herzen mit dem Geist dieses Ginkgobaumes, und sprich innerlich: »Liebe lichtvolle geistige Welt, lieber Geist dieses Ginkgobaumes, ich bin von Herzen bereit für deine heilende Kraft und deine heilende Botschaft. Bitte offenbare dich mir so, wie es sinn- und lichtvoll für meine Entwicklung ist und wie ich es am besten verstehen kann. Ich bin bereit, hinzuhören und hinzusehen.«

- Spüre, wie sich dein Herzensraum weitet, und spüre Liebe, Geborgenheit und Wärme in dir. Lausche, ob in dir Gefühle, Inspirationen oder Erkenntnisse hochkommen. Fühle, wie der Baumgeist des Ginkgobaumes dich in ein feines, zartes

Licht einhüllt und dich berührt. Lass dir Zeit zum tiefen und heilsamen Ein- und Ausatmen. Erlebe dich im Licht des Ginkgobaumes, als ob du in einem fröhlichen und warmen Sommerregen badest. Spüre die unzähligen Lichtstrahlen in deinem Energiefeld, als ob du dich unter einer Lichtdusche befindest und an Freude und Leichtigkeit dazugewinnst.

- Nimm nach und nach wahr, wie die Energie des Baumes dich durchlichtet und klärt und die Lichtstrahlen von oben nach unten durch dich hindurchströmen. Erlebe dich ganz in universeller Einheit, erlebe dich ganz als pures Licht, und spüre, wie das Licht nun auch von unten nach oben durch dich hindurchströmt und du von allen Seiten lichtdurchlässig und ganz erfüllt bist. Genieße diese Heilbehandlung, die Freude und die Erneuerung.

- Nun spüre, dass alle Chakren beginnen, von unten nach oben fein zu schwingen. Genieße es, und spüre Freude in deinem Herzen und wie sich ein Lächeln auf deinen Lippen bildet.

- Die Lichtenergie fokussiert sich vor allem in deinem Halschakra und leuchtet intensiv wie ein Stern zu allen Seiten hin. Dein innerer Ausdruck und dein Mitteilungsvermögen verstärken sich. Du spürst immer intensiver deine wahren Wünsche und Bedürfnisse und auch die Kraft, diese zu äußern und diesen zu folgen. Folge deinem fließenden, friedvollen Atem, und genieße es, im Licht eingehüllt zu sein und den Segen des Universums zu empfangen.

- Erlebe deine Verbindung mit der Energie des Ginkgobaumes, spüre tiefe, innere Sicherheit in deinem Herzen und großes Vertrauen in deine Träume. Werde dir deiner wahren und innigsten Träume bewusst, und fokussiere dich auf das, was zu dir gehört und dich ausmacht.

- Mit jedem tiefen Ausatmen lässt du Altes los, und mit jedem tiefen Einatmen nimmst du neue, heilsame Energie des Lebens auf. Genieße jeden Atemzug, und schöpfe so viel Kraft, wie du brauchst.

- Lass die Affirmation, die das Wesen des Ginkgobaumes dir übergibt, in dir aufsteigen und wirken, formuliere dann den Satz voller Liebe und Güte: *»Ich folge meinem Herzen und verwirkliche meine Träume!«*

- Erlebe und genieße die vollkommene und absichtslose Liebe des Baumgeistes und des Universums. Erlebe in diesem erhöhten Bewusstsein, dass du eine liebevolle Lichtsäule bist zwischen Himmel und Erde.

- Wenn du dich erfüllt fühlst und das Bedürfnis verspürst, in das Tagesgeschehen zurückzukehren, so bedanke dich innerlich mit den Worten: »Lieber Baumgeist, lieber Ginkgobaum, ich bedanke mich für die Begegnung, für die Heilkraft und Inspiration. Mögest du gedeihen und Liebe entfalten.« Spüre ein Lächeln in deinem Herzen und auf deinen Lippen. Schenke dein Lächeln dem Ginkgobaum, dem Leben und auch dir selbst.

Hainbuche

Der Baum der Güte

Die Hainbuche ist eine laubabwerfende Baumart, die bei uns eine Höhe von 25 Metern erreicht. Sie gehört nicht zu den Buchen-, sondern zu den Birkengewächsen, da sie mit der Haselnuss verwandt ist.

Die Hainbuche eignet sich hervorragend für eine sehr dichte und undurchdringbare Heckenbepflanzung. Und einst pflanzte man solche Hecken um heilige Haine.

Der Name Hain- oder Hagebuche leitet sich vom Althochdeutschen ab. Hain steht für Hecke/Einzäunung und Buche für die äußere Ähnlichkeit mit der Rotbuche.

Neben Hasel und Holunder gehörte die Hainbuche in vorchristlicher Zeit zu den geheimen magischen Hölzern. Ansonsten wird die Hainbuche in der Mythologie nicht näher erwähnt.

Die Hainbuche steht für Schutz und Stärke. Ihr Geist leuchtet wie eine feine weiße, liebliche Lichtsäule aus dem Baumstamm heraus. Er schwingt sanft und gütig in wärmendem, sonnigem Licht und hüllt uns nach der Kontaktaufnahme mit seinem Licht ein. Seine Kraft wirkt sich aktivierend auf alle Chakren aus, die dann wie Sterne leuchten. Dies stärkt und entspannt unsere Körpermuskulatur und fördert innere Ruhe, Güte und Nachsicht. Der Geist der Hainbuche macht uns frei und gelassen.

Die Affirmation des Hainbuchengeistes lautet:
»Ich spüre Güte und Nachsicht für mich selbst
und gehe gütig und nachsichtig mit allen Wesen um!«

Meditation mit dem Geist der Hainbuche

- Begib dich zu der Hainbuche, von der du dich angezogen fühlst. Stelle oder setze dich bequem hin, und atme mehrmals tief durch. Lass deine Gedanken vorüberziehen, und spüre Liebe in deinem Herzen. Beruhige deinen Atem, und lass ihn tief in den Bauch strömen. Komme zur Ruhe, und nimm höflich mit dem Geist der Hainbuche Kontakt auf, indem du innerlich mit einem Herzenslächeln sagst: »Lieber Geist der Hainbuche, ich bin hier, um dir meine liebevolle Aufmerksamkeit zu schenken und mich von deiner Weisheit inspirieren zu lassen. Bist du bereit, mit mir heilsam zu arbeiten?« Folge deinem tiefen und harmonischen Atem, und spüre, wie deine Verbindung mit dem Baum entsteht. Vielleicht fühlst du dich wie magnetisch von ihm angezogen. Vielleicht erlebst du andere Zeichen wie das Singen eines Vogels in seiner Baumkrone. Lass dich auf dein Gefühl ein, und lass dich vom Herzen leiten.

- Aktiviere all deine Sinne, nutze deinen Sehsinn, und betrachte aufmerksam die Eigenart dieses Baumes. Sind die Wurzeln sichtbar? Wie sieht die Rinde aus? In welchen Farben leuchten seine Blätter? In welche Richtung dehnt sich seine Krone aus?

- Nutze deinen Tastsinn, und ertaste die glatte Rinde. Nutze deinen Geruchssinn, und nimm den Duft der Hainbuche in dich auf. Lass dich ganz auf den Moment ein. Lass deinen Atem immer tiefer und ruhiger fließen.

- Nun aktiviere deine feingeistigen Sinne, und richte deine Aufmerksamkeit nach innen. Schließe die Augen, und stelle dir den Baum vor deinem inneren Auge vor. Spüre in dir, wie seine Wurzeln, sein Stamm und seine Blätter beschaffen sind. Nimm wahr, wie sanft und intensiv dieser Baum schwingt. Welche Farben und welches Licht verbindest du damit? Wie erlebst du seine Schwingung, seine Energie, seine Größe, seine Präsenz? Entspanne dich, während sich dein Körper auf das heilsame Energiefeld des Baumes einschwingt. Stelle dir die Wurzeln des Baumes vor, wie sie tief in den Boden greifen. Spüre die Statur der Krone des Baumes über dir.

- Verbinde dich von ganzem Herzen mit dem Geist dieser Hainbuche, und sprich innerlich: »Liebe lichtvolle geistige Welt, lieber Geist dieser Hainbuche, ich bin von Herzen bereit für deine heilende Kraft und deine heilende Botschaft. Bitte offenbare dich mir so, wie es sinn- und lichtvoll für meine Entwicklung ist und wie ich es am besten verstehen kann. Ich bin bereit, hinzuhören und hinzusehen.«

- Spüre, wie sich dein Herzensraum weitet, und spüre Liebe, Geborgenheit und Wärme in dir. Lausche, ob in dir Gefühle, Inspirationen oder Erkenntnisse hochkommen. Fühle, wie der Baumgeist der Hainbuche deinen gesamten Körper in eine feine, klare Energie einhüllt und dich berührt, dir neue Kräfte verleiht. Lass dir Zeit zum tiefen und heilsamen Ein- und Ausatmen.

- Nimm nach und nach wahr, wie die Energie des Baumes dich beruhigt und erdet. Genieße es, wie dein Gemüt sich entspannt und du dich weich und gütig erlebst. Wenn währenddessen disharmonische Gedanken oder Erinnerungen auftauchen, so lächle diese gütig an, und sei nachsichtig zu dir selbst sowie zu allen Beteiligten in deinen inneren Bildern. Begegne allem gelassen und entspannt.

- Nimm wahr, wie alle deine Chakren sanft aktiviert werden und diese wie Sterne leuchten. Spüre, wie du zur Ruhe kommst und dein Bewusstsein sich erweitert. Lass dir Zeit für diese heilsame Stimmung, und lass dich vertrauensvoll fallen, genieße den Moment.

- Nimm wahr, wie sich deine Körpermuskulatur immer mehr entspannt. Genieße es, wie deine Rückenmuskulatur sich wohlig und leicht anfühlt und deine Gesichtszüge sich völlig entspannen. Folge deinem fließenden, friedvollen Atem, und genieße es, im Licht eingehüllt zu sein und den Segen des Universums zu empfangen.

- Mit jedem tiefen Ausatmen fühlst du dich leichter und freier. Mit jedem tiefen Einatmen erlebst du dich von großem Licht durchflutet und von neuer Kraft erfüllt. Genieße jeden Atemzug, und schöpfe so viel Kraft, wie du brauchst.

- Lass die Affirmation des Hainbuchengeistes in dir aufsteigen, und wiederhole den Satz voller Liebe und Güte: »*Ich spüre Güte und Nachsicht mir selbst gegenüber und gehe gütig und nachsichtig mit allen Wesen um!*« Erlebe die vollkommene und absichtslose Liebe des Baumgeistes und des Universums. Erlebe in diesem erhöhten Bewusstsein, dass du eine liebevolle Lichtsäule bist zwischen Himmel und Erde.

- Wenn du dich erfüllt fühlst und das Bedürfnis verspürst, in das Tagesgeschehen zurückzukehren, so bedanke dich innerlich mit den Worten: »Lieber Baumgeist, liebe Hainbuche, ich bedanke mich für die Begegnung, für die Heilkraft und Inspiration. Mögest du gedeihen und Liebe entfalten.« Spüre ein Lächeln in deinem Herzen und auf deinen Lippen. Schenke dein Lächeln der Hainbuche, dem Leben und auch dir selbst von ganzem Herzen.

Haselnussbaum

Der Baum des höheren Bewusstseins

Der Haselnussbaum zählt zu den Birkengewächsen. Es handelt sich um ein- oder mehrstämmige, laubabwerfende Bäume und Sträucher. Der Haselnussbaum ist äußert anpassungsfähig. Er wächst in der Regel als aufrechter, vielstämmiger Strauch, in selteneren Fällen auch als Baum und kann dann eine Höhe von bis zu zehn Metern erreichen.

Der Haselnussbaum hat seine Blütezeit im Februar oder März, bevor die Blätter treiben, und ist somit ein wichtiger Pollenlieferant für die Bienen.

Die männlichen Blüten bilden hängende Kätzchen, die weiblichen stehen zu mehreren in einer Knospe zusammengeschlossen.

Neben Holunder und Hainbuche war auch die Hasel in der

vorchristlichen Zeit eines der geheimen magischen Hölzer. Der Verzehr der Nüsse sollte zu Fruchtbarkeit und Weisheit verhelfen. Sie wurde auch zur Weissagung genutzt, und man sagte ihr viele Schutzfunktionen nach. Der Haselnussbaum steht daher für Magie und Zauber, Heilung und geistige Entwicklung.

Der Geist der Haselnuss leuchtet wie eine zarte, liebliche Lichtwolke um die ganze Pflanze herum. Er schwingt weich in durchscheinendem, sonnigem, einhüllendem Licht, und es fühlt sich so an, als ob man in ein warmes Bad eintauchen würde. Seine Kraft wirkt sich auf den gesamten menschlichen Organismus wohltuend aus, sodass wir nach einer Kontaktaufnahme wie von einer Lichtwolke eingehüllt sind. Seine Energie aktiviert vor allem das Wurzelchakra, er erdet und stärkt gleichzeitig unsere Lebensfreude. Dies fördert unser höheres Bewusstsein und unsere geistige Verbundenheit. Die Kraft des Haselnussgeistes schenkt uns höheres Verständnis über die Zusammenhänge des Lebens, höhere Präsenz und Achtsamkeit. Sie richtet uns von innen heraus auf und verbindet uns mit dem göttlichen Bewusstsein.

Die Affirmation des Haselnussbaumgeistes lautet:
»Ich ruhe in meiner liebevollen Kraft und bin mir meines Lichtes bewusst!«

Meditation mit dem Geist des Haselnussbaumes

- Begib dich zu dem Haselnussbaum, den du ausgesucht hast. Stelle oder setze dich bequem hin, und atme mehrmals tief durch. Lass deine Gedanken vorüberziehen, und spüre Liebe in deinem Herzen. Beruhige deinen Atem, und lass ihn tief in den Bauch strömen. Komme zur Ruhe, und nimm höflich mit dem Geist der Hasel Kontakt auf, indem du innerlich mit einem Herzenslächeln sagst: »Lieber Geist der Hasel, ich bin hier, um dir meine liebevolle Aufmerksamkeit zu schenken und mich von deiner Weisheit inspirieren zu lassen. Bist du bereit, mit mir heilsam zu arbeiten?« Folge deinem tiefen und harmonischen Atem, und spüre, wie deine Verbindung mit dem Baum entsteht. Vielleicht fühlst du dich wie magnetisch von ihm angezogen. Vielleicht erlebst du andere Zeichen wie das Singen eines Vogels in seiner Baumkrone. Lass dich auf dein Gefühl ein, und lass dich vom Herzen leiten.

- Aktiviere all deine Sinne, nutze deinen Sehsinn, und betrachte aufmerksam die Eigenart dieses Baumes. Sind die Wurzeln sichtbar? Wie sieht die Rinde aus? In welchen Farben leuchten seine Blätter? In welche Richtung dehnt sich seine Krone aus?

- Nutze deinen Tastsinn, und ertaste die glatte Rinde. Nutze dann deinen Geruchssinn, und nimm den Duft der Hasel in dich auf. Lass dich ganz auf den Moment ein. Lass deinen Atem immer tiefer und ruhiger fließen.

- Nun aktiviere deine feingeistigen Sinne, und richte deine Aufmerksamkeit nach innen. Schließe die Augen, und stelle dir diesen Baum vor deinem inneren Auge vor. Spüre in dir, wie seine Wurzeln, sein Stamm und seine Blätter beschaffen sind. Nimm wahr, wie sanft und intensiv dieser Baum schwingt. Welche Farben und welches Licht verbindest du damit? Wie erlebst du seine Schwingung, seine Energie, seine Größe, seine Präsenz? Entspanne dich, während sich dein

Körper auf das heilsame Energiefeld des Baumes einschwingt. Stelle dir die Wurzeln des Baumes vor, wie sie tief in den Boden greifen. Spüre die Statur der Krone des Baumes über dir.

- Verbinde dich von ganzem Herzen mit dem Geist dieser Hasel, und sprich innerlich: »Liebe lichtvolle geistige Welt, lieber Geist dieser Hasel, ich bin von Herzen bereit für deine heilende Kraft und deine heilende Botschaft. Bitte offenbare dich mir so, wie es sinn- und lichtvoll für meine Entwicklung ist und wie ich es am besten verstehen kann. Ich bin bereit, hinzuhören und hinzusehen.«

- Spüre, wie sich dein Herzensraum weitet, und fühle Liebe, Geborgenheit und Wärme in dir. Lausche, ob in dir Gefühle, Inspirationen oder Erkenntnisse hochkommen. Spüre, wie der Baumgeist der Hasel deinen gesamten Körper in eine feine Lichtwolke einhüllt, dir Liebe und Wärme schenkt und neue Kräfte verleiht. Lass dir Zeit zum tiefen und heilsamen Ein- und Ausatmen.

- Nimm nach und nach wahr, wie die Energie des Baumes dich beruhigt und klärt, wie sie dein Wurzelchakra aktiviert und kräftigt. Spüre, wie du zur Ruhe kommst und sich dein Bewusstsein erweitert. Nimm wahr, wie in dir die Freude zu fließen beginnt und dich zum Lächeln bringt. Lass dir Zeit für deine heilsame Behandlung, lass dich vertrauensvoll fallen, und genieße die heilige Kraft. Folge deinem fließenden, friedvollen Atem, und genieße es, im Licht eingehüllt zu sein und den Segen des Universums zu empfangen.

- Mit jedem tiefen Ausatmen fühlst du dich leichter und freier. Mit jedem tiefen Einatmen erlebst du innere Ruhe und Vertrauen. Fühle dich wie in einer Lichtkugel eingehüllt und behütet. Genieße jeden Atemzug und schöpfe so viel Kraft, wie du brauchst. Mit jedem tiefen Atmen erlebst du dich von Licht durchflutet und von neuer Kraft erfüllt. Erlebe in diesem Wohlbefinden dein inneres Licht, und erfahre dich mit dem göttlichen Licht in Einheit. Spüre, dass alles Wissen in deinem Herzen ist, und lass dich mit jedem Atemzug auf diese innere Sicherheit ein.

- Lass die Affirmation des Haselgeistes in dir aufsteigen, und wiederhole schließlich den Satz voller Liebe und Güte: »*Ich ruhe in meiner liebevollen Kraft und bin mir meines Lichtes bewusst!*« Erlebe die vollkommene und absichtslose Liebe des Baumgeistes und des Universums. Erlebe in diesem erhöhten Bewusstsein, dass du eine liebevolle Lichtsäule bist zwischen Himmel und Erde.

- Wenn du dich erfüllt fühlst und das Bedürfnis verspürst, in das Tagesgeschehen zurückzukehren, so bedanke dich innerlich mit den Worten: »Lieber Baumgeist, liebe Hasel, ich bedanke mich für die Begegnung, für die Heilkraft und Inspiration. Mögest du gedeihen und Liebe entfalten.« Spüre ein Lächeln in deinem Herzen und auf deinen Lippen. Schenke dein Lächeln dem Haselnussbaum, dem Leben und auch dir selbst.

Holunder

Der Holunder ist seit alters eine großartige und vielfältige Pflanze. Er kommt in etwa 20 Arten kleiner Bäume und Sträucher vor. Bei uns finden wir meist den schwarzen Holunder. Er stammt ursprünglich aus Nordafrika und Eurasien. Es gibt aber auch noch den Traubenholunder.

Der Holunder hat einen Stängel mit einer Röhre aus weichem Mark. Bereits seit Jahrhunderten gilt der Holunder als Heilpflanze. Medizinisch wird er eingesetzt bei grippalen Infekten, bei Rheuma und neuralgischen Beschwerden. Die Blüten wirken schweißtreibend, Blätter, Rinde und Wurzeln regen den Harnfluss an.

Der Holunder steht für Heilung und Überfluss. In der germanischen Mythologie gilt er als mystischer Hausbaum, er schützte das Haus, die Pflanzen, Tiere und die ganze Familie. Er wurde auch als »Patron der Kinder« bezeichnet.

Der Geist des Holunders leuchtet wie eine zarte, liebliche Lichtwolke um die ganze Pflanze herum. Er schwingt weich in durchscheinendem, sonnigem, einhüllendem Licht. Seine Kraft wirkt auf den gesamten menschlichen Organismus und auf alle Chakren gleichzeitig wohltuend, sodass wir nach der Kontaktaufnahme wie von einer Lichtwolke eingehüllt sind. Seine heilende Energie stärkt vor allem den Brust- und Lungenbereich und fördert innere Ruhe und Gelassenheit. Die Kraft des Holundergeistes schenkt uns verjüngende Energie und gesunde Abgrenzung gegenüber äußeren Reizen. Sie fordert uns dazu auf, Prioritäten zu setzen und uns für das Wesentliche im Leben zu entscheiden.

Die Affirmation des Holundergeistes lautet:
»Ich ruhe in meiner Mitte, ich kenne meine Prioritäten und folge meinem Herzen!«

Meditation mit dem Geist des Holunders

* Begib dich zu dem Holunderbaum oder -busch, der dich angezogen hat. Stelle oder setze dich bequem hin, und atme mehrmals tief durch. Lass deine Gedanken vorüberziehen, und spüre Liebe in deinem Herzen. Beruhige deinen Atem, und lass ihn tief in den Bauch strömen. Komme zur Ruhe, und nimm höflich mit dem Geist des Holunders Kontakt auf, indem du innerlich mit einem Herzenslächeln sagst: »Lieber Geist des Holunders, ich bin hier, um dir meine liebevolle Aufmerksamkeit zu schenken und mich von deiner Weisheit inspirieren zu lassen. Bist du bereit, mit mir heilsam zu arbeiten?« Folge deinem tiefen und harmonischen Atem, und spüre, wie deine Verbindung mit dem Baum entsteht. Vielleicht fühlst du dich wie magnetisch von ihm angezogen. Vielleicht erlebst du andere Zeichen wie das Singen eines Vogels in seiner Baumkrone. Lass dich auf dein Gefühl ein, und lass dich vom Herzen leiten.

* Aktiviere all deine Sinne, nutze deinen Sehsinn, und betrachte aufmerksam die Eigenart dieses Baumes. Sind die Wurzeln sichtbar? Wie sieht die Rinde aus? In welchen Farben leuchten seine Blätter? In welche Richtung dehnt sich seine Krone aus?

* Nutze deinen Tastsinn, und ertaste die korkartige, längs gefurchte Rinde. Nutze deinen Geruchssinn, und nimm den

Duft des Baumes auf. Lass dich ganz auf den Moment ein. Lass deinen Atem immer tiefer und ruhiger fließen.

- Nun aktiviere deine feingeistigen Sinne, und richte deine Aufmerksamkeit nach innen. Schließe die Augen, und stelle dir diesen Baum vor deinem inneren Auge vor. Spüre in dir, wie seine Wurzeln, sein Baumstamm und seine Blätter beschaffen sind. Nimm wahr, wie sanft und intensiv dieser Baum schwingt. Welche Farben und welches Licht verbindest du damit? Wie erlebst du seine Schwingung, seine Energie, seine Größe, seine Präsenz? Entspanne dich, während sich dein Körper auf das heilsame Energiefeld des Baumes einschwingt. Stelle dir die Wurzeln des Baumes vor, wie sie tief in den Boden greifen. Spüre die Statur der Krone des Baumes über dir.

- Verbinde dich von ganzem Herzen mit dem Geist dieses Holunders, und sprich innerlich: »Liebe lichtvolle geistige Welt, lieber Geist dieses Holunders, ich bin von Herzen bereit für deine heilende Kraft und deine heilende Botschaft. Bitte offenbare dich mir so, wie es sinn- und lichtvoll für meine Entwicklung ist und wie ich es am besten verstehen kann. Ich bin bereit, hinzuhören und hinzusehen.«

- Spüre, wie sich dein Herzensraum weitet, und spüre Liebe, Geborgenheit und Wärme in dir. Lausche, ob in dir Gefühle, Inspirationen oder Erkenntnisse hochkommen. Spüre, wie der Baumgeist des Holunders deinen gesamten Körper in eine zarte Lichtwolke einhüllt und dich berührt. Lass dir Zeit zum tiefen und heilsamen Ein- und Ausatmen.

- Nimm nach und nach wahr, wie die Energie des Baumes dich beruhigt und klärt. Spüre, wie sich ein wohliges Empfinden um deinen Brust- und Lungenraum legt und die Energie des Holunders heilsam in dich hineinfließt. Empfange das heilende, wärmende Licht von allen Seiten, und lass es dir einfach gut gehen. Folge deinem fließenden, friedvollen Atem, und genieße es, im Licht eingehüllt zu sein und den Segen des Universums zu empfangen.

- Erlebe deine Verbindung mit der Energie des Holunders und tiefe Ruhe und Gelassenheit in deinem Herzen. Spüre die Stille in dir, und lass dich ganz auf den heilsamen Moment ein.

- Mit jedem tiefen Ausatmen lässt du alte Gedanken los, und mit jedem tiefen Einatmen wirst du frei und voller Klarheit. Genieße jeden Atemzug, und schöpfe so viel Kraft, wie du brauchst. Mit jedem tiefen Ausatmen wird es friedvoller in dir, und du kannst alle Gedanken voller Gleichmut anlächeln und an dir vorüberziehen lassen. Nutze deine innere Ruhe und Klarheit, und werde dir dessen bewusst, was für dich wirklich zählt, was deine wirklichen Prioritäten sind. Bedenke: Der, der sich auf das Wesentliche konzentriert, ist auch erfolgreich.

- Genieße die neu gewonnene innere Klarheit, das innere Aufgeräumtsein, die wie ein Jungbrunnen in dir wirken. Sie schenken neuen Elan, Freude und Motivation. Spüre, wie diese Eigenschaften alles in dir in freudvolle Bewegung bringen und dich mit großer Zuversicht erfüllen.

- Nimm die leuchtende Energie in deinem Brustraum wahr. Höre auf dein Herz, und nimm wahr, wie du dich selbst immer inniger spürst und wie ein gesunder Abstand zu äußeren Reizen und zur Außenwelt entsteht. Fühle dich in dir behütet, geborgen und stark.

- Lass die Affirmation, die das Wesen des Holunders dir übergibt, in dir aufsteigen und wirken, sprich dann diesen Satz voller Liebe und Güte: »*Ich ruhe in meiner Mitte, ich kenne meine Prioritäten und folge meinem Herzen!*« Erlebe und genieße die vollkommene und absichtslose Liebe des Baumgeistes und des Universums. Erlebe in diesem erhöhten Bewusstsein, dass du eine liebevolle Lichtsäule bist zwischen Himmel und Erde.

- Wenn du dich erfüllt fühlst und das Bedürfnis verspürst, in das Tagesgeschehen zurückzukehren, so bedanke dich innerlich mit den Worten: »Lieber Baumgeist, lieber Holunder, ich bedanke mich für die Begegnung, für die Heilkraft und Inspiration. Mögest du gedeihen und Liebe entfalten.« Spüre ein Lächeln in deinem Herzen und auf deinen Lippen. Schenke dein Lächeln dem Holunder, dem Leben und auch dir selbst.

Kastanie

Der Baum der Fürsorge und der Neuorientierung

Es gibt Edelkastanien und Rosskastanien, beide sind nicht näher miteinander verwandt, haben aber als Baum doch eine ähnliche

Ausstrahlung und Wirkung auf uns Menschen. Ich beschreibe hier die Rosskastanienbäume, da wir diesen bei uns häufiger begegnen.

Es gibt Rosskastanienbäume mit weißen und mit roten Blüten. Die weißblütige Kastanie stammt ursprünglich aus dem Mittelmeerraum, die rotblütige aus Nordamerika. Allerdings sind bereits viele der rot blühenden Kastanienbäume, die wir bei uns antreffen, Mischlinge aus beiden Arten. Die Rosskastanien sind beliebte Parkbäume, die bis zu 30 Meter hoch und bis zu 300 Jahre alt werden können.

Der Name Rosskastanie entstand, als im 16. Jahrhundert der flandrische Botschafter in der Türkei am Hof »Suleimans des Prächtigen« sah, wie türkische Soldaten ihre Pferde mit der bis dahin recht unbekannten Frucht fütterten. Er schickte ein Exemplar nach Paris, danach verbreitete sich der Baum bald über Europa und Nordamerika.

Die Rinde der Rosskastanie ist in jungen Jahren braun und glatt, später ist sie mit einer graubraunen Platte umgeben. Wenn die Blätter des Baumes abfallen, hinterlassen sie auf den Zweigen hufeisenförmige Narben.

Medizinisch verwendet man die Rosskastanie bei venösen Stauungen. In der Bachblütentherapie werden den Blütenessenzen aller drei Kastanienarten, also der weißblütigen und der rotblütigen Rosskastanie wie auch der Edelkastanie, verschiedenartige Wirkungen zugeschrieben. Die weiße Kastanie, »White Chestnut«, wirkt gegen ständiges Gedankenkreisen um negative Ereignisse. Die Blüte spendet innere Ruhe und bringt die beiden Gehirnhälften wieder in Einklang. Die rote Kastanie, »Red Chestnut«, hilft Menschen, die sich nur um andere kümmern und dabei ihr eigenes Wohlergehen vergessen. Die Blüte unterstützt dabei, mehr Distanz zu gewinnen, und führt zur Erkenntnis, dass es für andere keine Hilfe ist, wenn man selbst ständig in Angst und Sorge lebt. Die Edelkastanie, »Sweet Chestnut«, hilft bei tiefer Verzweiflung, Niedergeschlagenheit und Hoffnungslosigkeit. Die Blüte gibt Kraft und Mut. Sie hilft, auf das Leben zu vertrauen und Distanz zu den Ereignissen zu finden.

Der Kastanienbaum ist Symbol für Offenheit, Liebe und Verbundenheit. Sein Geist leuchtet wie eine starke, liebliche Lichtsäule aus seinem Stamm heraus. Er schwingt weich in durchscheinendem, sonnigem Licht und hüllt den Menschen nach der Kontaktaufnahme mit seinem Licht ein. Seine Kraft vermittelt liebevolle Fürsorge, seine Energie wirkt reinigend und ausleitend, was uns vor allem in der Fastenzeit eine große Unterstützung sein kann. Er macht frei für neue Impulse und für eine neue Lebensrichtung. Der Geist der Kastanie schenkt neue Energie und Orientierung. Er wirkt auf das gesamte Chakrensystem stabilisierend und stärkend.

Die Affirmation des Kastaniengeistes lautet:
»Ich sorge gut für mich und stehe dem Leben offen gegenüber!«

Meditation mit dem Geist der Kastanie

ᨠ Begib dich zu der Kastanie, die du ausgesucht hast. Stelle oder setze dich bequem hin, und atme mehrmals tief durch. Lass deine Gedanken vorüberziehen, und spüre Liebe in deinem Herzen. Beruhige deinen Atem, und lass ihn tief in den Bauch strömen. Komme zur Ruhe, und nimm höflich mit dem Geist der Kastanie Kontakt auf, indem du innerlich mit einem Herzenslächeln sagst: »Lieber Geist der Kastanie, ich bin hier, um dir meine liebevolle Aufmerksamkeit zu schenken und mich von deiner Weisheit inspirieren zu lassen. Bist du bereit, mit mir heilsam zu arbeiten?« Folge deinem tiefen und harmonischen Atem, und spüre, wie deine Verbindung mit dem Baum entsteht. Vielleicht fühlst du dich wie magnetisch von ihm angezogen. Vielleicht erlebst du andere Zeichen wie das Singen eines Vogels in seiner Baumkrone. Lass dich auf dein Gefühl ein, und lass dich vom Herzen leiten.

- Aktiviere all deine Sinne, nutze deinen Sehsinn, und betrachte aufmerksam die Eigenart dieses Baumes. Sind die Wurzeln sichtbar? Wie sieht die Rinde aus? In welchen Farben leuchten seine Blätter? In welche Richtung dehnt sich seine Krone aus?

- Nutze deinen Tastsinn, und ertaste die Rinde. Wie fühlt sie sich an? Nutze dann deinen Geruchssinn, und nimm den Duft des Baumes in dich auf. Lass dich ganz auf den Moment ein. Lass deinen Atem immer tiefer und ruhiger fließen.

- Nun aktiviere deine feingeistigen Sinne, und richte deine Aufmerksamkeit nach innen. Schließe die Augen, und stelle dir diesen Baum vor deinem inneren Auge vor. Spüre in dir, wie seine Wurzeln, sein Baumstamm und seine Blätter beschaffen sind. Nimm wahr, wie sanft und intensiv dieser Baum schwingt. Welche Farben und welches Licht verbindest du damit? Wie erlebst du seine Schwingung, seine Energie, seine Größe, seine Präsenz? Entspanne dich, während sich dein Körper auf das heilsame Energiefeld des Baumes einschwingt. Stelle dir die Wurzeln des Baumes vor, wie sie tief in den Boden greifen. Spüre die Statur der Krone des Baumes über dir.

- Verbinde dich von ganzem Herzen mit dem Geist dieser Kastanie, und sprich innerlich: »Liebe lichtvolle geistige Welt, lieber Geist dieser Kastanie, ich bin von Herzen bereit für deine heilende Kraft und deine heilende Botschaft. Bitte offenbare dich mir so, wie es sinn- und lichtvoll für meine Entwicklung ist und wie ich es am besten verstehen kann. Ich bin bereit, hinzuhören und hinzusehen.«

- Spüre, wie sich dein Herzensraum weitet, und nimm Liebe, Geborgenheit und Wärme in dir wahr. Lausche, ob in dir Gefühle, Inspirationen oder Erkenntnisse hochkommen. Spüre, wie der Baumgeist der Kastanie deinen gesamten Körper in eine warme und stärkende Energie einhüllt und dich berührt. Lass dir Zeit zum tiefen und heilsamen Ein- und Ausatmen.

- Nimm nach und nach wahr, wie die Energie des Baumes dich beruhigt und klärt. Nimm wahr, wie alle deine Chakren langsam beginnen, ganz fein zu kribbeln und sich sanft zu entfalten. Folge deinem fließenden, friedvollen Atem, und genieße es, im Licht eingehüllt zu sein und den Segen des Universums zu empfangen. Lass ganz viel Frieden in dein Herz, und spüre Liebe zu dir. Nimm mit allen Sinnen die sanfte Energie des Baumgeistes auf, und sorge gut und mit Hingabe für dich.

- Erlebe deine Verbindung mit der Energie der Kastanie und die tiefe und erfüllende Kraft und Güte in deinem Herzen. Spüre, wie sich die Chakren in der Mitte deiner Fußsohlen angenehm und wohltuend öffnen und wie alter Ballast, alte Energie durch deine Füße in die Erde hineinfließt. Richte dich auf, und lass die ausleitende Energie strömen. Übergib alles, was du nicht mehr benötigst, der transformierenden Kraft der Erde.

- Mit jedem tiefen Ausatmen lässt du Altes los, und mit jedem tiefen Einatmen nimmst du neue, heilsame Energie des Lebens auf. Genieße jeden Atemzug, und schöpfe so viel Kraft, wie du brauchst. Mit jedem tiefen Ausatmen und Loslassen gewinnst du an Freiraum, sodass Platz für neue Ideen und Herzensimpulse entsteht. Höre auf dein Herz, und nimm wahr, was in dir hochkommen möchte, welche Richtung dein Herz dir weisen will.

- Lass die Affirmation, die das Wesen der Kastanie dir übergibt, in dir aufsteigen und wirken. Sprich dann diesen Satz voller Liebe und Güte: »*Ich sorge gut für mich und stehe dem Leben offen gegenüber!*« Erlebe und genieße die vollkommene und absichtslose Liebe des Baumgeistes und des Universums. Erlebe in diesem erhöhten Bewusstsein, dass du eine liebevolle Lichtsäule bist zwischen Himmel und Erde.

- Wenn du dich erfüllt fühlst und das Bedürfnis verspürst, in das Tagesgeschehen zurückzukehren, so bedanke dich innerlich mit den Worten: »Lieber Baumgeist, liebe Kastanie, ich bedanke mich für die Begegnung, für die Heilkraft und

Inspiration. Mögest du gedeihen und Liebe entfalten.« Spüre ein Lächeln in deinem Herzen und auf deinen Lippen. Schenke dein Lächeln der Kastanie, dem Leben und auch dir selbst.

Kiefer

Der Baum der Lebenskraft und des Seelenplans

Die Kiefergattung umfasst über 90 Arten. Es handelt sich um einen immergrünen Nadelbaum.

Die Kiefer ist, wie auch die Fichte, vergleichsweise schnellwüchsig und anspruchslos, deshalb wurde sie bei uns verstärkt angepflanzt. Sie kann bis zu 40 Meter hoch werden und wird, wie auch Fichte und Tanne, gerne als Holzlieferant benutzt. Aus dem Harz werden Lacke und Farben hergestellt. Das Kolofonium für die Geigen wird ebenfalls aus Kiefernharz gewonnen.

Medizinisch wird das Harz der Kiefer, wie auch das von Fichte und Tanne, wegen der ätherischen Öle zu Befreiung der Atemwege eingesetzt. Es wirkt ebenso durchblutungsfördernd. Ich persönlich liebe es, Kiefernöl mit Mandelöl zu vermischen und als Körperöl zu benutzen. Es wirkt anregend, erfrischend, klärend und erdend, gerade nach einem anstrengenden Arbeitstag. Es fokussiert auch den Geist und stärkt die Konzentration.

In der Bachblütentherapie wird die Pinie, die eine der zahlreichen Kiefernarten ist, bei Menschen eingesetzt, die unter Schuldgefühlen leiden. Die Kiefer hilft, ein realistisches Gefühl für Eigen- und Fremdverantwortung zu bekommen.

Die Ausstrahlung der Kiefer wirkt wohltuend und stärkt das Selbstvertrauen. Sie steht für Licht, Vitalität, Lebensfreude, Kontinuität und Weisheit.

Bei den Kelten stand die Kiefernart Pinie für Reinheit, Schutz und Fruchtbarkeit. Sie symbolisierte die Verbindung zwischen Himmel und Erde.

Im alten Griechenland wie auch in anderen Kulturen war die Pinie Symbol der Fruchtbarkeit.

Der Geist der Kiefer leuchtet wie eine kraftvolle, intensive, liebliche Lichtsäule aus seinem Baumstamm heraus und vermittelt uns die Zuversicht, alles zu schaffen. Er schwingt intensiv und weich in wärmendem, sonnigem Licht und hüllt uns nach der Kontaktaufnahme damit ein. Seine Kraft wirkt erfrischend und kräftigend, vor allem in unserem Solarplexuschakra. Dies stärkt unsere Lebenskraft und hilft, dass wir große und lichtvolle Ziele in unserem Leben entwickeln. Der Geist der Kiefer schenkt uns Visionen für unsere Zukunft und bringt uns mit unserem Seelenplan stärker in Verbindung. Er löst Schwermut und inneres Chaos und bringt Klarheit, Optimismus und Kraft.

Die Affirmation des Kieferngeistes lautet:
»Ich bin stark und schreite voller Stärke und Zuversicht in meinem lichtvollen Seelenplan voran!«

Meditation mit dem Geist der Kiefer

✍ Begib dich zu der Kiefer, die du ausgesucht hast. Stelle oder setze dich bequem hin, und atme mehrmals tief durch. Lass deine Gedanken vorüberziehen, und spüre Liebe in deinem

Herzen. Beruhige deinen Atem, und lass ihn tief in den Bauch strömen. Komme zur Ruhe, und nimm höflich mit dem Geist der Kiefer Kontakt auf, indem du innerlich mit einem Herzenslächeln sagst: »Lieber Geist der Kiefer, ich bin hier, um dir meine liebevolle Aufmerksamkeit zu schenken und mich von deiner Weisheit inspirieren zu lassen. Bist du bereit, mit mir heilsam zu arbeiten?« Folge deinem tiefen und harmonischen Atem, und spüre, wie deine Verbindung mit dem Baum entsteht. Vielleicht fühlst du dich wie magnetisch von ihm angezogen. Vielleicht erlebst du andere Zeichen wie das Singen eines Vogels in seiner Baumkrone. Lass dich auf dein Gefühl ein, und lass dich vom Herzen leiten.

- Aktiviere all deine Sinne, nutze deinen Sehsinn, und betrachte aufmerksam die Eigenart dieses Baumes. Sind die Wurzeln sichtbar? Wie sieht die Rinde aus? In welcher Intensität leuchten seine Nadeln? In welche Richtung dehnt sich seine Krone aus?

- Nutze deinen Tastsinn, und ertaste die Rinde. Wie fühlt sie sich an? Nutze deinen Geruchssinn, und nimm den Duft des Baumes in dich auf. Lass dich ganz auf den Moment ein. Lass deinen Atem immer tiefer und ruhiger fließen.

- Nun aktiviere deine feingeistigen Sinne, und richte deine Aufmerksamkeit nach innen. Schließe die Augen, und stelle dir diesen Baum vor deinem inneren Auge vor. Spüre in dir, wie seine Wurzeln, sein Baumstamm und seine Nadeln beschaffen sind. Nimm wahr, wie sanft und intensiv dieser Baum schwingt. Welche Farben und welches Licht verbindest du damit? Wie erlebst du seine Schwingung, seine Energie, seine Größe, seine Präsenz? Entspanne dich, während sich dein Körper auf das heilsame Energiefeld des Baumes einschwingt. Stelle dir die Wurzeln des Baumes vor, wie sie tief in den Boden greifen. Spüre die Statur der Krone des Baumes über dir.

- Verbinde dich von ganzem Herzen mit dem Geist dieser Kiefer, und sprich innerlich: »Liebe lichtvolle geistige Welt, lieber Geist dieser Kiefer, ich bin von Herzen bereit für deine heilende Kraft und deine heilende Botschaft. Bitte offenbare dich mir so, wie es sinn- und lichtvoll für meine Entwicklung ist und wie ich es am besten verstehen kann. Ich bin bereit, hinzuhören und hinzusehen.«

- Spüre, wie sich dein Herzensraum weitet, und fühle Liebe, Geborgenheit und Wärme in dir. Lausche, ob in dir Gefühle, Inspirationen oder Erkenntnisse hochkommen. Spüre, wie der Geist der Kiefer deinen gesamten Körper in ein sonniges, wärmendes Licht einhüllt und dich berührt. Lass dir Zeit zum tiefen und heilsamen Ein- und Ausatmen, und genieße den heilenden Duft der ätherischen Öle, die die Kiefer ausströmt.

- Nimm nach und nach wahr, wie die Energie des Baumes dich beruhigt und klärt. Spüre, wie sie dein Solarplexuschakra fein erwärmt und mit neuer Kraft energetisiert. Nimm das Geschenk des Baumgeistes von ganzem Herzen an, und erlebe, wie sich große Lebenskraft in dir entwickelt. Dein Lebenslicht verstärkt sich zunehmend. Spüre, wie sich dein

Körper kräftigt und sich dein Energiesystem stabilisiert. Folge deinem fließenden, friedvollen Atem, und genieße es, im Licht eingehüllt zu sein und den Segen des Universums zu empfangen.

- Erlebe deine Verbindung mit der Energie der Kiefer und die große und erfrischende Kraft in dir. Mit dieser neuen Energie frage dein Herz: »Wofür schlägst du?«, »Wofür möchte ich leben?«. Höre auf dein Herz, und werde dir deiner kraftvollen und lichtvollen Ziele bewusst.

- Stärke dich mit jedem tiefen Atemzug mit der heilsamen Energie des Lebens, und schöpfe so viel Kraft, wie du brauchst. Lass mit jedem tiefen Atemzug eine Vision von deiner Zukunft in dir aufsteigen, und spüre tiefe Zuversicht und innere Sicherheit.

- Je stimmiger du dich fühlst, umso mehr sind dein Herz und deine Intuition mit deinem lichtvollen Seelenplan verbunden, und du erkennst deinen einzigartigen Weg. Nimm mit jedem tiefen Einatmen alle Kraft des Lebens in dir auf, und lass mit jedem tiefen Ausatmen jegliche Schwermut los. Spüre die tiefe Gewissheit in dir, dass du alles schaffst, was deine Seele sich in diesem Leben vorgenommen hat!

- Lass die Affirmation des Kieferngeistes in dir aufsteigen und wiederhole dann den Satz voller Liebe und Güte »*Ich bin stark und schreite voller Stärke und Zuversicht in meinem lichtvollen Seelenplan voran!*« Erlebe und genieße die vollkommene und absichtslose Liebe des Baumgeistes und des Universums. Erlebe in diesem erhöhten Bewusstsein, dass du eine liebevolle Lichtsäule bist zwischen Himmel und Erde.

🌿 Wenn du dich erfüllt fühlst und das Bedürfnis verspürst, in das Tagesgeschehen zurückzukehren, so bedanke dich innerlich mit den Worten: »Lieber Baumgeist, liebe Kiefer, ich bedanke mich für die Begegnung, für die Heilkraft und Inspiration. Mögest du gedeihen und Liebe entfalten.« Spüre ein Lächeln in deinem Herzen und auf deinen Lippen. Schenke dein Lächeln der Kiefer, dem Leben und auch dir selbst.

Kirschbaum

Der Baum der Kraft und Zuversicht

Der Kirschbaum gehört zur Gruppe der Rosengewächse. Bei den in der freien Natur vorkommenden Bäumen handelt es sich um die Wildform der Vogelkirsche (auch Süßkirsche genannt), die zwischen 15 und 20 Meter hoch wird. Aus dieser Wildform wurden größere und süßere Kulturformen gezüchtet. In der freien Natur kommt auch noch die Traubenkirsche vor, aber diese wächst eher strauchartig. Die Kirsche ist ein begehrtes Möbelholz und wird auch gern für Holzblasinstrumente benutzt. Die Rinde der Kirsche ist rötlich-grau und glänzend mit Querstreifen.

Sakura, die Kirschblüte, hat in Japan seit langer Zeit eine große Bedeutung, da sie alljährlich im April den neuen Frühling ankündigt und auf eine lichtvolle und strahlende Zukunft hinweist.

Kirschblüten sind in Japan auch bei Hochzeiten und anderen Zeremonien sehr beliebt. Während der Kirschblütenzeit gehen Millionen Japaner in die Parks, um traditionell die Schönheit zu bewundern.

Die Ausstrahlung des Kirschbaumes ist ähnlich wie die eines anderen Obstbaumes. Der Baumgeist des Kirschbaumes leuchtet gütig aus dem Inneren des Stammes und strahlt nach außen wie ein Lichtnetz aus, das mit allen anderen Kirschbäumen synchron zusammenschwingt.

Medizinisch hat der Kirschbaum bei uns, anders als in der TCM (traditionelle chinesische Medizin), keine besondere Bedeutung. Er symbolisiert jedoch Schönheit und Reinheit, und seine heilende Kraft wirkt auf den Menschen nach der Kontaktaufnahme ausgleichend. Der Geist des Kirschbaumes leuchtet wie eine feine, zarte, liebliche Lichtsäule aus seinem Baumstamm heraus. Seine Kraft wirkt anregend, entgiftend und verdauungsfördernd. Das gesamte Chakrensystem wird angeregt, gestärkt und stabilisiert. Der Geist des Kirschbaumes schenkt uns neue Kraft und Zuversicht.

Die Affirmation des Kirchbaumgeistes lautet:
»Ich ruhe in meiner Kraft und gehe voller
Zuversicht voran!«

Meditation mit dem Geist des Kirschbaumes

- Begib dich zu dem Kirschbaum, den du ausgesucht hast. Stelle oder setze dich bequem hin, und atme mehrmals tief durch. Lass deine Gedanken vorüberziehen, und spüre Liebe in deinem Herzen. Beruhige deinen Atem, und lass ihn tief in den Bauch strömen. Komme zur Ruhe, und nimm höflich mit dem Geist des Kirschbaumes Kontakt auf, indem du innerlich mit einem Herzenslächeln sagst: »Lieber Geist des Kirschbaumes, ich bin hier, um dir meine liebevolle Aufmerksamkeit zu schenken und mich von deiner Weisheit inspirieren zu lassen. Bist du bereit, mit mir heilsam zu arbeiten?« Folge deinem tiefen und harmonischen Atem, und spüre, wie deine Verbindung mit dem Baum entsteht. Vielleicht fühlst du dich wie magnetisch von ihm angezogen. Vielleicht erlebst du andere Zeichen wie das Singen eines Vogels in seiner Baumkrone. Lass dich auf dein Gefühl ein, und lass dich vom Herzen leiten.

- Aktiviere all deine Sinne, nutze deinen Sehsinn, und betrachte aufmerksam die Eigenart dieses Baumes. Sind die Wurzeln sichtbar? Wie sieht die Rinde aus? In welchen Farben leuchten seine Blätter? In welche Richtung dehnt sich seine Krone aus?

- Nutze deinen Tastsinn, und ertaste die lederartige Rinde. Nutze jetzt deinen Geruchssinn, und nimm den Duft des Kirschbaumes in dich auf. Lass dich ganz auf den Moment ein. Lass deinen Atem immer tiefer und ruhiger fließen.

- Nun aktiviere deine feingeistigen Sinne, und richte deine Aufmerksamkeit nach innen. Schließe deine Augen, und stelle dir diesen Baum vor deinem inneren Auge vor. Spüre in dir, wie seine Wurzeln, sein Baumstamm und seine Blätter beschaffen sind. Nimm wahr, wie sanft und intensiv dieser Baum schwingt. Welche Farben und welches Licht verbindest du damit? Wie erlebst du seine Schwingung, seine Energie, seine Größe, seine Präsenz? Entspanne dich, während sich dein Körper auf das heilsame Energiefeld des Baumes einschwingt. Stelle dir die Wurzeln des Baumes vor, wie sie tief in den Boden greifen. Spüre die Statur der Krone des Baumes über dir.

- Verbinde dich von ganzem Herzen mit dem Geist dieses Kirschbaumes, und sprich innerlich: »Liebe lichtvolle geistige Welt, lieber Geist dieses Kirschbaumes, ich bin von Herzen bereit für deine heilende Kraft und deine heilende Botschaft. Bitte offenbare dich mir so, wie es sinn- und lichtvoll für meine Entwicklung ist und wie ich es am besten verstehen kann. Ich bin bereit, hinzuhören und hinzusehen.«

- Spüre, wie sich dein Herzensraum weitet, und fühle die Liebe, Geborgenheit und Wärme in dir. Lausche, ob in dir Gefühle, Inspirationen oder Erkenntnisse hochkommen. Spüre, wie das Energiefeld des Kirschbaumes dich in seinem Lichtkreis ganz einhüllt und sich Wärme und Geborgenheit entwickeln. Spüre die Vibration des Kirschbaumes und wie seine unzähligen Lichtstrahlen nach außen, in das Universum und zu anderen Kirschbäumen fließen. Erlebe dich als ein Teil des universellen Lichtes, verbunden mit der heilenden Kraft der Kirschbaumenergie. Lass dir Zeit zum tiefen und heilsamen Ein- und Ausatmen, und nimm den feinen Kirschduft wahr, genieße diese nährende und aufbauende Energie.

- Nimm nach und nach wahr, wie die heilende Kraft des Baumes und des Sonnenlichtes deine Schwingung erhöht.

Fühle eine feine, angenehme Vibration in deiner gesamten linken Körperseite und dann auch in der rechten Seite. Genieße es, wie dein gesamter Körper mit neuem Leben erfüllt wird.

- Spüre, wie das sonnige Licht dir Wärme und Heilkraft schenkt und dein gesamter Körper von Liebe und Licht eingehüllt wird. Lass dich vertrauensvoll auf dieses heilsame Licht ein.

- Lass dir in deiner Vorstellung an den Füßen Wurzeln wachsen, fühle dich mit der Erde fest verwurzelt, und atme tief und harmonisch in den Bauch hinein. Nimm wahr, wie dein Urvertrauen immer mehr zunimmt und du dich als ein lichtvoller Teil der Schöpfung erlebst.

- Genieße es, wie die Energie des Baumes dich stärkt, und nimm die pulsierende Kraft wahr, die durch all deine Chakren, vom Wurzelchakra zum Scheitelchakra, fließt und die heilende Kraft aktiviert. Spüre, wie dein Energiefeld fein kribbelt und sich sanft entfaltet.

- Genieße die beruhigende Wirkung der Baumenergie und deine Ausgeglichenheit und große Zuversicht. Lass dir Zeit, und fühle diese heilsame Kraft. Folge deinem fließenden, friedvollen Atem, und genieße es, im Licht eingehüllt zu sein und den Segen des Universums zu empfangen. Genieße jeden Atemzug, und schöpfe so viel Kraft, wie du brauchst. Mit jedem tiefen Atmen erlebst du dich von großem Licht durchflutet und von neuer Kraft erfüllt.

- Stelle dir vor, wie durch deine Wurzeln alle verbrauchte Energie und Giftstoffe hinaus in die Erde fließen und dort transformiert werden. Empfinde das Wohlgefühl in deiner Bauchgegend, und genieße die Entspannung und die Leichtigkeit in deinem gesamten Körper.

- Lass die Affirmation des Kirschbaumgeistes in dir aufsteigen, und wiederhole den Satz voller Liebe und Güte: *»Ich ruhe in meiner Kraft und gehe voller Zuversicht voran!«* Erlebe die vollkommene und absichtslose Liebe des Baumgeistes und des Universums. Erlebe in diesem erhöhten Bewusstsein, dass du eine liebevolle Lichtsäule bist zwischen Himmel und Erde.

- Wenn du dich erfüllt fühlst und das Bedürfnis verspürst, in das Tagesgeschehen zurückzukehren, so bedanke dich innerlich mit den Worten: »Lieber Baumgeist, lieber Kirschbaum, ich bedanke mich für die Begegnung, für die Heilkraft und Inspiration. Mögest du gedeihen und Liebe entfalten.« Spüre ein Lächeln in deinem Herzen und auf deinen Lippen. Schenke dein Lächeln dem Kirschbaum, dem Leben und auch dir selbst.

Lärche

Der Baum des Selbstbewusstseins

Die Lärche gehört zur Gattung der Kiefergewächse und ist einer der wenigen Nadelbäume, die im Winter ihre Nadeln verlieren.

Man unterscheidet die europäische und die japanische Lärche. Beide kommen bei uns vor.

Die Lärche enthält viel Harz, das im Gegensatz zu anderen Koniferengewächsen flüssig bleibt, wenn man es erhitzt. Daher wird es auch zur Herstellung von Terpentin benutzt.

Die Lärche steht für Selbstvertrauen, Selbstwert und Überschreitung einengender Grenzen. In der Bachblütentherapie hilft die Lärche, »Larch«, Menschen mit mangelndem Selbstvertrauen, die stets Niederlagen erwarten. Sie unterstützt dabei, Minderwertigkeitsgefühle zu überwinden, und lässt uns die eigenen Stärken wie auch die verborgenen Talente erkennen. Sie hilft, Herz und Geist, Wille und Wunsch ins Gleichgewicht zu bringen.

In der Mythologie der russischen Schamanen spielt die Lärche eine große Rolle als Schutz und um böse Geister zu vertreiben. Gebietsweise war es wohl auch hier bei uns üblich, Lärchenzweige an Türen und Fenster zu hängen, um sich in der Walpurgisnacht (30. April) vor Hexen zu schützen.

Der Geist der Lärche leuchtet wie eine feine, zarte, liebliche Lichtsäule aus seinem Baumstamm heraus. Er schwingt weich in durchscheinendem, sonnigem Licht und hüllt uns nach der Kontaktaufnahme mit seinem Licht ein. Seine Kraft wirkt erdend. Vor allem über das Sakralchakra setzt er neue Lebenskräfte frei und fördert die Gesundheit. Der Geist der Lärche schenkt uns neue Lebensenergie, tiefes Selbstvertrauen und erhöhtes Bewusstsein.

Die Affirmation des Lärchengeistes lautet:
»Ich stehe im Licht und bin mir meiner Kraft bewusst!«

Meditation mit dem Geist der Lärche

- Begib dich zu der Lärche, die du ausgesucht hast. Stelle oder setze dich bequem hin, und atme mehrmals tief durch. Lass deine Gedanken vorüberziehen, und spüre Liebe in deinem Herzen. Beruhige deinen Atem, und lass ihn tief in den Bauch strömen. Komme zur Ruhe, und nimm höflich mit dem Geist der Lärche Kontakt auf, indem du innerlich mit einem Herzenslächeln sagst: »Lieber Geist der Lärche, ich bin hier, um dir meine liebevolle Aufmerksamkeit zu schenken und mich von deiner Weisheit inspirieren zu lassen. Bist du bereit, mit mir heilsam zu arbeiten?« Folge deinem tiefen und harmonischen Atem, und spüre, wie deine Verbindung mit dem Baum entsteht. Vielleicht fühlst du dich wie magnetisch von ihm angezogen. Vielleicht erlebst du andere Zeichen wie das Singen eines Vogels in seiner Baumkrone. Lass dich auf dein Gefühl ein, und lass dich vom Herzen leiten.

- Aktiviere all deine Sinne, nutze deinen Sehsinn, und betrachte aufmerksam die Eigenart dieses Baumes. Sind die Wurzeln sichtbar? Wie sieht die Rinde aus? In welcher Intensität leuchten seine Nadeln? In welche Richtung dehnt sich seine Krone aus?

- Nutze deinen Tastsinn, und ertaste die schuppige Borke. Nutze dann deinen Geruchssinn, und nimm den Duft des Baumes in dich auf. Lass dich ganz auf den Moment ein. Lass deinen Atem immer tiefer und ruhiger fließen.

- Nun aktiviere deine feingeistigen Sinne, und richte deine Aufmerksamkeit nach innen. Schließe die Augen, und stelle dir diesen Baum vor deinem inneren Auge vor. Spüre in dir, wie seine Wurzeln, sein Baumstamm und seine Nadeln beschaffen sind. Nimm wahr, wie sanft und intensiv dieser Baum schwingt. Welche Farben und welches Licht verbindest du damit? Wie erlebst du seine Schwingung, seine Energie, seine Größe, seine Präsenz? Entspanne dich, während sich dein Körper auf das heilsame Energiefeld des Baumes einschwingt. Stelle dir die Wurzeln des Baumes vor, wie sie tief in den Boden greifen. Spüre die Statur der Krone des Baumes über dir.

- Verbinde dich von ganzem Herzen mit dem Geist dieser Lärche, und sprich innerlich: »Liebe lichtvolle geistige Welt, lieber Geist dieser Lärche, ich bin von Herzen bereit für deine heilende Kraft und deine heilende Botschaft. Bitte offenbare dich mir so, wie es sinn- und lichtvoll für meine Entwicklung ist und wie ich es am besten verstehen kann. Ich bin bereit, hinzuhören und hinzusehen.«

- Spüre, wie sich dein Herzensraum weitet, und fühle die Liebe, Geborgenheit und Wärme in dir. Lausche, ob in dir Gefühle, Inspirationen oder Erkenntnisse hochkommen. Spüre, wie der Baumgeist der Lärche deinen gesamten Körper in eine feine, wärmende Energie einhüllt, dich von innen heraus aufrichtet und erdet. Lass dir Zeit zum tiefen und heilsamen Ein- und Ausatmen.

- Nimm nach und nach wahr, wie die Energie des Baumes dich beruhigt und klärt. Spüre, wie dein Sakralchakra ganz fein zu kribbeln beginnt und sich schön warm anfühlt. Deine Erdung verstärkt sich, indem dein Atem ganz natürlich tiefer in den Bauchraum fließt und sich deine Füße immer intensiver von der Energie der Erde angezogen fühlen. Folge deinem fließenden, friedvollen Atem, und genieße es, im Licht eingehüllt zu sein und den Segen des Universums zu empfangen.

- Erlebe durch die Verbindung mit der Energie der Lärche große und stärkende Kraft in deinem Körper und in deinem Herzen. Spüre, wie sich deine Wirbelsäule von innen heraus angenehm und wohltuend aufrichtet und du dich immer durchlichteter und gesünder fühlst.

- Mit jedem tiefen Ausatmen lässt du Altes los, und mit jedem tiefen Einatmen nimmst du neue, heilsame Energie des Lebens auf. Genieße jeden Atemzug, und schöpfe so viel Kraft, wie du brauchst. Mit jedem tiefen Atemzug gewinnst du mehr an Kraft und Vertrauen.

- Lass die Affirmation, die das Wesen der Lärche dir übergibt, in dir aufsteigen und wirken, sprich dann die Affirmation voller Liebe und Güte: *»Ich stehe im Licht und bin mir meiner Kraft bewusst!«* Erlebe und genieße die vollkommene und absichtslose Liebe des Baumgeistes und des Universums. Erlebe in diesem erhöhten Bewusstsein, dass du eine liebevolle Lichtsäule bist zwischen Himmel und Erde.

- Wenn du dich erfüllt fühlst und das Bedürfnis verspürst, in das Tagesgeschehen zurückzukehren, so bedanke dich innerlich mit den Worten: »Lieber Baumgeist, liebe Lärche, ich bedanke mich für die Begegnung, für die Heilkraft und Inspiration. Mögest du gedeihen und Liebe entfalten.« Spüre ein Lächeln in deinem Herzen und auf deinen Lippen. Schenke dein Lächeln der Lärche, dem Leben und auch dir selbst.

Linde

Der Baum der Liebe und der Vollkommenheit

Bei uns kommen vorwiegend zwei Lindenarten vor, die Sommerlinde und die Winterlinde. Die Sommerlinde ist großblättrig und wird bis zu 40 Meter hoch, die Winterlinde ist kleinblättrig, wird bis zu 30 Meter hoch und kann mehrere Hundert Jahre alt werden.

Das Holz der Linde ist sehr weich und ist deshalb beliebt für Holzschnitzereien.

Die Linde gilt als ein Baum des Friedens. Früher wurden Gerichtsverhandlungen unter Linden abgehalten. Bekannt und in vielen Volksliedern besungen ist der Baum auch als Tanz- oder Dorflinde. Fast jedes Dorf hatte früher seine Dorflinde auf dem Platz der Kommunikation. Im alten Griechenland galt die Linde als der Baum des Heilens.

Medizinisch wirkt die Lindenblüte schweißtreibend sowie krampf- und schleimlösend.

Die Linde stärkt die Liebe und die inneren Kräfte. Ihr Geist leuchtet wie eine feine, zarte, liebliche Lichtsäule aus dem Baumstamm heraus. Er schwingt weich und liebevoll in durchscheinendem sonnigem Licht und hüllt uns nach der Kontaktaufnahme mit seinem Licht ein. Seine Kraft wirkt stärkend und befreiend, vor allem in unserem Herzchakra. Dies bekräftigt unsere Liebesfähigkeit und sorgt für inneren Frieden, sodass wir in uns ruhen. Der Geist der Linde schenkt uns Liebe, Frieden und ein Bewusstsein für unsere Vollkommenheit.

Die Affirmation des Lindengeistes lautet:
»Ich ruhe in meiner Liebe und bin mir meiner liebevollen Vollkommenheit bewusst!«

Meditation mit dem Geist der Linde

- Begib dich zu der Linde, die du ausgesucht hast. Stelle oder setze dich bequem hin, und atme mehrmals tief durch. Lass deine Gedanken vorüberziehen, und spüre Liebe in deinem Herzen. Beruhige deinen Atem, und lass ihn tief in den Bauch strömen. Komme zur Ruhe, und nimm höflich mit dem Geist der Linde Kontakt auf, indem du innerlich mit einem Herzenslächeln sagst: »Lieber Geist der Linde, ich bin hier, um dir meine liebevolle Aufmerksamkeit zu schenken und mich von deiner Weisheit inspirieren zu lassen. Bist du bereit, mit mir heilsam zu arbeiten?« Folge deinem tiefen und harmonischen Atem, und spüre, wie deine Verbindung mit dem Baum entsteht. Vielleicht fühlst du dich wie magnetisch von ihm angezogen. Vielleicht erlebst du andere Zeichen wie das Singen eines Vogels in seiner Baumkrone. Lass dich auf dein Gefühl ein, und lass dich vom Herzen leiten.

- Aktiviere all deine Sinne, nutze zuerst deinen Sehsinn, und betrachte aufmerksam die Eigenart dieses Baumes. Sind die

Wurzeln sichtbar? Wie sieht die Rinde aus? In welchen Farben leuchten seine Blätter? In welche Richtung dehnt sich seine Krone aus?

- Nutze deinen Tastsinn, und ertaste die dick gerippte, längsrissige Rinde. Nutze dann deinen Geruchssinn, und nimm den Duft der Linde in dich auf. Lass dich ganz auf den Moment ein. Lass deinen Atem immer tiefer und ruhiger fließen.

- Nun aktiviere deine feingeistigen Sinne, und richte deine Aufmerksamkeit nach innen. Schließe die Augen, und stelle dir diesen Baum vor deinem inneren Auge vor. Spüre in dir, wie seine Wurzeln, sein Baumstamm und seine Blätter beschaffen sind. Nimm wahr, wie sanft und intensiv dieser Baum schwingt. Welche Farben und welches Licht verbindest du damit? Wie erlebst du seine Schwingung, seine Energie, seine Größe, seine Präsenz? Entspanne dich, während sich dein Körper auf das heilsame Energiefeld des Baumes einschwingt. Stelle dir die Wurzeln des Baumes vor, wie sie tief in den Boden greifen. Spüre die Statur der Krone des Baumes über dir.

- Verbinde dich von ganzem Herzen mit dem Geist dieser Linde, und sprich innerlich: »Liebe lichtvolle geistige Welt, lieber Geist dieser Linde, ich bin von Herzen bereit für deine heilende Kraft und deine heilende Botschaft. Bitte offenbare dich mir so, wie es sinn- und lichtvoll für meine Entwicklung ist und wie ich es am besten verstehen kann. Ich bin bereit, hinzuhören und hinzusehen.«

- Spüre, wie sich dein Herzensraum weitet, und fühle Liebe, Geborgenheit und Wärme in dir. Lausche, ob in dir Gefühle, Inspirationen oder Erkenntnisse hochkommen. Spüre, wie der Baumgeist der Linde deinen gesamten Körper in eine feine, sonnige Energie einhüllt und dich berührt. Lass dir Zeit zum tiefen und heilsamen Ein- und Ausatmen.

- Nimm nach und nach wahr, wie die Energie des Baumes dich beruhigt und klärt. Spüre, wie dein Herzchakra ganz fein zu kribbeln beginnt und sich sanft öffnet. Nimm wahr, wie die Liebe deinen Herzraum immer mehr erfüllt und innerer Frieden in dir Einzug hält. Folge deinem fließenden, friedvollen Atem, und genieße es, im Licht eingehüllt zu sein und den Segen des Universums zu empfangen. Genieße es, wie dein Herzchakra zu leuchten beginnt, und erkenne die Vollkommenheit in allem.

- Erlebe deine Verbindung mit der Lindenenergie und tiefe, erfüllende Freude in deinem Herzen. Sende ein friedvolles Lächeln in alle körperlichen Empfindungen, Gedanken und Gefühle hinein, die in dir aufsteigen. Beurteile nicht und verurteile auch nichts in dir, sondern richte dich wohltuend auf, und lass alten Ballast von deinem Herzen abfallen.

- Mit jedem tiefen Ausatmen lässt du Altes los, und mit jedem tiefen Einatmen nimmst du neue, heilsame Energie des Lebens auf. Genieße jeden Atemzug, und schöpfe so viel Kraft, wie du brauchst. Mit jedem tiefen Ausatmen und Loslassen gewinnst du an Freiraum und befindest dich im fließenden Bewusstsein der Liebe. Je mehr du in das liebevolle Bewusstsein eintauchst, umso mehr erkennst du deine Vollkommenheit, denn deine Seele ist pures Licht der Liebe.

- Lass die Affirmation des Lindengeistes in dir aufsteigen, und wiederhole den Satz voller Liebe und Güte: »*Ich ruhe in meiner Liebe und bin mir meiner liebevollen Vollkommenheit bewusst!*« Erlebe und genieße die vollkommene und absichtslose Liebe des Baumgeistes und des Universums. Erlebe in diesem erhöhten Bewusstsein, dass du eine liebevolle Lichtsäule bist zwischen Himmel und Erde.

- Wenn du dich erfüllt fühlst und das Bedürfnis verspürst, in das Tagesgeschehen zurückzukehren, so bedanke dich innerlich mit den Worten: »Lieber Baumgeist, liebe Linde, ich bedanke mich für die Begegnung, für die Heilkraft und Inspiration. Mögest du gedeihen und Liebe entfalten.« Spüre ein Lächeln in deinem Herzen und auf deinen Lippen. Schenke dein Lächeln der Linde, dem Leben und auch dir selbst.

Mammutbaum

Der Baum der Heilung

Mammutbäume sind Nachkommen eines in der Kreidezeit vor ca. 145 bis 66 Millionen Jahren über die gesamte Erde verbreiteten Waldes. Es handelt sich um riesige immergrüne Koniferen, die über 90 Meter hoch werden können.

Man unterscheidet den kalifornischen bzw. Küstenmammutbaum und den Riesenmammutbaum, der durch Pflanzung auch in Deutschland verbreitet wurde. Riesenmammutbäume können bis zu 4000 Jahre alt werden. Die ältesten Exemplare stehen in Parks in Thüringen und Hessen. Noch verblüffender als Größe und Alter dieser Bäume ist ihr Fortpflanzungsmodus. Die Samen brauchen für die Reifung zwei Jahre und hängen dann noch bis zu 20 Jahre in den Ästen.

Der Mammutbaum steht für Gleichgewicht, Ruhe, Frieden, Souveränität, Klarheit, Gelassenheit und Liebe. Sein Geist leuchtet wie eine große, kraftvolle, liebliche Lichtsäule aus seinem Stamm heraus. Er schwingt intensiv in durchscheinendem, sonnigem Licht und hüllt den Menschen nach der Kontaktaufnahme damit ein.

Das Besondere an Mammutbäumen ist, dass ihre Kraft besonders individuell auf uns wirkt. Hat ein Mensch beispielsweise ein Rückenleiden, so wird er bei Kontakt mit dem Mammutbaum an dieser Stelle eine intensive Wärme als heilende Behandlung verspüren. Hat ein anderer zum Beispiel ein Knieleiden, so wird sich die heilende Kraft des Mammutgeistes besonders dort fokussieren.

Der Geist des Mammutbaumes wirkt auch auf unser gesamtes Chakrensystem individuell fördernd und aktivierend. Dies stärkt unsere innere Ruhe, Erdung und lässt Krankheiten und Kummer verschwinden. Er schenkt uns neuen Energieschub, vermittelt Offenheit dem Leben gegenüber und starke Gegenwartspräsenz. Er richtet uns von innen heraus auf und lässt alten Ballast abfallen.

Die Affirmation des Mammutbaumgeistes lautet:
»Ich bin erfüllt von heilender Kraft und gestalte von Herzen mein Leben!«

Meditation mit dem Geist des Mammutbaumes

- Begib dich zu dem Mammutbaum, den du ausgesucht hast. Stelle oder setze dich bequem hin, und atme mehrmals tief durch. Lass deine Gedanken vorüberziehen, und spüre Liebe in deinem Herzen. Beruhige deinen Atem, und lass ihn tief in den Bauch strömen. Komme zur Ruhe, und nimm höflich mit dem Geist des Mammutbaumes Kontakt auf, indem du innerlich mit einem Herzenslächeln sagst: »Lieber Geist des Mammutbaumes, ich bin hier, um dir meine liebevolle Aufmerksamkeit zu schenken und mich von deiner Weisheit inspirieren zu lassen. Bist du bereit, mit mir heilsam zu arbeiten?« Folge deinem tiefen und harmonischen Atem, und spüre, wie deine Verbindung mit dem Baum entsteht. Vielleicht fühlst du dich wie magnetisch von ihm angezogen. Vielleicht erlebst du andere Zeichen wie das Singen eines Vogels in seiner Baumkrone. Lass dich auf dein Gefühl ein, und lass dich vom Herzen leiten.

- Aktiviere all deine Sinne, nutze zunächst deinen Sehsinn, und betrachte aufmerksam die Eigenart dieses Baumes. Sind die Wurzeln sichtbar? Wie sieht die Rinde aus? Welchen Geruch verströmt er? In welche Richtung dehnt sich seine Krone aus?

- Nutze deinen Tastsinn, und ertaste die weiche Rinde. Nutze jetzt deinen Geruchssinn, und nimm den Duft des Baumes in dich auf. Lass dich ganz auf den Moment ein. Lass deinen Atem immer tiefer und ruhiger fließen.

✦ Nun aktiviere deine feingeistigen Sinne, und richte deine Aufmerksamkeit nach innen. Schließe die Augen, und stelle dir diesen Baum vor deinem inneren Auge vor. Spüre in dir, wie seine Wurzeln, sein Stamm und seine Nadeln beschaffen sind. Nimm wahr, wie sanft und intensiv dieser Baum schwingt. Welche Farben und welches Licht verbindest du damit? Wie erlebst du seine Schwingung, seine Energie, seine Größe, seine Präsenz? Entspanne dich, während sich dein Körper auf das heilsame Energiefeld des Baumes einschwingt. Stelle dir die Wurzeln des Baumes vor, wie sie tief in den Boden greifen. Spüre die Statur der hohen Krone des Baumes über dir.

✦ Verbinde dich von ganzem Herzen mit dem Geist dieses Mammutbaumes, und sprich innerlich: »Liebe lichtvolle geistige Welt, lieber Geist dieses Mammutbaumes, ich bin von Herzen bereit für deine heilende Kraft und deine heilende Botschaft. Bitte offenbare dich mir so, wie es sinn- und lichtvoll für meine Entwicklung ist und wie ich es am besten verstehen kann. Ich bin bereit, hinzuhören und hinzusehen.«

✦ Spüre, wie sich dein Herzensraum weitet, und fühle die Liebe, Geborgenheit und Wärme in dir. Lausche, ob in dir Gefühle, Inspirationen oder Erkenntnisse hochkommen. Spüre, wie der Baumgeist des Mammutbaumes deinen gesamten Körper in eine starke, warme Energie einhüllt und dich berührt. Lass dir Zeit zum tiefen und heilsamen Ein- und Ausatmen.

- Nimm nach und nach wahr, wie die Energie des Baumes dich beruhigt und klärt, und lass Frieden in dein Herz. Spüre, wie sich die heilende, leicht vibrierende Energie in deinem Körper ausbreitet, und beobachte, an welche Stelle deines Körpers sie fließt.

- Spüre, wie deine Chakren ganz fein zu kribbeln beginnen und sich sanft entfalten. Deine innere Ruhe und Erdung verstärken sich, und du kannst dich ganz entspannt auf den Moment einlassen. Folge deinem fließenden, friedvollen Atem, und genieße es, im Licht eingehüllt zu sein und den Segen des Universums zu empfangen.

- Erlebe durch die Verbindung mit der Energie des Mammutbaumes ein erhöhtes Bewusstsein und eine starke Gegenwärtigkeit in dir. Spüre, wie du dich von innen heraus angenehm aufrichtest und alten Kummer loslässt. Spüre, wie durch deine Füße alle verbrauchte und kränkelnde Energie in die Erde fließt und dort transformiert wird.

- Mit jedem tiefen Ausatmen lässt du Altes los, und mit jedem tiefen Einatmen nimmst du neue, heilsame Energie des Lebens auf. Genieße jeden Atemzug, und schöpfe so viel Kraft, wie du brauchst. Mit jedem tiefen Ausatmen und Loslassen gewinnst du mehr an heilsamer Kraft.

- Lass die Affirmation des Mammutbaumgeistes in dir aufsteigen und wiederhole sie voller Liebe und Güte: »*Ich bin erfüllt von heilender Kraft und gestalte von Herzen mein Leben!*« Erlebe und genieße die vollkommene und absichtslose Liebe des Baumgeistes und des Universums. Erlebe in diesem erhöhten Bewusstsein, dass du eine liebevolle Lichtsäule bist zwischen Himmel und Erde.

- Wenn du dich erfüllt fühlst und das Bedürfnis verspürst, in das Tagesgeschehen zurückzukehren, so bedanke dich innerlich mit den Worten: »Lieber Baumgeist, lieber Mammutbaum, ich bedanke mich für die Begegnung, für die Heilkraft und Inspiration. Mögest du gedeihen und Liebe entfalten.« Spüre ein Lächeln in deinem Herzen und auf deinen Lippen. Schenke dein Lächeln dem Mammutbaum, dem Leben und auch dir selbst.

Olivenbaum

Der Baum der Selbstheilungskräfte

Der Olivenbaum *(olea),* der seit dem 4. Jahrhundert vor Christi kultiviert wird, wird auch echter Ölbaum genannt. Es handelt sich um eine Gattung von ca. 20 Arten aus dem Mittelmeerraum. Es sind immergrüne Bäume oder Sträucher.

Der Olivenbaum ist ein mittelgroßer Baum und erreicht je nach Sorte eine Höhe von 8 bis 20 Metern. Im Alter fällt sein knorriges Wachstum auf. Er kann weit über 1000 Jahre alt werden, und jede seiner Hauptwurzeln kann einem bestimmten Ast zugeordnet werden. Wenn man diesen Ast entfernt, degeneriert im Boden auch der entsprechende Wurzelbereich.

Der Olivenbaum trägt auch im hohen Alter, selbst wenn er innerlich hohl ist, noch genießbare Früchte. Dieser Baum, der wie kein anderer eine magische Ausstrahlung hat, ist ein wahrer Überlebenskünstler. Allerdings verträgt er keinen Frost, weshalb selbst in südlichen Regionen Deutschlands keine Olivenbäume gedeihen. Um in der freien Natur mit einem großen Baum zu meditieren, musst du also nach Italien, Spanien oder Griechenland reisen.

In der Antike kam dem Baum eine große mystische Bedeutung zu. Aus dem Neuen Testament kennen wir die Überlieferung, dass Jesus zum Ölberg ging, und im Alten Testament signalisiert eine Taube mit einem Ölzweig im Schnabel Noah das Ende der Sintflut.

Der Olivenbaum steht für vollkommenen Frieden und göttliche Weisheit. Sein Geist leuchtet wie eine große, weiße, liebliche Lichtwolke um die ganze Pflanze herum. Er schwingt weich und gütig in durchscheinendem, sonnigem Licht. Seine Kraft wirkt wärmend und nährend auf den gesamten Körper und die Chakren. So ist der Mensch nach der Kontaktaufnahme wie von einer Lichtwolke eingehüllt, schöpft neue Lebenskraft und aktiviert seine Selbstheilungskräfte. Die Kraft des Olivenbaumgeistes schenkt uns Heilung und verbindet uns mit dem Universum.

Die Affirmation des Olivenbaumgeistes ist:
»Ich erwecke den inneren Heiler in mir.
Die Liebe ist meine heilende Kraft!«

Meditation mit dem Geist des Olivenbaumes

- Begib dich zu dem Olivenbaum, den du dir ausgesucht hast. Stelle oder setze dich bequem hin, und atme mehrmals tief durch. Lass deine Gedanken vorüberziehen, und spüre Liebe in deinem Herzen. Beruhige deinen Atem, und lass ihn tief in den Bauch strömen. Komme zur Ruhe, und nimm höflich mit dem Geist des Olivenbaumes Kontakt auf, indem du innerlich mit einem Herzenslächeln sagst: »Lieber Geist des Olivenbaumes, ich bin hier, um dir meine liebevolle Aufmerksamkeit zu schenken und mich von deiner Weisheit inspirieren zu lassen. Bist du bereit, mit mir heilsam zu arbeiten?« Folge deinem tiefen und harmonischen Atem, und spüre, wie deine Verbindung mit dem Baum entsteht. Vielleicht fühlst du dich wie magnetisch von ihm angezogen. Vielleicht erlebst du andere Zeichen wie das Singen eines Vogels in seiner Baumkrone. Lass dich auf dein Gefühl ein und von deinem Herzen leiten.

- Aktiviere all deine Sinne, nutze zunächst deinen Sehsinn, und betrachte aufmerksam die Eigenart dieses Baumes. Sind die Wurzeln sichtbar? Wie sieht die Rinde aus? In welchen Farben leuchten seine Blätter? In welche Richtung dehnt sich seine Krone aus?

- Nutze deinen Tastsinn, und ertaste die Rinde, die mit zunehmendem Alter zu einer grauen und tiefrissigen Borke wird. Nutze jetzt deinen Geruchssinn, und nimm den Duft des Baumes in dich auf. Lass dich ganz auf den Moment ein. Lass deinen Atem immer tiefer und ruhiger fließen.

- Nun aktiviere deine feingeistigen Sinne, und richte die Aufmerksamkeit nach innen. Schließe die Augen, und stelle dir diesen Baum vor deinem inneren Auge vor. Spüre in dir, wie seine Wurzeln, sein Stamm und seine Blätter beschaffen sind. Nimm wahr, wie sanft und intensiv dieser Baum schwingt. Welche Farben und welches Licht verbindest du damit? Wie erlebst du seine Schwingung, seine Energie, seine Größe, seine Präsenz? Entspanne dich, während sich dein Körper auf das heilsame Energiefeld des Baumes einschwingt. Stelle dir die Wurzeln des Baumes vor, wie sie tief in den Boden greifen. Spüre die Statur der Krone des Baumes über dir.

- Verbinde dich von ganzem Herzen mit dem Geist dieses Olivenbaumes, und sprich innerlich: »Liebe lichtvolle geistige Welt, lieber Geist dieses Olivenbaumes, ich bin von Herzen bereit für deine heilende Kraft und deine heilende Botschaft. Bitte offenbare dich mir so, wie es sinn- und lichtvoll für meine Entwicklung ist und wie ich es am besten verstehen kann. Ich bin bereit, hinzuhören und hinzusehen.«

- Spüre, wie sich dein Herzensraum weitet, und spüre Liebe, Geborgenheit und Wärme in dir. Lausche, ob in dir Gefühle, Inspirationen oder Erkenntnisse hochkommen. Spüre, wie der Baumgeist des Olivenbaumes deinen gesamten Körper in eine riesige weiße Lichtwolke einhüllt und dich berührt. Lass dir Zeit zum tiefen und heilsamen Ein- und Ausatmen.

- Nimm nach und nach wahr, wie die Energie des Baumes dich beruhigt und klärt. Nimm wahr, dass die Energie des Olivenbaumes gezielt und wohltuend in deinen Körper hineinfließt und deine Chakren ganz fein zu kribbeln beginnen, sich sanft öffnen und aktiviert werden. Spüre die wärmende, nährende Energie, und richte dich von innen heraus auf. Folge

deinem fließenden, friedvollen Atem, und genieße es,
im Licht eingehüllt zu sein und den Segen des Universums
zu empfangen.

- Erlebe deine Verbindung mit der Energie des Olivenbaumes,
erlebe das heilende Bewusstsein und die göttliche Verbundenheit. Fühle dich mit dem Universum verbunden, und lass
tiefen Frieden in dein Herz.

- Mit jedem tiefen Ausatmen lässt du Altes los, und mit jedem
tiefen Einatmen nimmst du neue, heilsame Energie des
Lebens auf. Genieße jeden Atemzug, und schöpfe so viel
Kraft, wie du brauchst. Mit jedem tiefen Ausatmen und
Loslassen gewinnst du an Freiraum und befindest dich im
fließenden Bewusstsein der Liebe.

- Lass die Affirmation, die das Wesen des Olivenbaumes dir
übergibt, in dir aufsteigen und wirken. Sprich die Affirmation
voller Liebe und Güte: *»Ich erwecke den inneren Heiler
in mir. Die Liebe ist meine heilende Kraft!«* Erlebe und
genieße die vollkommene und absichtslose Liebe des Baumgeistes und des Universums. Erlebe in diesem erhöhten
Bewusstsein, dass du eine liebevolle Lichtsäule bist zwischen
Himmel und Erde.

- Wenn du dich erfüllt fühlst und das Bedürfnis verspürst, in
das Tagesgeschehen zurückzukehren, so bedanke dich
innerlich mit den Worten: »Lieber Baumgeist, lieber Olivenbaum, ich bedanke mich für die Begegnung, für die Heilkraft
und Inspiration. Mögest du gedeihen und Liebe entfalten.«

Spüre ein Lächeln in deinem Herzen und auf deinen Lippen. Schenke dein Lächeln dem Olivenbaum, dem Leben und auch dir selbst.

Pappel

Der Baum des Visionären

Die Pappel gehört zur Gattung der Weidengewächse. Am häufigsten findet man bei uns die Schwarzpappel, die Silberpappel und die Espe, die besonders an Flussläufen vorkommen.

Pappeln können 30 bis 45 Meter hoch werden, sie haben ein weiches und leichtes Holz und werden deshalb gern zur Fertigung von Holzschuhen benutzt.

Medizinisch hat die Pappel einen Bezug zu den Leiden des Urogenitaltraktes und zum rheumatischen Formenkreis. Ihre Rinde enthält Salizylsäure, einen Wirkstoff, der in Schmerzmitteln und Entzündungshemmern zum Einsatz kommt (Wirkstoff im Aspirin). In der Bachblütentherapie hilft die Pappel, »Aspen«, Menschen mit unspezifischen Ängsten. Viele kennen ja den Ausspruch: »Der zittert wie Espenlaub.« Aspen stärkt Vertrauen und Mut.

Bei den Kelten hieß der Baum »Eadha« und stand für das Alter, die herbstlichen Tage und die Tag-und-Nacht-Gleiche. In der Antike galt die Pappel als Baum der Unterwelt.

Der Geist der Pappel leuchtet wie eine feine, zarte, liebliche Lichtsäule aus seinem Baumstamm heraus. Es schwingt weich in durchscheinendem Licht und hüllt uns nach der Kontaktaufnahme mit seinem Licht ein. Seine Kraft wirkt durchlichtend auf den menschlichen Körper und intensiviert die Aura von allen Seiten. Das Energiefeld des Menschen wird dabei intensiv in Schwingung gebracht, dabei wird vor allem unser Stirnchakra gestärkt. Dies fördert unsere geistige Anbindung, visionäre Wahrnehmungen und Weitsicht sowie Einsicht und Glauben an die Zukunft. Der Geist der Pappel erweitert unseren Blick auf die Welt und schenkt uns neue Inspiration und visionäre Ideen. Er stärkt und motiviert uns voranzuschreiten.

Die Affirmation des Pappelgeistes lautet:
»Ich sehe in allem große Chancen und folge meinen lichtvollen, visionären Zielen!«

Meditation mit dem Geist der Pappel

✤ Begib dich zur Pappel, die du ausgesucht hast. Stelle oder setze dich bequem hin, und atme mehrmals tief durch. Lass deine Gedanken vorüberziehen, und spüre Liebe in deinem Herzen. Beruhige deinen Atem, und lass ihn tief in den Bauch strömen. Komme zur Ruhe, und nimm höflich mit dem Geist der Pappel Kontakt auf, indem du innerlich mit einem Herzenslächeln sagst: »Lieber Geist der Pappel, ich bin hier, um dir meine liebevolle Aufmerksamkeit zu schenken und mich von deiner Weisheit inspirieren zu lassen. Bist du bereit, mit mir heilsam zu arbeiten?« Folge deinem tiefen und harmonischen Atem, und spüre, wie deine Verbindung mit dem Baum entsteht. Vielleicht fühlst du dich wie magnetisch von ihm angezogen. Vielleicht erlebst du andere Zeichen wie das Singen eines Vogels in seiner Baumkrone. Lass dich auf dein Gefühl ein, und lass dich vom Herzen leiten.

- Aktiviere all deine Sinne, nutze deinen Sehsinn, und betrachte aufmerksam die Eigenart dieses Baumes. Sind die Wurzeln sichtbar? Wie sieht die Rinde aus? In welchen Farben leuchten seine Blätter? In welche Richtung dehnt sich seine Krone aus?

- Nutze deinen Tastsinn, und ertaste die längsrissige Borke. Nutze dann deinen Geruchssinn, und nimm den Duft der Pappel in dich auf. Lass dich ganz auf den Moment ein. Dein Atem fließt immer tiefer und ruhiger.

- Nun aktiviere deine feingeistigen Sinne, und richte die Aufmerksamkeit nach innen. Schließe die Augen, und stelle dir diesen Baum vor deinem inneren Auge vor. Spüre in dir, wie seine Wurzeln, sein Baumstamm und seine Blätter beschaffen sind. Nimm wahr, wie sanft und intensiv dieser Baum schwingt. Welche Farben und welches Licht verbindest du damit? Wie erlebst du seine Schwingung, seine Energie, seine Größe, seine Präsenz? Entspanne dich, während sich dein Körper auf das heilsame Energiefeld des Baumes ein-schwingt. Stelle dir die Wurzeln des Baumes vor, wie sie tief in den Boden greifen. Spüre die Statur der Krone des Baumes über dir.

- Verbinde dich von ganzem Herzen mit dem Geist dieser Pappel, und sprich innerlich: »Liebe lichtvolle geistige Welt, lieber Geist dieser Pappel, ich bin von Herzen bereit für deine heilende Kraft und deine heilende Botschaft. Bitte offenbare dich mir so, wie es sinn- und lichtvoll für meine Entwicklung ist und wie ich es am besten verstehen kann. Ich bin bereit, hinzuhören und hinzusehen.«

- Spüre, wie sich dein Herzensraum weitet, und fühle die Liebe, Geborgenheit und Wärme in dir. Lausche, ob in dir Gefühle, Inspirationen oder Erkenntnisse hochkommen. Spüre, wie der Baumgeist der Pappel deinen gesamten Körper in ein kraftvolles, intensives Licht einhüllt und dich berührt. Lass dir Zeit zum tiefen und heilsamen Ein- und Ausatmen.

- Nimm nach und nach wahr, wie die Energie des Baumes dich beruhigt und klärt. Spüre, wie dein ganzes Energiefeld sich mit heilsamem und erfrischendem Licht anfüllt und dein Körper durchlichtet wird. Genieße es, wie sich die heilende Kraft besonders in deinem Stirnchakra fokussiert. Deine geistige Anbindung verstärkt sich, indem sich dein Blick in die Welt weitet und deine Einsicht, Weitsicht und Inspiration in dir stärker werden. Folge deinem fließenden, friedvollen Atem, und genieße es, im Licht eingehüllt zu sein und den Segen des Universums zu empfangen.

- Erlebe deine Verbindung mit der Energie der Pappel, und genieße große und erfüllende Inspiration in deinem Herzen. Lass dir Zeit und beobachte, welche lichtvollen Ideen, neue Gedanken und wohltuenden Gefühle in dir aufsteigen und dir neue Visionen für dein Leben offenbaren. Nimm wahr, was für dich wichtig ist und in welche Richtung in deinem Leben du deine Schaffenskraft lenken willst.

- Mit jedem tiefen Ausatmen lässt du Altes los, und mit jedem tiefen Einatmen nimmst du neue, heilsame Energie des Lebens auf. Genieße jeden Atemzug, und schöpfe so viel Kraft, wie du brauchst.

- Lass die Affirmation des Pappelgeistes in dir aufsteigen und wirken. Sprich dann den Satz voller Liebe und Güte: »*Ich sehe in allem große Chancen und folge meinen lichtvollen, visionären Zielen!*« Erlebe und genieße die vollkommene und absichtslose Liebe des Baumgeistes und des Universums. Erlebe in diesem erhöhten Bewusstsein, dass du eine liebevolle Lichtsäule bist zwischen Himmel und Erde.

- Wenn du dich erfüllt fühlst und das Bedürfnis verspürst, in das Tagesgeschehen zurückzukehren, so bedanke dich innerlich mit den Worten: »Lieber Baumgeist, liebe Pappel, ich bedanke mich für die Begegnung, für die Heilkraft und Inspiration. Mögest du gedeihen und Liebe entfalten.« Spüre ein Lächeln in deinem Herzen und auf deinen Lippen. Schenke dein Lächeln der Pappel, dem Leben und auch dir selbst.

Platane

Der Baum des Gleichgewichts

Die Platane ist ein luftiger Baum mit einer riesigen Kuppelkrone, weshalb sie ein großartiger Schattenspender ist. Sie stammt ursprünglich aus dem Orient und gilt als der schönste Baum des Nahen Ostens.

Bei uns ist sie ein beliebter Parkbaum. Da die Platane sowohl Luftverschmutzung wie auch starken Beschnitt gut verträgt, steht sie auch oft an Straßen und Promenaden. Es handelt sich dabei meist um Kreuzungen zwischen der morgenländischen und der amerikanischen Platane.

Die Platane wird bis zu 2000 Jahre alt. In der griechischen Antike wie auch bei den alten Ägyptern wurde die Platane als heiliger Baum verehrt.

Die Platane steht für Ausgeglichenheit, vertrauensvolle Hingabe und hat Bezug zum natürlichen Fluss des Lebens. Ihr Geist leuchtet wie eine starke und dennoch liebliche Lichtsäule aus dem Baumstamm heraus. Der Baumgeist schwingt weich in durchscheinendem Licht und hüllt uns nach der Kontaktaufnahme darin ein. Seine Kraft wirkt sich im Menschen intensiv ausgleichend aus. Dabei spielen die Kraft des Wurzelchakras sowie des Scheitelchakras eine wesentliche Rolle. Zwischen beiden Chakren, zwischen oben (Scheitelchakra) und unten (Wurzelchakra), entsteht ein intensiver und ausgleichender Energiefluss. Dies stärkt unsere Mitte, fördert das Gleichgewicht auf der seelischen, geistigen und körperlichen Ebene und stärkt unsere himmlische Verbundenheit. Die Kraft des Platanengeistes schenkt uns einen regelrechten Energieschub. Sie richtet uns von innen heraus auf und hilft, jegliches Ungleichgewicht aufzulösen.

Die Affirmation des Platanengeistes lautet:
»Ich bin in meiner Mitte und in Harmonie mit dem Universum!«

Meditation mit dem Geist der Platane

- Begib dich zur Platane, die du ausgesucht hast. Stelle oder setze dich bequem hin, und atme mehrmals tief durch. Lass deine Gedanken vorüberziehen, und spüre die Liebe in deinem Herzen. Beruhige deinen Atem, und lass ihn tief in den Bauch strömen. Komme zur Ruhe, und nimm höflich mit dem Geist der Platane Kontakt auf, indem du innerlich mit einem Herzenslächeln sagst: »Lieber Geist der Platane, ich bin hier, um dir meine liebevolle Aufmerksamkeit zu schenken und mich von deiner Weisheit inspirieren zu lassen. Bist du bereit, mit mir heilsam zu arbeiten?« Folge deinem tiefen und harmonischen Atem, und spüre, wie deine Verbindung mit dem Baum entsteht. Vielleicht fühlst du dich wie magnetisch von ihm angezogen. Vielleicht erlebst du andere Zeichen wie das Singen eines Vogels in seiner Baumkrone. Lass dich auf dein Gefühl ein, und lass dich vom Herzen leiten.

- Aktiviere all deine Sinne, nutze deinen Sehsinn, und betrachte aufmerksam die Eigenart dieses Baumes. Sind die Wurzeln sichtbar? Wie sieht die Rinde aus? In welchen Farben leuchten seine Blätter? In welche Richtung dehnt sich seine Krone aus?

- Nutze deinen Tastsinn, und ertaste die glatte, abblätternde Rinde. Nutze deinen Geruchssinn, und nimm den Duft der Platane in dich auf. Lass dich ganz auf den Moment ein. Lass deinen Atem immer tiefer und ruhiger fließen.

- Nun aktiviere deine feingeistigen Sinne, und richte die Aufmerksamkeit nach innen. Schließe die Augen, und stelle dir diesen Baum vor deinem inneren Auge vor. Spüre in dir, wie seine Wurzeln, sein Baumstamm und seine Blätter beschaffen sind. Nimm wahr, wie sanft und intensiv dieser Baum schwingt. Welche Farben und welches Licht verbindest du damit? Wie erlebst du seine Schwingung, seine Energie, seine Größe, seine Präsenz? Entspanne dich, während sich dein Körper auf das heilsame Energiefeld des Baumes einschwingt. Stelle dir die Wurzeln des Baumes vor, wie sie tief in den Boden greifen. Spüre die Statur der Krone des Baumes über dir.

- Verbinde dich von ganzem Herzen mit dem Geist dieser Platane, und sprich innerlich: »Liebe lichtvolle geistige Welt, lieber Geist dieser Platane, ich bin von Herzen bereit für deine heilende Kraft und deine heilende Botschaft. Bitte offenbare dich mir so, wie es sinn- und lichtvoll für meine Entwicklung ist und wie ich es am besten verstehen kann. Ich bin bereit, hinzuhören und hinzusehen.«

- Spüre, wie sich dein Herzensraum weitet, und fühle die Liebe, Geborgenheit und Wärme in dir. Lausche, ob in dir Gefühle, Inspirationen oder Erkenntnisse hochkommen. Spüre, wie der Baumgeist der Platane deinen gesamten Körper in eine kraftvolle, sonnige Energie einhüllt und dich berührt. Lass dir Zeit zum tiefen und heilsamen Ein- und Ausatmen. Nimm wahr, wie die Energie der Platane deine linke, intuitive, weibliche Körperseite durchlichtet und an dieser heilsam arbeitet. Genieße es, wie deine Gefühle sanfter und weicher werden, und lass dich auf diesen liebevollen Prozess ein.

- Spüre nun, wie das Licht der Platane deine rechte, tatkräftige, männliche Körperseite durchdringt, durchlichtet und aktiviert. Nun verbinden sich deine linke und rechte Seite energetisch miteinander und schwingen synchron im

Gleichgewicht. Genieße es, voller Kraft und gleichzeitig voller Hingabe zu sein.

- Nimm nach und nach wahr, wie die Energie des Baumes dich beruhigt und klärt, nimm wahr, wie dein Wurzelchakra aktiviert wird und sich warm anfühlt. Beobachte, wie die lichtvolle Energie nach oben durch alle Chakren hindurchfließt und sich im Scheitelchakra fokussiert. Fühle, wie dein Scheitelchakra ganz fein zu kribbeln beginnt und sich sanft und leuchtend öffnet. Erlebe dich nun auch von unten nach oben durchlichtet und ausgeglichen. Genieße diese herrliche Leichtigkeit des Seins, folge deinem fließenden, friedvollen Atem, und genieße es, im Licht eingehüllt zu sein und den Segen des Universums zu empfangen.

- Erlebe deine Verbindung mit der Energie der Platane, und spüre tiefe und erfüllende Sicherheit in deinem Herzen. Spüre, wie sich deine Wirbelsäule von innen heraus angenehm und wohltuend aufrichtet und du dich immer durchlichteter fühlst.

- Mit jedem tiefen Ausatmen lässt du Altes los, und mit jedem tiefen Einatmen nimmst du neue, heilsame Energie des Lebens auf. Genieße jeden Atemzug, und schöpfe so viel Kraft, wie du brauchst.

- Lass die Affirmation des Platanengeistes in dir aufsteigen, und wiederhole diesen Satz voller Liebe und Güte: *»Ich bin in meiner Mitte und in Harmonie mit dem Universum!«* Erlebe und genieße die vollkommene und absichtslose Liebe des Baumgeistes und des Universums. Spüre in diesem erhöhten Bewusstsein, dass du eine liebevolle Lichtsäule bist zwischen Himmel und Erde.

* Wenn du dich erfüllt fühlst und das Bedürfnis verspürst, in das Tagesgeschehen zurückzukehren, so bedanke dich innerlich mit den Worten: »Lieber Baumgeist, liebe Platane, ich bedanke mich für die Begegnung, für die Heilkraft und Inspiration. Mögest du gedeihen und Liebe entfalten.« Spüre ein Lächeln in deinem Herzen und auf deinen Lippen. Schenke dein Lächeln der Platane, dem Leben und auch dir selbst.

Thuja

Der Baum des Loslassens

Die Thuja wird auch Lebensbaum genannt, es gibt verschiedene Arten, die in Nordamerika und in Asien beheimatet sind. Die nordamerikanische, robustere Art kam im 16. Jahrhundert zu uns.

Den Namen »Lebensbaum« verdankt sie wahrscheinlich ihren immergrünen Blättern. Eine andere Geschichte erzählt, dass sie ihn von Jacques Cartier erhielt, einem französischen Seefahrer, dessen Mannschaft 1535 in Neufundland unter Skorbut litt. Die Einheimischen bereiteten den Männern aus der Thujarinde einen Tee, der sie wieder gesund machte, was offensichtlich am hohen Vitamin-C-Gehalt in der Rinde liegt.

In der Naturheilkunde wird die Thuja gern gegen Warzen und in homöopathischen Verordnungen eingesetzt. Thuja führt Körper und Seele wieder zusammen. So bekommen zum Beispiel Menschen, die sich von ihrem Körper getrennt fühlen, dieses homöopathische Mittel.

Lebensbäume sind in allen Pflanzenteilen giftig. Schon bei Hautkontakt mit den Trieben kann es bei empfindlichen Menschen zu Rötungen und Juckreiz kommen. Ursache ist ein Monoterpen mit dem Namen Thujon. Achte daher darauf, dass du den Baum, der dich gerufen hat, nur vorsichtig berührst.

Die Thuja hat ein sehr unruhiges, bewegtes Energiefeld. Ein Thujabaum wird nicht nur von einem Baumgeist beseelt, sondern von mehreren. Sie vibrieren wie Lichtfäden aus seinem Baumstamm heraus. Ihre Kraft wirkt sich absorbierend aus, denn die Energie der Thuja saugt von ihrem Umfeld unreine oder krank machende Energie sowie auch die Energie der Trauer auf. Diese Energie bringt sie über das Wurzelwerk in die Erde und transformiert sie. Dabei werden beim Menschen alle Chakren aktiviert, wir werden unterstützt, verbrauchte und unreine Energie sowie jeglichen Kummer loszulassen. Die Geistwesen der Thuja schenken uns die Möglichkeit, uns neu zu sammeln, uns zu spüren und unsere Prioritäten im Leben zu überdenken. Wir können alles, was wir nicht mehr brauchen, loslassen und damit Platz für das Wesentliche erschaffen, für Ideen, Gedanken, Empfindungen und Entscheidungen, die uns im Leben wirklich weiterbringen.

Die Affirmation der Thujageistwesen lautet:
»Ich bin voller Liebe, lasse Vergangenes hinter mir und ruhe ganz im Hier und Jetzt!«

Meditation mit dem Geist der Thuja

🌿 Begib dich zu der Thuja, die du ausgesucht hast. Stelle oder setze dich bequem hin, und atme mehrmals tief durch. Lass deine Gedanken vorüberziehen, und spüre Liebe in deinem Herzen. Beruhige deinen Atem, und lass ihn tief in den Bauch strömen. Komme zur Ruhe, und nimm höflich mit den Geistwesen der Thuja Kontakt auf, indem du innerlich mit einem Herzenslächeln sagst: »Liebe Wesen der Thuja, ich bin hier, um euch meine liebevolle Aufmerksamkeit zu schenken und mich von eurer Weisheit inspirieren zu lassen. Seid ihr bereit, mit mir heilsam zu arbeiten?« Folge deinem tiefen und harmonischen Atem, und spüre, wie deine Verbindung mit dem Baum entsteht. Vielleicht fühlst du dich wie magnetisch von ihm angezogen. Vielleicht erlebst du andere Zeichen wie das Singen eines Vogels in seiner Baumkrone. Lass dich auf dein Gefühl ein, und lass dich vom Herzen leiten.

🌿 Aktiviere all deine Sinne, nutze zuerst deinen Sehsinn, und betrachte aufmerksam die Eigenart dieses Baumes. Sind die Wurzeln sichtbar? Wie sieht die Rinde aus? In welcher Intensität leuchten ihre Schuppenblätter? In welche Richtung dehnt sich ihre Krone aus?

🌿 Nutze deinen Tastsinn, und ertaste vorsichtig die längsrissige Borke. Nutze deinen Geruchssinn, und nimm den Duft der Thuja in dich auf. Lass dich ganz auf den Moment ein. Lass deinen Atem immer tiefer und ruhiger fließen.

- Nun aktiviere deine feingeistigen Sinne, und richte die Aufmerksamkeit nach innen. Schließe die Augen, und stelle dir diesen Baum vor deinem inneren Auge vor. Spüre in dir, wie seine Wurzeln, sein Baumstamm und seine Schuppenblätter beschaffen sind. Nimm wahr, wie sanft und intensiv dieser Baum schwingt. Welche Farben und welches Licht verbindest du damit? Wie erlebst du seine Schwingung, seine Energie, seine Größe, seine Präsenz? Entspanne dich, während sich dein Körper auf das heilsame Energiefeld des Baumes einschwingt. Stelle dir die Wurzeln des Baumes vor, wie sie tief in den Boden greifen. Spüre die Statur der Krone des Baumes über dir.

- Verbinde dich von ganzem Herzen mit den Wesenheiten dieser Thuja, und sprich innerlich: »Liebe lichtvolle geistige Welt, liebe Wesen dieser Thuja, ich bin von Herzen bereit für eure heilende Kraft und eure heilende Botschaft. Bitte offenbart euch mir so, wie es sinn- und lichtvoll für meine Entwicklung ist und wie ich es am besten verstehen kann. Ich bin bereit, hinzuhören und hinzusehen.«

- Spüre, wie sich dein Herzensraum weitet, und fühle Liebe, Geborgenheit und Wärme in dir. Lausche, ob in dir Gefühle, Inspirationen oder Erkenntnisse hochkommen. Spüre, wie die Baumgeister der Thuja deinen gesamten Körper aktivieren, dein Energiefeld zum Vibrieren bringen und dich berühren. Lass dir Zeit zum tiefen und heilsamen Ein- und Ausatmen.

- Nimm nach und nach wahr, wie die Energie des Baumes dich anregt und inspiriert, wie all deine Chakren ganz fein zu kribbeln beginnen und sich sanft öffnen. Folge deinem fließenden, friedvollen Atem, und genieße es zu spüren, wie alte, verbrauchte Energie aus deinem Körper von der Thuja aufgenommen und in die Erde abgeleitet wird, wie sich neue heilende Kraft in dir regt und der Segen des Universums dich umarmt.

- Erlebe deine Verbindung mit der Energie der Thuja und die tiefe Befreiung in deinem Herzen und in deinem Körper. Spüre, wie sich deine Wirbelsäule von innen heraus angenehm und wohltuend aufrichtet und alter Ballast von deinem Rücken abfällt.

- Mit jedem tiefen Ausatmen lässt du Altes los, und mit jedem tiefen Einatmen nimmst du neue, heilsame Energie des Lebens auf. Genieße jeden Atemzug, und schöpfe so viel Kraft, wie du brauchst. Mit jedem tiefen Ausatmen und Loslassen gewinnst du an Freiraum und befindest dich im fließenden Bewusstsein des Loslassens, des Seinlassens und des Zulassens der neuen, heilsamen und liebevollen Kraft.

- Lass die Affirmation, die die Wesenheiten der Thuja dir übergeben, in dir aufsteigen und wirken. Sprich dann diesen Satz in Liebe und Güte: *»Ich bin voller Liebe, lasse Vergangenes hinter mir und ruhe ganz im Hier und Jetzt!«* Erlebe und genieße die vollkommene und absichtslose Liebe der Baumgeister und des Universums. Erlebe in diesem erhöhten Bewusstsein, dass du eine liebevolle Lichtsäule bist zwischen Himmel und Erde.

- Wenn du dich erfüllt fühlst und das Bedürfnis verspürst, in das Tagesgeschehen zurückzukehren, so bedanke dich innerlich bei der Thuja mit den Worten: »Liebe Wesenheiten der Thuja, ich bedanke mich für die Begegnung, für die Heilkraft und Inspiration. Liebe Thuja, mögest du gedeihen und Liebe entfalten.« Spüre ein Lächeln in deinem Herzen und auf deinen Lippen. Schenke dein Lächeln der Thuja, dem Leben und auch dir selbst.

Ulme

Der Baum der inneren Sicherheit und des Rückgrats

Die bekanntesten bei uns vorkommenden Ulmenarten sind Bergulme, Feldulme und Flatterulme. Alle drei Arten werden gern in Parkanlagen, Gärten und an Straßen angepflanzt. Sie können eine Höhe von bis zu 35 Metern erreichen.

Die wechselständigen Ulmenblätter sind ungleich und unterschiedlich lang. Die unauffälligen Blüten stehen im Frühjahr in Büscheln an den Zweigen, noch bevor die Blätter treiben.

Seit jeher ist die Ulme, neben Esche und Linde, bei den Viehhaltern der wichtigste Baum in der Blattfütterung.

Für die Kelten zählte die Ulme zu den heiligen Bäumen. Sie wurde mit Schutz und Liebe verbunden. Bei den Griechen war die Ulme ein Symbol für Tod und Trauer, sie stand als einer der heiligen Bäume mit der Göttin Hekate sowie der ganzen Unterwelt in Verbindung. Das Holz der Ulme scheint in der Magie sehr verbreitet gewesen zu sein. So sollen Hexen die Ulme benutzt haben, um mit anderen Wesenheiten in Verbindung zu treten.

In der Bachblütentherapie findet die Ulme, »Elm«, Anwendung bei Menschen, die das Gefühl haben, ihrer Aufgabe oder Verantwortung nicht mehr gewachsen zu sein. Sie hilft bei Versagen der physischen und psychischen Kräfte und bei Burn-out. Sie sorgt für Ausgeglichenheit, hilft, den Überblick zu bewahren, und schenkt Vertrauen in die eigenen Kräfte und Fähigkeiten.

Die Ulme gilt somit als Unterstützerin, wenn es darum geht, seine Aufgaben zu erfüllen. Sie steht auch für Einfühlungsvermögen und Intuition.

Der Geist der Ulme leuchtet wie eine starke und gleichzeitig liebliche Lichtsäule aus dem Baumstamm heraus. Er schwingt weich in durchscheinendem Licht und hüllt den Menschen nach der Kontaktaufnahme mit seinem Licht ein. Seine Kraft wirkt erweiternd, stärkt die Wirbelsäule und aktiviert vor allem das Sakralchakra. Dies stärkt unsere Beziehung zu uns selbst und unsere geistige Anbindung, fördert unser Durchsetzungsvermögen und stärkt unser Rückgrat. Der Geist der Ulme richtet uns von innen heraus auf und kräftigt unser Selbstvertrauen und unseren Mut.

Die Affirmation des Ulmengeistes lautet:
»Ich bin mir meiner geistigen Anbindung bewusst und erfüllt von Urvertrauen!«

Meditation mit dem Geist der Ulme

✍ Begib dich zu der Ulme, die du ausgesucht hast. Stelle oder setze dich bequem hin, und atme mehrmals tief durch. Lass deine Gedanken vorüberziehen, und spüre die Liebe in deinem Herzen. Beruhige deinen Atem, und lass ihn tief in den Bauch strömen. Komme zur Ruhe, und nimm höflich mit dem Geist der Ulme Kontakt auf, indem du innerlich mit einem Herzenslächeln sagst: »Lieber Geist der Ulme, ich bin hier, um dir meine liebevolle Aufmerksamkeit zu schenken und mich von deiner Weisheit inspirieren zu lassen. Bist du bereit, mit mir heilsam zu arbeiten?« Folge deinem tiefen und harmonischen Atem, und spüre, wie deine Verbindung mit dem Baum entsteht. Vielleicht fühlst du dich wie magnetisch von ihm angezogen. Vielleicht erlebst du andere Zeichen wie das Singen eines Vogels in seiner Baumkrone. Lass dich auf dein Gefühl ein, und lass dich vom Herzen leiten.

- Aktiviere all deine Sinne, nutze deinen Sehsinn, und betrachte aufmerksam die Eigenart dieses Baumes. Sind die Wurzeln sichtbar? Wie sieht die Rinde aus? In welchen Farben leuchten seine Blätter? In welche Richtung dehnt sich seine Krone aus?

- Nutze deinen Tastsinn, und ertaste ihre graubraune längsrissige Schuppenborke. Nutze deinen Geruchssinn, und nimm den Duft der Ulme in dich auf. Lass dich ganz auf den Moment ein. Lass deinen Atem immer tiefer und ruhiger fließen.

- Nun aktiviere deine feingeistigen Sinne, und richte die Aufmerksamkeit nach innen. Schließe die Augen, und stelle dir diesen Baum vor deinem inneren Auge vor. Spüre in dir, wie seine Wurzeln, sein Baumstamm und seine Blätter beschaffen sind. Nimm wahr, wie sanft und intensiv dieser Baum schwingt. Welche Farben und welches Licht verbindest du damit? Wie erlebst du seine Schwingung, seine Energie, seine Größe, seine Präsenz? Entspanne dich, während sich dein Körper auf das heilsame Energiefeld des Baumes einschwingt. Stelle dir die Wurzeln des Baumes vor, wie sie tief in den Boden greifen. Spüre die Krone des Baumes über dir.

- Verbinde dich von ganzem Herzen mit dem Geist dieser Ulme, und sprich innerlich: »Liebe lichtvolle geistige Welt, lieber Geist dieser Ulme, ich bin von Herzen bereit für deine heilende Kraft und deine heilende Botschaft. Bitte offenbare dich mir so, wie es sinn- und lichtvoll für meine Entwicklung ist und wie ich es am besten verstehen kann. Ich bin bereit, hinzuhören und hinzusehen.«

- Spüre, wie sich dein Herzensraum weitet, und fühle Liebe, Geborgenheit und Wärme in dir. Lausche, ob in dir Gefühle, Inspirationen oder Erkenntnisse hochkommen. Spüre, wie der Baumgeist der Ulme deinen gesamten Körper in eine kraftvolle, sonnige Energie einhüllt und dich berührt. Lass dir Zeit zum tiefen und heilsamen Ein- und Ausatmen.

- Nimm nach und nach wahr, wie die Energie des Baumes dich beruhigt und durchlichtet. Genieße es zu spüren, wie sich das Licht über deine Wirbelsäule verbreitet und von oben nach unten sowie von unten nach oben fließt und dir Stärke verleiht.

- Spüre, wie sich das Licht der Ulme in deinem Sakralchakra zentriert und dir Kraft schenkt. Deine geistige Anbindung verstärkt sich, dein Selbstvertrauen wächst, und du spürst immer mehr, was du wirklich im Leben willst. Folge deinem fließenden, friedvollen Atem, und genieße es, im Licht eingehüllt zu sein und den Segen des Universums zu empfangen. Spüre, wie sich dein Selbstvertrauen und deine Persönlichkeit immer mehr stärken, und atme tief ein und aus.

- Erlebe deine Verbindung mit der Energie der Ulme, und spüre tiefe Sicherheit und Kraft, die dir helfen, deine Ziele zu verwirklichen. Erfahre, wie sich deine Wirbelsäule von innen heraus angenehm und wohltuend aufrichtet und alter Ballast von deinem Rücken abfällt.

- Mit jedem tiefen Ausatmen lässt du Altes los, und mit jedem tiefen Einatmen nimmst du neue, heilsame Energie des Lebens auf. Genieße jeden Atemzug, und schöpfe so viel Kraft, wie du brauchst.

- Lass die Affirmation, die das Wesen der Ulme dir übergibt, in dir aufsteigen und wirken. Sprich dann den Satz voller Liebe und Güte: »*Ich bin mir meiner geistigen Anbindung bewusst und erfüllt von Urvertrauen!*« Erfahre und genieße die vollkommene und absichtslose Liebe des Baumgeistes und des Universums. Erlebe in diesem erhöhten Bewusstsein, dass du eine liebevolle Lichtsäule bist zwischen Himmel und Erde.

- Wenn du dich erfüllt fühlst und das Bedürfnis verspürst, in das Tagesgeschehen zurückzukehren, so bedanke dich innerlich mit den Worten: »Lieber Baumgeist, liebe Ulme, ich bedanke mich für die Begegnung, für die Heilkraft und Inspiration. Mögest du gedeihen und Liebe entfalten.«

Spüre ein Lächeln in deinem Herzen und auf deinen Lippen. Schenke dein Lächeln der Ulme, dem Leben und auch dir selbst.

Walnussbaum

Der Baum der Erholung und der Gelassenheit

Es gibt weltweit rund 20 Arten des Walnussbaums. Der bei uns heimische Walnussbaum kommt ursprünglich aus dem Süden, er wurde von den Römern zu uns gebracht.

Er kann zwischen 15 und 25 Meter hoch und bis zu 150 Jahre alt werden. Aus seinen grünen Fruchtschalen wird eine Farbbeize gewonnen. Sie dient dem Beizen von Möbeln und wird auch gern Cremes zum Bräunen der Haut beigemischt, sogenannten Selbstbräunern. Aus den Nüssen gewinnt man Hautöl für den Sonnenschutz, aber auch köstliches Speiseöl.

Das Holz dient als wertvolles Möbelholz. Besonders begehrt ist das sehr schöne, aus der Wurzel gewonnene Holz, das sogenannte Wurzelmaserholz.

Früher wurde der Walnussbaum an verschiedenen Orten zur Abwehr von bösen Geistern und Hexen empfohlen.

In der Bachblütentherapie findet die Walnuss, »Walnut«, Anwendung bei Menschen, die ihre Ziele nicht umsetzen können und sich zu sehr von anderen beeinflussen lassen. Walnut hilft zu verstehen, dass das Leben ständigen Veränderungen unterworfen ist, und unterstützt dabei, Selbstvertrauen und Standfestigkeit zu entwickeln.

Der Walnussbaum steht für Offenheit für neue Sichtweisen. Sein Geist leuchtet wie eine intensive, kraftvolle und dennoch liebliche Lichtsäule aus dem Stamm heraus. Er schwingt weich in durchscheinendem Licht. Nach der Kontaktaufnahme hüllt er den Menschen mit seinem Licht ein, und seine Kraft wirkt stärkend und nährend in allen Chakren. Dies fördert eine liebevolle Lebensanschauung, Entspannung und Gelassenheit. Der Geist des Walnussbaumes schenkt uns neue Energie, tiefe Erholung und liebevolleres Bewusstsein.

Die Affirmation des Walnussbaumgeistes lautet:
»Ich ruhe in meiner Liebe und im inneren Frieden.
Aus meiner inneren Ruhe heraus schöpfe ich meine Kraft!«

Meditation mit dem Geist des Walnussbaumes

- Begib dich zu dem Walnussbaum, den du dir ausgesucht hast. Stelle oder setze dich bequem hin und atme mehrmals tief durch. Lass deine Gedanken vorüberziehen und spüre Liebe in deinem Herzen. Beruhige deinen Atem, und lass ihn tief in den Bauch strömen. Komme zur Ruhe und nimm höflich mit dem Geist des Walnussbaumes Kontakt auf, indem du innerlich mit einem Herzenslächeln sagst: »Lieber Geist des Walnussbaumes, ich bin hier, um dir meine liebevolle Aufmerksamkeit zu schenken und mich von deiner Weisheit inspirieren zu lassen. Bist du bereit, mit mir heilsam zu arbeiten?« Folge deinem tiefen und harmonischen Atem, und spüre, wie deine Verbindung mit dem Baum entsteht. Vielleicht fühlst du dich wie magnetisch von ihm angezogen. Vielleicht erlebst du andere Zeichen wie das Singen eines

Vogels in seiner Baumkrone. Lass dich auf dein Gefühl ein, und lass dich vom Herzen leiten.

- Aktiviere all deine Sinne, nutze deinen Sehsinn, und betrachte aufmerksam die Eigenart dieses Baumes. Sind die Wurzeln sichtbar? Wie sieht die Rinde aus? In welchen Farben leuchten seine Blätter? In welche Richtung dehnt sich seine Krone aus?

- Nutze deinen Tastsinn und ertaste die profilreiche längsrissige Borke. Nutze deinen Geruchssinn und nimm den Duft des Baumes in dich auf. Lass dich ganz auf den Moment ein. Lass deinen Atem immer tiefer und ruhiger fließen.

- Nun aktiviere deine feingeistigen Sinne und richte die Aufmerksamkeit nach innen. Schließe die Augen und stelle dir diesen Baum vor deinem inneren Auge vor. Spüre in dir, wie seine Wurzeln, sein Baumstamm und seine Blätter beschaffen sind. Nimm wahr, wie sanft und intensiv dieser Baum schwingt. Welche Farben und welches Licht verbindest du damit? Wie erlebst du seine Schwingung, seine Energie, seine Größe, seine Präsenz? Entspanne dich, während sich dein Körper auf das heilsame Energiefeld des Baumes einschwingt. Stelle dir die Wurzeln des Baumes vor, wie sie tief in den Boden greifen. Spüre die Statur der Krone des Baumes über dir.

- Verbinde dich von ganzem Herzen mit dem Geist dieses Walnussbaumes und sprich innerlich: »Liebe lichtvolle geistige Welt, lieber Geist dieses Walnussbaumes, ich bin von

Herzen bereit für deine heilende Kraft und deine heilende Botschaft. Bitte offenbare dich mir so, wie es sinn- und lichtvoll für meine Entwicklung ist und wie ich es am besten verstehen kann. Ich bin bereit, hinzuhören und hinzusehen.«

- Spüre, wie sich dein Herzensraum weitet, und fühle Liebe, Geborgenheit und Wärme in dir. Lausche, ob in dir Gefühle, Inspirationen oder Erkenntnisse hochkommen. Spüre, wie der Baumgeist des Walnussbaumes deinen gesamten Körper in eine kraftvolle, wärmende und entspannende Energie einhüllt und dich berührt. Lass dir Zeit zum tiefen und heilsamen Ein- und Ausatmen.

- Nimm nach und nach wahr, wie die Energie des Baumes dich beruhigt und klärt und dein gesamtes Chakrensystem aktiviert. Dein liebevolles Bewusstsein verstärkt sich, und deine liebevolle Lebensphilosophie wird dir stärker bewusst. Folge deinem fließenden, friedvollen Atem, und genieße es, im Licht eingehüllt zu sein und den Segen des Universums zu empfangen.

- Erlebe deine Verbindung mit der Energie des Walnussbaumes, und erfahre tiefe und erfüllende Entspannung und Gelassenheit in deinem Herzen. Spüre, wie sich dein ganzer Körper entspannt, sich wohltuend anfühlt und jegliche Anspannung von dir abfällt.

- Mit jedem tiefen Ausatmen lässt du Altes los, und mit jedem tiefen Einatmen nimmst du neue, heilsame Energie des Lebens auf. Genieße jeden Atemzug und schöpfe so viel Kraft, wie du brauchst.

- Lass die Affirmation, die das Wesen des Walnussbaumes dir übergibt, in dir aufsteigen und wirken. Sprich dann diesen Satz voller Liebe und Güte: *»Ich ruhe in meiner Liebe und im inneren Frieden. Aus meiner inneren Ruhe heraus schöpfe ich meine Kraft!«* Erlebe und genieße die vollkommene und absichtslose Liebe des Baumgeistes und des Universums. Erlebe in diesem erhöhten Bewusstsein, dass du eine liebevolle Lichtsäule bist zwischen Himmel und Erde.

- Wenn du dich erfüllt fühlst und das Bedürfnis verspürst, in das Tagesgeschehen zurückzukehren, so bedanke dich innerlich mit den Worten: »Lieber Baumgeist, lieber Walnussbaum, ich bedanke mich für die Begegnung, für die Heilkraft und Inspiration. Mögest du gedeihen und Liebe entfalten.« Spüre ein Lächeln in deinem Herzen und auf deinen Lippen. Schenke dein Lächeln dem Walnussbaum, dem Leben und auch dir selbst.

Weide

Der Baum der Inspiration

Die Weide ist ein Laubbaum, der bis zu 30 Meter hoch werden kann, wobei es sehr viele unterschiedliche Arten gibt. Meist sind Weidenbäume an Fluss- oder Bachläufen und in Moorlandschaften zu finden. Weiden sind in ökologischer Hinsicht besonders für die Bienen wichtig, da sie ihnen die erste Pollennahrung im Frühjahr bieten.

Die Weide ist in der nordischen Mythologie der Baum von Iduna, der Göttin der unsterblichen Jugend und Schönheit. Bei den Griechen war sie der Baum der Erdgöttin Demeter.

Da ein abgeschnittener Weidenzweig, in feuchten Boden gesteckt, nach kurzer Zeit Wurzeln schlägt, ist es nicht verwunderlich, dass die Weide auch für Lebenskraft und Fruchtbarkeit steht.

Früher verband man die Weide mit dem Mond und dem Weiblichen, wie auch mit Wahrsagung, Dichtung, weißer Magie und Heilung.

In Russland werden in den orthodoxen Kirchen am Palmsonntag statt Palmblätter Weidenzweige geweiht (in Russland nennt man den Palmsonntag »Weidensonntag«).

Nach der keltischen Druidenlehre schlüpften Erde und Sonne aus zwei roten Schlangeneiern, die in einer Weide lagen. Diese Ur-Eier wurden bei den keltischen Frühlingsritualen durch rot bemalte Hühnereier repräsentiert, die am Beltane-Fest (30. April) gegessen wurden. Aus diesem keltischen Brauch entstanden unsere Ostereier.

In der Medizin wird die Weide, da sie schmerzstillende Salizylsäure enthält, bei Rheuma, Gicht und Kopfschmerzen eingesetzt.

In der Bachblütentherapie unterstützt die Weide, »Willow«, Menschen, die im Leben viel Pech hatten und sich als Opfer des Schicksals fühlen. Willow hilft, wieder neuen Mut zu schöpfen, aus der Opferrolle auszusteigen und die Verantwortung für sein Schicksal zu übernehmen.

Die Weide steht generell für Resonanz und Harmonie. Sie ist Sinnbild für den Kreislauf des Lebens, für Fürsorge und Mitgefühl. Ihr Geist leuchtet wie eine zarte, liebliche Lichtsäule aus dem Stamm heraus. Er schwingt weich in durchscheinendem, sonnigem

Licht. Nach der Kontaktaufnahme hüllt er uns mit seinem Licht ein. Seine Kraft wirkt erweiternd auf unsere Aura, insbesondere im vorderen Bereich, und hilft, die Zukunft zu gestalten. Dabei wird das gesamte Chakrensystem gleichmäßig ausgeglichen und gestärkt. Dies fördert unsere geistige Anbindung, feingeistige Wahrnehmungen und Impulse für unsere Zukunft. Die Weide kann uns helfen, mehr auf unser Herz zu hören und zu vertrauen, sowie unsere Intuition stärken. Die Kraft des Weidengeistes schenkt uns Visionen für unsere Zukunft sowie Vertrauen in uns selbst.

Die Affirmation des Weidengeistes lautet:
»Ich folge meinem Herzen. Ich folge meiner Inspiration!«

Meditation mit dem Geist der Weide

- Begib dich zu der Weide, die du dir ausgesucht hast. Stelle oder setze dich bequem hin, und atme mehrmals tief durch. Lass deine Gedanken vorüberziehen, und spüre die Liebe in deinem Herzen. Beruhige deinen Atem, und lass ihn tief in den Bauch strömen. Komme zur Ruhe, und nimm höflich mit dem Geist der Weide Kontakt auf, indem du innerlich mit einem Herzenslächeln sagst: »Lieber Geist der Weide, ich bin hier, um dir meine liebevolle Aufmerksamkeit zu schenken und mich von deiner Weisheit inspirieren zu lassen. Bist du bereit, mit mir heilsam zu arbeiten?« Folge deinem tiefen und harmonischen Atem, und spüre, wie deine Verbindung mit dem Baum entsteht. Vielleicht fühlst du dich wie magnetisch von ihm angezogen. Vielleicht erlebst du andere Zeichen wie das Singen eines Vogels in seiner Baumkrone. Lass dich auf dein Gefühl ein und von deinem Herzen leiten.

- Aktiviere all deine Sinne, nutze deinen Sehsinn, und betrachte aufmerksam die Eigenart dieses Baumes. Sind die Wurzeln sichtbar? Wie sieht die Rinde aus? In welchen Farben leuchten seine Blätter? In welche Richtung dehnt sich seine Krone aus?

- Nutze deinen Tastsinn und taste die Rinde, die anfangs glatt, später rissig und profilreich ist. Nutze deinen Geruchssinn, und nimm den Duft der Weide in dich auf. Lass dich ganz auf den Moment ein. Lass deinen Atem immer tiefer und ruhiger fließen.

- Nun aktiviere deine feingeistigen Sinne, und richte die Aufmerksamkeit nach innen. Schließe die Augen und stelle dir diesen Baum vor deinem inneren Auge vor. Spüre in dir, wie seine Wurzeln, sein Baumstamm und seine Blätter beschaffen sind. Nimm wahr, wie sanft und intensiv dieser Baum schwingt. Welche Farben und welches Licht verbindest du damit? Wie erlebst du seine Schwingung, seine Energie, seine Größe, seine Präsenz? Entspanne dich, während sich dein Körper auf das heilsame Energiefeld des Baumes ein-schwingt. Stelle dir die Wurzeln des Baumes vor, wie sie tief in den Boden greifen. Spüre die Krone des Baumes über dir.

- Verbinde dich von ganzem Herzen mit dem Geist dieser Weide, und sprich innerlich: »Liebe lichtvolle geistige Welt, lieber Geist dieser Weide, ich bin von Herzen bereit für deine heilende Kraft und deine heilende Botschaft. Bitte offenbare dich mir so, wie es sinn- und lichtvoll für meine Entwicklung ist und wie ich es am besten verstehen kann. Ich bin bereit, hinzuhören und hinzusehen.«

- Spüre, wie sich dein Herzensraum weitet, und fühle Liebe, Geborgenheit und Wärme in dir. Lausche, ob in dir Gefühle, Inspirationen oder Erkenntnisse hochkommen. Spüre, wie der Baumgeist der Weide deinen gesamten Körper in eine feine, sonnige Energie einhüllt und dich berührt. Lass dir Zeit zum tiefen und heilsamen Ein- und Ausatmen.

- Nimm nach und nach wahr, wie die Energie des Baumes dich beruhigt und deine Aura leuchten lässt. Nimm wahr, wie deine Aura, insbesondere im vorderen Bereich, wie eine Sonne zu strahlen beginnt und wie ganz viel Zuversicht und Vorfreude auf die Zukunft in dir erwachen.

- Genieße eine immer größer werdende Ruhe in dir, spüre, wie all deine Chakren ganz fein zu schwingen beginnen und sich sanft anfühlen. Deine geistige Anbindung verstärkt sich, indem sich deine feingeistigen, sensitiven, hellsichtigen Wahrnehmungen erhöhen und deine Intuition und Inspiration stärker werden. Folge deinem fließenden, friedvollen Atem, und genieße es, im Licht eingehüllt zu sein und den Segen des Universums zu empfangen.

- Lass dir Zeit, und beobachte, welche Ideen, Inspirationen, Visionen in dir auftauchen. Bitte dein Herz um lichtvolle Impulse für deinen Weg.

- Mit jedem tiefen Ausatmen lässt du Altes los, und mit jedem tiefen Einatmen nimmst du neue, heilsame Energie des Lebens auf. Genieße jeden Atemzug, und schöpfe so viel Kraft, wie du brauchst.

- Lass die Affirmation, die das Wesen der Weide dir übergibt, in dir aufsteigen und wirken. Sprich dann diesen Satz voller Liebe und Güte: »*Ich folge meinem Herzen. Ich folge meiner Inspiration!*« Erlebe und genieße die vollkommene und absichtslose Liebe des Baumgeistes und des Universums. Erlebe in diesem erhöhten Bewusstsein, dass du eine liebevolle Lichtsäule bist zwischen Himmel und Erde.

- Wenn du dich erfüllt fühlst und das Bedürfnis verspürst, in das Tagesgeschehen zurückzukehren, so bedanke dich innerlich mit den Worten: »Lieber Baumgeist, liebe Weide, ich bedanke mich für die Begegnung, für die Heilkraft und Inspiration. Mögest du gedeihen und Liebe entfalten.« Spüre ein Lächeln in deinem Herzen und auf deinen Lippen. Schenke dein Lächeln der Weide, dem Leben und auch dir selbst.

Weißdorn

Der Baum des Herzens

Der Weißdorn kommt bei uns vor allem an Waldrändern und in Parks vor und bildet dornige Sträucher oder kleine Bäume mit bis zu fünf Metern Höhe. Es gibt zwei sich sehr ähnelnde Arten: den ein- und zweigriffligen Weißdorn. Beide sind wegen ihrer dornigen Zweige hervorragende Brutplätze für Vögel.

Der Weißdorn galt früher als Baum für die Abwehr von Zauber. Gern pflanzte man ihn um die heiligen Orte herum, um sie zu schützen. Im Mittelalter galt er als Hexenbaum. Bei den Kelten zählte er zu den heiligen Bäumen, und sowohl bei den Griechen als auch bei den Römern soll er ein Symbol für Hoffnung und Heirat gewesen sein.

In der Naturheilkunde wird Weißdorn *(crataegus)* als Herzstärkungsmittel verwendet.

Der Weißdorn steht für die Einheit des Männlichen und des Weiblichen. Sein Geist leuchtet wie eine große weiße, liebliche Lichtwolke um die ganze Pflanze herum. Er schwingt weich und gütig in durchscheinendem, sonnigem Licht. Seine Kraft wirkt besonders lichtvoll in unserem Herzbereich und aktiviert das Herzchakra intensiv und wohltuend. So sind wir nach der Kontaktaufnahme wie von einer Lichtwolke eingehüllt, wir schöpfen neue Lebenskraft und entwickeln tiefe Selbstliebe und heilende Vergebung. Die Kraft des Weißdorngeistes schenkt uns Herzlichkeit und Güte. Sie hilft uns, unsere Kräfte neu zu ordnen, und fordert uns dazu auf, zu uns selbst und unseren Herzensbedürfnissen zu stehen.

Die Affirmation des Weißdorngeistes lautet:
»Ich vergebe allen, ich vergebe mir, ich bin erfüllt von liebevoller Kraft!«

Meditation mit dem Geist des Weißdorns

✎ Begib dich zu dem Weißdorn, den du ausgesucht hast. Stelle oder setze dich bequem hin, und atme mehrmals tief durch. Lass deine Gedanken vorüberziehen, und spüre die Liebe in deinem Herzen. Beruhige deinen Atem, und lass ihn tief in den Bauch strömen. Komme zur Ruhe, und nimm höflich mit dem Geist des Weißdorns Kontakt auf, indem du innerlich mit einem Herzenslächeln sagst: »Lieber Geist des

Weißdorns, ich bin hier, um dir meine liebevolle Aufmerksamkeit zu schenken und mich von deiner Weisheit inspirieren zu lassen. Bist du bereit, mit mir heilsam zu arbeiten?« Folge deinem tiefen und harmonischen Atem, und spüre, wie deine Verbindung mit dem Baum entsteht. Vielleicht fühlst du dich wie magnetisch von ihm angezogen. Vielleicht erlebst du andere Zeichen wie das Singen eines Vogels in seiner Baumkrone. Lass dich auf dein Gefühl ein, und lass dich vom Herzen leiten.

🍃 Aktiviere all deine Sinne, nutze deinen Sehsinn, und betrachte aufmerksam die Eigenart dieses Baumes oder Strauches. Wie sieht er aus? In welchen Farben leuchten seine Blätter? Wie sind seine Blüten? Oder trägt er rote Früchte? Nutze deinen Geruchssinn, und nimm den Duft des Weißdorns in dich auf. Lass dich ganz auf den Moment ein, während dein Atem immer tiefer und ruhiger fließt.

🍃 Nun aktiviere deine feingeistigen Sinne, und richte die Aufmerksamkeit nach innen. Schließe die Augen, und stelle dir diesen Baum bzw. Strauch vor deinem inneren Auge vor. Nimm wahr, wie sanft und intensiv er schwingt. Welche Farben und welches Licht verbindest du damit? Wie erlebst du seine Schwingung, seine Energie, seine Größe, seine Präsenz? Entspanne dich, während sich dein Körper auf das heilsame Energiefeld des Baumes oder Strauches einschwingt. Stelle dir seine Wurzeln vor, wie sie tief in den Boden greifen. Spüre die Statur der Krone des Baumes oder die Statur des Busches.

- Verbinde dich von ganzem Herzen mit dem Geist dieses Weißdorns, und sprich innerlich: »Liebe lichtvolle geistige Welt, lieber Geist dieses Weißdorns, ich bin von Herzen bereit für deine heilende Kraft und deine heilende Botschaft. Bitte offenbare dich mir so, wie es sinn- und lichtvoll für meine Entwicklung ist und wie ich es am besten verstehen kann. Ich bin bereit, hinzuhören und hinzusehen.«

- Spüre, wie sich dein Herzensraum weitet, und fühle Liebe, Geborgenheit und Wärme in dir. Lausche, ob in dir Gefühle, Inspirationen oder Erkenntnisse hochkommen. Spüre, wie der Baumgeist des Weißdorns deinen gesamten Körper in eine riesige weiße Lichtwolke einhüllt und dich berührt. Lass dir Zeit zum tiefen und heilsamen Ein- und Ausatmen.

- Nimm nach und nach wahr, wie die Energie des Baumes dich beruhigt und klärt. Erfahre, dass die Energie des Weißdorns gezielt und wohltuend in deinen Herzbereich hineinfließt und dein Herzchakra ganz fein zu kribbeln beginnt, sich sanft öffnet und aktiviert wird. Dein Liebesempfinden verstärkt sich, und deine Lebenskraft nimmt immer mehr zu. Folge deinem fließenden, friedvollen Atem, und genieße es, im Licht eingehüllt zu sein und den Segen des Universums zu empfangen.

- Fühle die Verbindung mit der Energie des Weißdorns, und spüre tiefe und befreiende Kraft der Vergebung in deinem Herzen. Spüre, wie alles in deinem Brustraum leichter und wohliger wird und tiefer Frieden Einzug hält.

- Mit jedem tiefen Ausatmen lässt du Altes los, und mit jedem tiefen Einatmen nimmst du neue, heilsame Energie des Lebens auf. Genieße jeden Atemzug, und schöpfe so viel Kraft, wie du brauchst. Mit jedem tiefen Ausatmen und Loslassen gewinnst du an Freiraum und befindest dich im fließenden Bewusstsein der Liebe.

- Lass die Affirmation, die der Weißdorngeist dir übergibt, in dir aufsteigen, und sprich dann den Satz voller Liebe und Güte: *»Ich vergebe allen, ich vergebe mir, ich bin erfüllt von liebevoller Kraft!«* Erlebe und genieße die vollkommene und absichtslose Liebe des Baumgeistes und des Universums. Erlebe in diesem erhöhten Bewusstsein, dass du eine liebevolle Lichtsäule bist zwischen Himmel und Erde.

- Wenn du dich erfüllt fühlst und das Bedürfnis verspürst, in das Tagesgeschehen zurückzukehren, so bedanke dich innerlich mit den Worten: »Lieber Baumgeist, lieber Weißdorn, ich bedanke mich für die Begegnung, für die Heilkraft und Inspiration. Mögest du gedeihen und Liebe entfalten.« Spüre ein Lächeln in deinem Herzen und auf deinen Lippen. Schenke dein Lächeln dem Weißdorn, dem Leben und auch dir selbst.

Zeder

Der Baum der Befreiung

Zedern sind große immergrüne Nadelbäume mit in Büscheln stehenden Nadeln. Es gibt vier Arten von Zedern: Atlaszeder, Libanonzeder, Zypernzeder und Himalajazeder.

Das Holz der echten Zeder war in der Antike sehr begehrt, sodass diese Zedernart fast ausgestorben ist. Man findet sie heute fast nur noch als Zierpflanzen, vor allem die blaue Atlaszeder.

Zedernöl findet in Parfüms und Wellnessprodukten Verwendung. Das Öl hat einen maskulinen Duft. Ihm wird eine aphrodisierende Wirkung nachgesagt. Zedernöl wirkt wärmend, harmonisierend und beruhigend.

Die Zedern waren bereits bei den Ägyptern geschätzt und werden in der sibirischen Taiga als Informanten der Lichtenergie verehrt. Allerdings ist die sibirische Zeder keine echte Zeder, sondern eine Kiefer, die im deutschsprachigen Raum als Zirbelkiefer oder Zirbe und Arve bekannt ist. Im russischen Sprachgebrauch werden diese Pinien als »Kedr« bezeichnet und werden deshalb oft fälschlich als Zeder benannt.

Die Zeder war früher ein wichtiger Baum für Orakel und Prophezeiungen. Sie wurde wegen ihrer spirituellen Kraft von Hohepriestern, Königen und Pharaonen gleichermaßen geschätzt.

Die Zeder steht für Weisheit und Stärke, Geduld und Ausdauer. Sie stärkt die Intuition. Ihr Geist leuchtet wie eine große, intensive und dennoch liebliche Lichtsäule aus dem Stamm heraus. Er schwingt weich in durchscheinendem, sonnigem Licht und hüllt uns nach der Kontaktaufnahme in sein Licht ein. Seine Energie fließt bei jedem Menschen direkt zu seinen seelischen und körperlichen Wunden bzw. Narben und heilt diese. In unserem Chakrensystem wirkt die Zedernenergie aktivierend auf alle Chakren gleichzeitig und öffnet das emotionale Herz für die Liebe. Dies stärkt die Liebesfähigkeit und das emotionale Loslassen und löst Schmerz und Leid auf. Es durchlichtet uns auf allen Ebenen und wirkt erlösend.

Die Affirmation des Zederngeistes lautet:
»Ich bin an meinen Lebenserfahrungen gereift und lebe mein Leben bewusst und frei!«

Meditation mit dem Geist der Zeder

- Begib dich zu der Zeder, die du ausgesucht hast. Stelle oder setze dich bequem hin, und atme mehrmals tief durch. Lass deine Gedanken vorüberziehen, und spüre Liebe in deinem Herzen. Beruhige deinen Atem, und lass ihn tief in den Bauch strömen. Komme zur Ruhe, und nimm höflich mit dem Geist der Zeder Kontakt auf, indem du innerlich mit einem Herzenslächeln sagst: »Lieber Geist der Zeder, ich bin hier, um dir meine liebevolle Aufmerksamkeit zu schenken und mich von deiner Weisheit inspirieren zu lassen. Bist du bereit, mit mir heilsam zu arbeiten?« Folge deinem tiefen und harmonischen Atem, und spüre, wie deine Verbindung mit dem Baum entsteht. Vielleicht fühlst du dich wie magnetisch von ihm angezogen. Vielleicht erlebst du andere Zeichen wie das Singen eines Vogels in ihrer Baumkrone. Lass dich auf dein Gefühl ein, und lass dich vom Herzen leiten.

- Aktiviere all deine Sinne, nutze deinen Sehsinn, und betrachte aufmerksam die Eigenart dieses Baumes. Sind die Wurzeln sichtbar? Wie sieht die Rinde aus? In welcher Intensität leuchten seine Nadeln? Welchen Geruch verströmt er? In welche Richtung dehnt sich die Krone des Baumes aus?

- Nutze deinen Tastsinn, und ertaste die Rinde, die bei jungen Bäumen glatt und später borkig und leicht rissig ist. Nutze deinen Geruchssinn, und nimm den Zedernduft in dich auf. Lass dich ganz auf den Moment ein. Lass deinen Atem immer tiefer und ruhiger fließen.

- Nun aktiviere deine feingeistigen Sinne, und richte die Aufmerksamkeit nach innen. Schließe die Augen, und stelle dir diesen Baum vor deinem inneren Auge vor. Spüre in dir, wie seine Wurzeln, sein Stamm und seine Nadeln beschaffen sind. Nimm wahr, wie sanft und intensiv dieser Baum schwingt. Welche Farben und welches Licht verbindest du damit? Wie erlebst du seine Schwingung, seine Energie, seine Größe, seine Präsenz? Entspanne dich, während sich dein Körper auf das heilsame Energiefeld des Baumes einschwingt. Stelle dir die Wurzeln des Baumes vor, wie sie tief in den Boden greifen, und spüre die Krone des Baumes über dir.

- Verbinde dich von ganzem Herzen mit dem Geist der Zeder, und sprich innerlich: »Liebe lichtvolle geistige Welt, lieber Geist dieser Zeder, ich bin von Herzen bereit für deine heilende Kraft und deine heilende Botschaft. Bitte offenbare dich mir so, wie es sinn- und lichtvoll für meine Entwicklung ist

und wie ich es am besten verstehen kann. Ich bin bereit,
hinzuhören und hinzusehen.«

- Spüre, wie sich dein Herzensraum weitet, und fühle Liebe,
  Geborgenheit und Wärme in dir. Lausche, ob in dir Gefühle,
  Inspirationen oder Erkenntnisse hochkommen. Spüre, wie
  der Baumgeist der Zeder dich in deinem gesamten Körper in
  eine feine, sonnige Energie einhüllt und dich berührt. Spüre,
  wie sein Licht gezielt an die Körperstellen fließt, wo du
  Verletzungen in dir trägst. Lass dir Zeit zum tiefen und
  heilsamen Ein- und Ausatmen.

- Nimm nach und nach wahr, wie die Energie des Baumes dich
  beruhigt und klärt. Erlebe, wie alle Chakren ganz fein und
  heilsam zu kribbeln beginnen und sich sanft öffnen. Spüre, wie
  dein emotionales Herz die sanfte Energie aufnimmt und wie
  sich viel Liebe und Heilung in dir ausbreiten. Folge deinem
  fließenden, friedvollen Atem, und genieße es, im Licht eingehüllt zu sein und den Segen des Universums zu empfangen.

- Erlebe deine Verbindung mit der Energie der Zeder, erlebe,
  wie alte schmerzhafte Erinnerungen und Emotionen von dir
  abfallen und jede Bedeutung verlieren. Nimm wahr, wie du
  dich immer leichter und befreiter fühlst und Frieden mit allen
  Lebenserfahrungen schließt.

- Mit jedem tiefen Ausatmen lässt du Altes los, und mit jedem
  tiefen Einatmen nimmst du neue, heilsame Energie des
  Lebens auf. Genieße jeden Atemzug, und schöpfe so viel
  Kraft, wie du brauchst.

- Lass die Affirmation, die der Geist der Zeder dir übergibt, in dir aufsteigen und wirken. Dann sprich diesen Satz voller Liebe und Güte: »*Ich bin an meinen Lebenserfahrungen gereift und lebe mein Leben bewusst und frei!*« Erlebe und genieße die vollkommene und absichtslose Liebe des Baumgeistes und des Universums. Erlebe in diesem erhöhten Bewusstsein, dass du eine wunderbare und liebevolle Lichtsäule bist zwischen Himmel und Erde.

- Wenn du dich erfüllt fühlst und das Bedürfnis verspürst, in das Tagesgeschehen zurückzukehren, so bedanke dich innerlich mit den Worten: »Lieber Baumgeist, liebe Zeder, ich bedanke mich für die Begegnung, für die Heilkraft und Inspiration. Mögest du gedeihen und Liebe entfalten.« Spüre ein Lächeln in deinem Herzen und auf deinen Lippen. Schenke dein Lächeln der Zeder, dem Leben und auch dir selbst.

Zypresse

Der Baum des Segnens und inneren Halts

Die Zypresse kommt ursprünglich aus Asien und prägt heute besonders das Landschaftsbild des Mittelmeerraumes. In Deutschland sind einige winterharte Sorten heimisch. Zypressen sind immergrüne Pflanzen, die männliche und weibliche Zapfen am selben Baum bilden.

In der Naturheilkunde wird die Zypresse als Aromatherapie bei Atemwegserkrankungen eingesetzt. Beim rheumatischen Formenkreis kommt sie in Form von Einreibungen zum Einsatz.

Die Zypresse steht für den Ruf des Himmels, für Erinnerung, Würde und Gelassenheit. Sie erinnert an die Vergänglichkeit der Materie.

Seit alters wird sie mit dem Tod in Verbindung gebracht, gleichzeitig steht sie für Hoffnung und ewiges Leben. Leonardo da Vinci betrachtete die Zypresse als Baum der Auferstehung. Die hohe und schlanke Wachstumsform der seit der Antike kultivierten Mittelmeer-Zypresse war für ihn Symbol für die Verbindung zwischen Himmel und Erde.

Der Geist der Zypresse leuchtet wie eine sonnige, sanfte, liebliche Lichtsäule aus dem Baumstamm heraus. Er schwingt weich in durchscheinendem, sonnigem Licht und hüllt uns bei der Kontaktaufnahme mit seinem Licht ein. Das besondere an der Energie der Zypresse ist ihre segnende Kraft, die nicht nur den vor Ort Meditierenden, sondern auch die Menschen erreicht, an die der Meditierende dabei liebevoll denkt. So kann man zum Beispiel in einer Meditation die ganze Familie und Freunde mit einschließen und heilsam fördern. Denn die Zypresse verströmt Tausende Lichtstrahlen in den Äther, die alle Menschen, die uns am Herzen liegen, erreichen und diesen Zuversicht vermitteln.

Die Kraft der Zypresse wirkt auf alle Chakren ausgleichend. Sie hilft Menschen, die Angehörige verloren haben und in Trauer sind. Sie unterstützt diese auch bei ihren Gebeten für die Verstorbenen. Die Kraft des Zypressengeistes schenkt uns große Segensenergie und inneren Halt. Sie richtet uns von innen heraus auf und lässt uns frei atmen.

Die Affirmation des Zypressengeistes lautet:
»Ich bin gesegnet und stark!«

Meditation mit dem Geist der Zypresse

* Begib dich zu der Zypresse, die du ausgesucht hast.
  Stelle oder setze dich bequem hin, und atme mehrmals tief
  durch. Lass deine Gedanken vorüberziehen, und spüre Liebe
  in deinem Herzen. Beruhige deinen Atem, und lass ihn tief
  in den Bauch strömen. Komme zur Ruhe, und nimm höflich
  mit dem Geist der Zypresse Kontakt auf, indem du innerlich
  mit einem Herzenslächeln sagst: »Lieber Geist der Zypresse,
  ich bin hier, um dir meine liebevolle Aufmerksamkeit zu
  schenken und mich von deiner Weisheit inspirieren zu lassen.
  Bist du bereit, mit mir heilsam zu arbeiten?« Folge deinem
  tiefen und harmonischen Atem, und spüre, wie deine Verbindung mit dem Baum entsteht. Vielleicht fühlst du dich
  wie magnetisch von ihm angezogen. Vielleicht erlebst du
  andere Zeichen wie das Singen eines Vogels in ihrer Baumkrone. Lass dich auf dein Gefühl ein, und lass dich vom
  Herzen leiten.

* Aktiviere all deine Sinne, nutze deinen Sehsinn, und
  betrachte aufmerksam die Eigenart dieses Baumes. Sind die
  Wurzeln sichtbar? Wie sieht die Rinde aus? In welcher
  Intensität leuchten seine schuppenförmigen Blätter?
  In welche Richtung dehnt sich seine Krone aus?

* Nutze deinen Tastsinn, und ertaste die borkige Rinde.
  Nutze deinen Geruchssinn, und nimm den Duft der
  Zypresse in dich auf. Lass dich ganz auf den Moment ein.
  Lass deinen Atem immer tiefer und ruhiger fließen.

- Nun aktiviere deine feingeistigen Sinne, und richte die Aufmerksamkeit nach innen. Schließe die Augen, und stelle dir diesen Baum vor deinem inneren Auge vor. Spüre in dir, wie seine Wurzeln, sein Baumstamm und seine schuppenförmigen Blätter beschaffen sind. Nimm wahr, wie sanft und intensiv dieser Baum schwingt. Welche Farben und welches Licht verbindest du damit? Wie erlebst du seine Schwingung, seine Energie, seine Größe, seine Präsenz? Entspanne dich, während sich dein Körper auf das heilsame Energiefeld des Baumes einschwingt. Stelle dir die Wurzeln des Baumes vor, wie sie tief in den Boden greifen. Spüre die Krone des Baumes über dir.

- Verbinde dich von ganzem Herzen mit dem Geist dieser Zypresse, und sprich innerlich: »Liebe lichtvolle geistige Welt, lieber Geist dieser Zypresse, ich bin von Herzen bereit für deine heilende Kraft und deine heilende Botschaft. Bitte offenbare dich mir so, wie es sinn- und lichtvoll für meine Entwicklung ist und wie ich es am besten verstehen kann. Ich bin bereit, hinzuhören und hinzusehen.«

- Spüre, wie sich dein Herzensraum weitet, und fühle Liebe, Geborgenheit und Wärme in dir. Lausche, ob in dir Gefühle, Inspirationen oder Erkenntnisse hochkommen. Spüre, wie der Baumgeist der Zypresse deinen gesamten Körper in eine feine, sonnige Energie einhüllt und dich berührt. Lass dir Zeit zum tiefen und heilsamen Ein- und Ausatmen.

- Nimm nach und nach wahr, wie die Energie des Baumes dich beruhigt und klärt. Erfahre, wie all deine Chakren wohlig und fein zu kribbeln beginnen und sich sanft öffnen. Lass dich ganz auf den Moment ein, und erlebe, wie du vom segnenden Licht eingehüllt wirst. Lass das Gefühl zu, getragen zu sein, lass dich fallen. Folge deinem fließenden, friedvollen Atem, und genieße es, im Licht eingehüllt zu sein und den Segen des Universums zu empfangen.

- Erlebe deine Verbindung mit der Energie der Zypresse, erlebe tiefe Zuversicht und inneren Halt. Lass dir etwas Zeit, und spüre in dein Herz hinein: Welche Menschen liegen dir am Herzen? Stelle sie dir vor deinem inneren Auge vor, und lächle sie liebevoll an. Wisse, dass dabei der Segen der Zypresse auch auf sie übergeht, und sieh deine Lieben ganz vom segnenden Licht der Liebe eingehüllt und beschützt. Spüre ganz viel Frieden und Liebe in deinen Beziehungen.

- Jetzt lässt du mit jedem tiefen Ausatmen Altes los, und mit jedem tiefen Einatmen nimmst du neue, heilsame Energie des Lebens auf. Genieße jeden Atemzug, und schöpfe so viel Kraft, wie du brauchst. Sieh lächelnd und voller Zuversicht, wie von der Zypresse Tausende Lichtstrahlen nach außen in die Welt und zu deinen Lieben strömen. Genieße die Energie und die Kraft. Genieße diese segnende Brücke des Lichtes zwischen euren Herzen, und spüre ganz viel inneren Halt. Genieße das Gefühl, vom Licht getragen zu werden und stark zu sein.

- Lass die Affirmation, die der Zypressengeist dir übergibt, in dir aufsteigen und wirken. Sprich dann diesen Satz voller Liebe und Güte: »*Ich bin gesegnet und stark!*« Erlebe und genieße die vollkommene und absichtslose Liebe des Baumgeistes und des Universums. Erfahre in diesem erhöhten Bewusstsein, dass du eine wunderschöne und liebevolle Lichtsäule bist zwischen Himmel und Erde.

* Wenn du dich erfüllt fühlst und das Bedürfnis verspürst, in das Tagesgeschehen zurückzukehren, so bedanke dich innerlich mit den Worten: »Lieber Baumgeist, liebe Zypresse, ich bedanke mich für die Begegnung, für die Heilkraft und Inspiration. Mögest du gedeihen und Liebe entfalten.« Spüre ein Lächeln in deinem Herzen und auf deinen Lippen. Schenke dein Lächeln der Zypresse, dem Leben und auch dir selbst.

»Ein aufrechter *Baum*:
Er trägt seine Äste und
diese Zweige und diese Blätter.
Und jeder einzelne Teil
wächst harmonisch,
großartig, seit der Künstler *Gott*
ihn geschaffen hat.«

ANTONIO GAUDÍ

Der Stimme
des eigenen Herzens folgen

Keltischer Baumkreis

Innere Stille weitet den Horizont. Sei bereit, dir selbst Aufmerksamkeit und Interesse entgegenzubringen. Suche dafür die Stille in deinem Zuhause oder in der Natur. Mit etwas Übung kann dieser innere Rückzug zu einem wunderbaren Vergnügen werden, das guttut und heilsam wirkt. So wird die Harmonie in dir immer intensiver, deine Fähigkeiten werden deutlicher erkennbar, und dein Selbstvertrauen wächst. Die Stille offenbart uns, dass die Welt viel größer ist als unsere Gedanken.

Ich möchte hier kurz auf den keltischen Baumkreis eingehen, da er dir, liebe Leserin oder lieber Leser, helfen kann, einen spielerischen Bezug zu den Bäumen zu bekommen und deinen persönlichen Baum zu finden. Lege dich aber nicht zu sehr auf deinen Baum nach dem keltischen Baumkreis fest – ausschlaggebend ist dein Gefühl, von welchem Baum du dich angezogen fühlst, wenn du deinen Baum suchst. Dies ist auch der Grund, warum ich dieses Kapitel nicht vor das letzte Kapitel gesetzt habe. Mögest du dich also bitte nicht zu sehr vom Baumkreis beeinflussen lassen.

So, wie es im astrologischen Horoskop um die Bedeutung der Sternzeichen geht und im chinesischen um Tiere, geht es im keltischen Horoskop um Bäume. Nach dem keltischen Jahreskalender wird das Jahr in 39 Abschnitte eingeteilt, die wiederum von 21 Baumarten gefüllt werden. Eiche, Birke, Olivenbaum und Buche sind jeweils nur einem Tag zugeordnet, die restlichen 17 Bäume verteilen sich übers Jahr, wobei 16 zweimal auftauchen und die Pappel, der Baum der Gewissheit, sogar dreimal erscheint. Dein Geburtsdatum verrät dir, welcher Baum zu dir gehört.

Obwohl das keltische Baumhoroskop nicht wirklich aus der keltischen Zeit überliefert ist, sondern erst im letzten Jahrhundert entstand, finde ich die Zuordnung der einzelnen Bäume doch interessant und inspirierend. Du wirst sehen, wie unterschiedlich die Bedeutungen der Bäume ausfallen können, wenn du die Beschreibungen in diesem und im letzten Kapitel liest.

Die religiöse Bedeutung von Bäumen und Wäldern war in den keltischen Kulturen sehr groß. Sie erkannten, dass Bäume die elementare Voraussetzung für menschliches Leben auf der Erde sind. Für die Kelten waren Bäume Lebewesen mit einer jeweils individuellen Bedeutung. Sie verehrten die Bäume, gaben ihnen eine spirituelle Zuordnung und betrachteten sie als den Sitz der Götter. Hier die Zuordnungen (nach der Tabelle findest du die Beschreibungen):

Geboren	Baum
2.1. bis 11.1.	Tanne
12.1. bis 24.1.	Ulme
25.1. bis 3.2.	Zypresse
4.2. bis 8.2.	Pappel
9.2. bis 18.2.	Zeder
19.2. bis 28. (29.) 2.	Kiefer
1.3. bis 10.3.	Weide
11.3. bis 20.3.	Linde
21.3. (Frühlingsbeginn: Tag-und- Nacht-Gleiche)	Eiche

22.3. bis 31.3.	Haselnuss
1.4. bis 10.4.	Eberesche
11.4. bis 20.4.	Ahorn
21.4. bis 30.4.	Walnussbaum
1.5. bis 14.5.	Pappel
15.5. bis 24.5.	Kastanie
25.5. bis 3.6.	Esche
4.6. bis 13.6.	Hainbuche
14.6. bis 23.6.	Feigenbaum
24.6. (Sommersonnenwende)	Birke
25.6. bis 4.7.	Apfelbaum
5.7. bis 14.7.	Tanne
15.7. bis 25.7.	Ulme
26.7. bis 4.8.	Zypresse
5.8. bis 13.8.	Pappel
14.8. bis 23.8.	Zeder
24.8. bis 2.9.	Kiefer
3.9. bis 12.9.	Weide
13.9. bis 22.9.	Linde
23.9. (Herbstbeginn: Tag-und-Nacht-Gleiche)	Olivenbaum
24.9. bis 3.10.	Haselnuss
4.10. bis 13.10.	Eberesche
14.10. bis 23.10.	Ahorn
24.10. bis 11.11.	Walnussbaum
12.11. bis 21.11.	Kastanie
22.11. bis 1.12.	Esche
2.12. bis 11.12.	Hainbuche

12.12. bis 21.12.	Feigenbaum
22.12. (Wintersonnenwende)	Buche
23.12. bis 1.1.	Apfelbaum

Ahorn: die Eigenwilligkeit

Im Zeichen des Ahorns Geborene sind selbstbewusst und ehrgeizig. Sie haben ein starkes Bedürfnis nach Freiheit und Unabhängigkeit, aber ebenso nach Gemeinschaft und Anerkennung. Sie schwimmen nicht gern mit dem Strom und mögen keine traditionellen Zwänge. Stattdessen ist ihr Leben geprägt durch wohl überlegtes und gleichzeitig leidenschaftliches, furchtloses Zugehen auf Neues und Unbekanntes.

Apfelbaum: die Liebe

Im Zeichen des Apfelbaumes Geborene sind ausgeglichen, verständnisvoll, hilfsbereit, gütig, großzügig und liebenswert. Sie akzeptieren die Verschiedenheit der Menschen. Durch ihre starke Empathie sind sie jedoch auch sehr verletzlich.

Birke: das Schöpferische

Im Zeichen der Birke Geborene sind selbstbewusst, bescheiden, sehr intelligent und verlässlich. Sie sind lebhaft und fleißig, arbeitsam und diszipliniert. Dies ohne krampfhaften Ehrgeiz. Sie sehen das Licht am Ende des Tunnels. Durch ihre innere Harmonie und ihre Zufriedenheit sind sie gern gesehene Gäste und gute Gesellschafter. Man fühlt sich wohl in ihrer Nähe. Birken-Menschen zeichnen sich durch Treue und Beständigkeit aus. Das macht sie zu verlässlichen Partnern. Sie stellen ihr Können auch gern in den Dienst der Allgemeinheit.

Buche: das Gestalterische

Die im Zeichen der Buche Geborenen sind zielstrebig, gewissenhaft, sachlich und intuitiv. Ihr Leben wird vorwiegend von der Vernunft bestimmt. Sie haben klare und konkrete Vorstellungen und scheuen keine Aufgaben und Herausforderungen. Sie bauen sich sichere Fundamente, und ihr Streben richtet sich nach Glück und Fülle. Buchen-Menschen haben einen Hang zum Luxus. Es handelt sich um wahre Siegertypen, und es sind ausgesprochene Familienmenschen.

Eberesche: das Feingefühl

Im Zeichen der Eberesche Geborene sind harmoniebedürftig, gefühlvoll, empfindsam, selbstsicher und abenteuerlustig. Sie haben einen ausgeprägten Bildungsdrang. Die Eberesche-Menschen tragen das große Anliegen in sich, die Welt zu verbessern. Ihr strategisches und planerisches Geschick macht sie zu hervorragenden Organisatoren einer funktionierenden Gemeinschaft. Die Erde, die Umwelt, der Mensch und die zwischenmenschlichen Beziehungen sind ihnen ein großes Anliegen.

Eibe: die Kreativität

Im Zeichen der Eibe Geborene sind eigenwillig, intuitiv und selbstsicher. Eiben-Menschen haben häufig ein eigenwilliges und misstrauisches Wesen. Sie lassen meist nur auserwählte Menschen näher an sich heran, und es kümmert sie nicht sonderlich, was andere über sie denken. Oftmals hat der im Zeichen der Eibe geborene Mensch Probleme, seinen Platz im Leben zu finden. Hat er dann seinen Lebensweg gefunden, hält er daran fest und entwickelt seine Sicherheit.

Eiche: die robuste Natur

Im Zeichen der Eiche Geborene sind mutig und geschickt, positiv denkend und selbstsicher, wohlwollend und entgegenkommend. Für sie zählt das, was ist, sie sind ganz im Leben verwurzelt. Mit ihrem praktischen Verstand setzen sie sich für ihre einmal gefasste Idee ein. Eichegeborene wollen gern aus dem Vollen schöpfen, fordern Unabhängigkeit und mögen es nicht, wenn jemand versucht, Druck auf sie auszuüben. Ebenso achten sie die Freiheit, Unabhängigkeit und Weltanschauung anderer. Sie lieben die Geselligkeit und sind allen Menschen gegenüber wohlwollend und gastfreundlich.

Esche: der Ehrgeiz

Im Zeichen der Esche Geborene sind lebhaft, zuverlässig, fantasievoll, ehrgeizig, begeisterungsfähig und ausdauernd. Die Esche-Menschen streben nach Einzigartigkeit, Freiheit und Unabhängigkeit. Sie lehnen jede Form von Ungerechtigkeit ab. Wohlwollend und freundschaftlich stehen sie allen Schattierungen des Lebens offen gegenüber. Das macht sie in der Gesellschaft zu besonders anziehenden Menschen.

Feigenbaum: die Empfindsamkeit

Im Zeichen des Feigenbaumes Geborene sind lebhaft, zuverlässig, humorvoll und feinfühlig. Diese Menschen besitzen eine extrem hohe Empfindsamkeit. Sie können emotionale Geschehnisse bis ins Detail wahrnehmen. Deshalb sind sie meist »nah am Wasser gebaut«, heißt, sie sind schnell zu Tränen gerührt. Es kann aber auch vorkommen, dass sie blockiert und verhärtet sind und in eine Gefühlsarmut hineinkommen. Der Feigenbaum-Mensch sucht die Anerkennung und verträgt wenig Kritik. Er hat herausragende

Ideen, ist sehr entscheidungsfreudig und lässt nur selten von einmal gefassten Entschlüssen ab.

Hainbuche: der gute Geschmack

Im Zeichen der Hainbuche Geborene sind redlich, gerecht und weitherzig, vernünftig und diszipliniert, energisch und widerstandsfähig. Hainbuche-Menschen sind geprägt von Großmut, Ehrgefühl und einem ausgeprägten Sinn für Toleranz. Niemals würden sie die Fehler anderer zu ihrem eigenen Vorteil nutzen, ganz im Gegenteil, sie würden eher die Fehler anderer auf ihre eigene Kappe nehmen. Sie sind hilfsbereit und unterstützen andere dabei, im Leben Fuß zu fassen. Sie handeln lieber, als viel zu reden.

Haselnuss: das Außergewöhnliche

Im Zeichen der Haselnuss Geborene sind ehrlich, offen, intelligent und vielseitig begabt. Sie besitzen einen starken Willen und suchen die Herausforderung. Es sind die typischen Pioniere und Macher. Diese Menschen spornen ihre Mitmenschen durch ihre Offenheit, Ehrlichkeit und Direktheit an. Haselnuss-Menschen suchen die Konfrontation und urteilen oft scharf, bleiben aber durch ihre große Begabung und Intelligenz sehr tolerant.

Kastanie: die Redlichkeit

Im Zeichen der Kastanie Geborene sind verlässlich, gradlinig, begeisterungsfähig, humorvoll und diplomatisch. Sie sind sehr selbstkritisch und sich sowohl ihrer Stärken als auch ihrer Schwächen bewusst. Lebhaft und begeisterungsfähig befinden sie sich in einem ständigen Konflikt zwischen ihrer starken Vernunft und ihrer ausgeprägten Leidenschaft. Deshalb benötigen sie ein klares Verhaltensmuster, wonach sie ihr Leben ausrichten können. Sie handeln dann verantwortungsbewusst und konsequent. Außerdem sind sie Familienmenschen und offen für die Belange anderer.

Kiefer: das Anpassungsfähige

Im Zeichen der Kiefer Geborene sind mutig, gewissenhaft, verantwortungsbewusst, strebsam und aufrichtig. Sie verfügen über ein ausgeprägtes Zweckdenken und finden sich überall zurecht. Solche Menschen haben ein blendendes Organisationstalent. Sie können gute Erfolge für sich wie auch für die Gemeinschaft erzielen. Im privaten Kreis gefällt ihr unbefangenes und kumpelhaftes Wesen.

Linde: das Träumerische

Im Zeichen der Linde Geborene sind sanfte, sensible, mitfühlende und nachgiebige Charaktere. Sie setzen sich in selbstloser Liebe für ihre Mitmenschen ein. Sie sind vielseitig begabt. Sie sind Träumer und betrachten die Welt durch eine »rosarote Brille«. Für sie zählt nicht die oft belastende Realität, sondern das Schöne, Liebevolle und Friedfertige im Leben. Auf diese Art nehmen sie gelassen, was das Leben bringt. Durch ihr zartes Wesen sind sie sehr verletzlich.

Olivenbaum: die Weisheit

Im Zeichen des Olivenbaumes Geborene sind ehrlich, aufrichtig und vertrauenswürdig. Sie tragen stets das Bestreben in sich, die Gegensätze auszugleichen. Es besteht eine große Sehnsucht nach Harmonie. Diese Menschen lieben das Schöne, Echte und Wahre und haben eine Abneigung gegen alles Oberflächliche und Gekünstelte. Sie sind klug, aufrichtig, humorvoll und in sich ruhend. Dies macht diese Menschen zu vertrauenswürdigen Partnern, im Beruflichen wie in der Liebe.

Pappel: die Gewissheit

Im Zeichen der Pappel Geborene sind großzügig, verlässlich, vernünftig, mit einer Tendenz zum Intellektuellen. Sie besitzen eine große Tatkraft, sind geistig rege und lernen schnell. Ihre gute Auffassungsgabe und ihre Aufgeschlossenheit gegenüber Veränderungen macht sie zu guten und umsichtigen Organisatoren. Ihr Ehrgeiz führt sie zum Erfolg. Auf Pappel-Menschen kann man sich verlassen. Sie lassen sich aber nicht gerne ausnutzen. Ihr inneres Gefühlsleben geben Pappel-Menschen nur selten preis und fühlen sich oftmals unverstanden. Liebe und Partnerschaft nehmen sie sehr ernst.

Tanne: das Geheimnisvolle

Im Zeichen der Tanne Geborene sind fleißig, ehrgeizig und begabt. Sie wirken oft sehr verschlossen und unnahbar, doch hinter dem oft abweisend wirkenden Äußeren steckt ein sensibles Inneres. Um ihre Geborgenheit leben zu können, sind sie schnellen Bekanntschaften gegenüber eher reserviert. Herzlich und ausgelassen erlebt man sie im vertrauten Kreis. Sie lieben das Schöne in allen Facetten.

Ulme: die gute Gesinnung

Im Zeichen der Ulme Geborene sind von Natur aus heiter und optimistisch. Vertrauenerweckend, ruhig und beherrscht. Sie besitzen eine ausgeprägte Selbstständigkeit. Diese Menschen übernehmen gern Führungsaufgaben. Mit ihrer Toleranz und ihrem Gerechtigkeitssinn erringen sie in vielen Bereichen hohe Anerkennung. Ulme-Menschen können nachtragend sein und tendieren manchmal etwas zur Rechthaberei, sind jedoch nicht egoistisch. Sie sind nicht so widerstandsfähig, wie sie scheinen, und kränkeln des Öfteren.

Walnussbaum: die Leidenschaft

Im Zeichen des Walnussbaumes Geborene sind fleißig, strebsam, unternehmungslustig, ausdauernd und beharrlich. Diese Menschen vereinen oft die Gegensätze in sich. Sie haben einen weiten geistigen Horizont, und sie zeigen gern vollen Einsatz, halbe Sachen sind ihnen zuwider. Nussbaumgeborene hegen eine Tendenz zur Eifersucht. Stabile Verhältnisse, Geborgenheit und Rückhalt in der Familie sind ihnen wichtig, denn sie benötigen festen Boden unter den Füßen, um ihre Kreativität und Leistungsfähigkeit voll zu entfalten. Wenn sie sich einmal etwas in den Kopf gesetzt haben, gibt es für sie keine Grenzen, ihr Handeln ist dann von großer Ausdauer und Beharrlichkeit geprägt.

Weide: die Melancholie

Im Zeichen der Weide Geborene sind wahre Menschenfreunde, ehrlich, offen, einfühlsam, sensibel und introvertiert. Sie besitzen eine hohe Intuitionsgabe und einen großen Zugang zu den geistigen Welten. Weidegeborene können sich in die unterschiedlichsten Charaktere ihrer Mitmenschen hineinfühlen. Sie sind oftmals sehr dünnhäutig. Meist sind sie für andere da, deren Schicksalsschläge ihnen sehr zu Herzen gehen, ihre eigenen Probleme nehmen sie dagegen duldsam hin. Weide-Menschen sind Träumer mit einem ausgeprägten Sinn für das Schöne. Oftmals stecken sie voller Unruhe und scheinen zwischen den Extremen hin- und hergerissen zu sein.

Zeder: die Zuversicht

Im Zeichen der Zeder Geborene sind entscheidungsfreudig, selbstsicher, vielfältig begabt und strotzen vor Optimismus, es sind die geborenen Führungskräfte. Diese Menschen sind respektvolle

Größen auf ihrem Gebiet, ihre Persönlichkeit und ihr Charakter sind imponierend. Ihre Entschlossenheit, ihr selbstsicheres Auftreten und ihre Entscheidungsfreudigkeit helfen ihnen, die gesteckten Ziele zu erreichen. Ihr kämpferischer Vorwärtsdrang macht sie oft ungeduldig und reizbar. Sie sind häufig wählerisch und schwer zufriedenzustellen. Aber sie sind verlässliche Partner.

Zypresse: das Extreme

Im Zeichen der Zypresse Geborene sind starke Menschen. Sie lieben ihre Eigenständigkeit und Freiheit und nehmen das Leben, wie es kommt. Sie sind gesellig, klug und erfolgreich. Zypresse-Menschen streben nach der optimalen Entfaltung ihrer Fähigkeiten, nach Harmonie und Anerkennung. Sie wirken optimistisch und heiter, doch kann es auch zu spontanen Stimmungsschwankungen kommen. »Himmelhoch jauchzend, zu Tode betrübt«, ein Stimmungsbild, wie wir es in der Homöopathie auch von der Pulsatilla (Kuhschelle/Küchenschelle) kennen, passt auch zum Zypresse-Menschen. Ihm tut es daher gut, zuverlässig liebevolle und harmonische Menschen um sich zu haben.

Natur in Frage und Antwort

Erfreue dich am Schönen in deinem Leben. Denn in Freude, Liebe
und innerem Erwachen fließt das Leben leicht und frei. Nimm die Geschenke des Lebens, die um dich herum sind, wie die Schönheit
und Kraft der Natur, die Liebe der Mitmenschen, von ganzem Herzen und
dankbar an. Das ist die wahre Schönheit des Lebens, sie ist spürbar,
erlebbar und unsterblich. Sei stets offen für die Geschenke
des Lebens, und lass dich vom Neuen und Unerwarteten überraschen.
Gehe staunend und voller Vertrauen durch die Welt, wie ein Kind,
für das alles noch offen ist.

Beim Schreiben dieses Buches sind mir sehr viele Fragen gestellt
worden. Auf die wichtigsten, die allgemein von Interesse sein
können, möchte ich hier eingehen:

*»Liebe Jana, hast du ein schönes Gebet für Natur, Bäume
und Tiere?«*

Hier ein Gebet für die Erde:

»Ich bitte das universelle Bewusstsein der Liebe darum, die Kraft
der Entschlossenheit, des Mitgefühls, der Wertschätzung und Güte
für alle Geschöpfe auf der Erde in unseren Herzen fühlbar werden
zu lassen und dort zu verankern.

Ich bitte um die Kraft in unseren Herzen, uns für unsere Umwelt
und Menschlichkeit einzusetzen. Möge sich ein Weg finden, die
Herzen aller Menschen für Liebe und Harmonie zu erreichen.

Ich bitte um Segen für unsere Mutter Erde und Unterstützung bei der Rettung und Gestaltung unserer schönen Wälder, Berge, Seen, Ozeane und der gesamten Pflanzen- und Tierwelt.

Ich bitte um spirituelle Kraft in jedem Einzelnen, damit er oder sie Achtsamkeit und Mitgefühl im Umgang mit der Erde und ihren Geschöpfen entwickelt. Mögen wir unsere Aufmerksamkeit der heiligen und heilenden Kraft in der Schöpfung widmen, uns zutiefst damit verbunden fühlen und gut dafür Sorge tragen.

Ich bitte die Kraft des Universums, mir die Stärke zu geben, um meinen Teil für die Erhaltung der Schöpfung beizutragen und mich in meinem Leben, auf unserem Planeten Erde gut verwurzelt und kraftvoll zu erfahren.

Ich bitte die Kraft des Universums, mir die Stärke zu geben, meinen Teil dazu beizutragen, das Bewusstsein der Liebe in der Welt zu verbreiten. Mögen wir das göttliche Licht in allem, in jedem Tier und in jeder Pflanze, erkennen und erfahren.

Ich weiß, dass jede kleine, liebevolle Handlung einen Teil zum Großen beiträgt und lichtvolles Leben ermöglicht.

Möge jedes Herz erkennen, dass göttliches Bewusstsein in allem ist.

So möge sich alles für alle Beteiligten stets sinn- und lichtvoll entwickeln und alles dem höheren Sinn der All-Liebe dienen.

Dieser Kraft widme ich mein Gebet!«

»Wohnt jeder Pflanze, jedem Baum auch eine Seele inne? Sollten wir also auch keine Blumen pflücken? Aber wie sieht es mit Heilkräutern aus? Und wenn ich jemandem eine riesige ehrliche Freude mit Blumen bereiten möchte und Schnittblumen verschenke, erzeugt das ein schlechtes Karma?«

Wie ich in diesem Buch bereits beschrieben habe, ist die ganze

Natur beseelt. Wir dürfen Blumen pflücken, denn dabei zieht sich die in ihr schwingende Elfe sofort in das Wurzelwerk der Pflanze zurück und beseelt dann eine neue Blume, um diese beim Wachsen zu unterstützen. Die Elfen hadern damit nicht, da sie nicht sterben, sondern die Erde weiter beseelen.

»Ich habe in meiner Kindheit viele Stunden auf einer Birke verbracht und hoch oben gespielt und ›geträumt‹. Bestimmte Waldbäume haben mir Erleichterung gebracht, wenn ich Sorgen hatte, wofür ich sehr dankbar bin. Hat es eine Bedeutung, wenn ich mich von einer bestimmten Baumart immer angezogen fühle?«

Die meisten Menschen haben eine Affinität zu einer bestimmten Baumart, weil sie etwas über sie selbst aussagt. Die Kraft, die Schwingung und die Ausstrahlung der entsprechenden Baumart spiegelt unsere eigene besondere Kraft wider. Die Birke, die du in deiner Kindheit geliebt hast, ist ein Baum der himmlischen Anbindung und inneren Leichtigkeit. Sie fördert diese Eigenschaften in unserem Seelenbefinden und in unserer Persönlichkeit. Diese Anziehungskraft zeigt uns unsere wesentliche Schwingungsebene und beeinflusst somit unsere Resonanz auf diese bestimmte Baumart. So fühlen wir uns durch den Kontakt mit der Birke in unserer Heilkraft und Intuition gestärkt und sind auf der Erde mehr verankert. Ich habe in diesem Buch deshalb in kurzer Form den keltischen Baumkreis erwähnt, um auch einmal aus dieser Richtung die Unterschiede der Baumarten und unsere Affinität zu ihnen aufzuzeigen.

»In unserer Kultur haben wir gelernt, dass Glück in der Anhäufung von Gütern und Anerkennung liegt. Wenn es so ist,

warum sind dann so viele wohlhabende Menschen so
unglücklich? Dabei haben wir den Bezug zur Natur und
zur Einfachheit beinah verloren.«

Glück entsteht vor allem, wenn du in Harmonie mit dir und der Natur bist, wenn du dich als Teil von ihr fühlst, während du ihre Energie in deine Gedanken, deine Gefühle und deinen Körper hereinlässt. Denn unser tatsächliches Leben findet stets im gegenwärtigen Augenblick statt, den wir durch unsere Sinne in der wunderbaren Schöpfung am besten erleben können. Anhäufung von Gütern und Anerkennung im Außen sind Möglichkeiten, sich im Leben auszudrücken. Glück ist ein Bewusstseinszustand und kein Gut. So sollten wir uns vermehrt durch liebevolle Taten ausdrücken, die unser Glücksempfinden fördern und steigern. Dabei hilft es, wenn wir uns bewusst machen, wofür wir alles dankbar sein können. Dankbarkeit aktiviert die inneren liebevollen Kräfte. Achte auf Momente, die dir Kraft, Ruhe und positive Empfindungen geben. Sammle Energie aus schönen Momenten, wie einem Spaziergang in der Natur oder dem bewussten Genießen einer guten Tasse Tee usw. Genieße die kleinen Augenblicke in deinem Leben. Dies fördert liebevolle Entscheidungen und wunderbare Glücksmomente.

»Ich bin traurig darüber, dass meine Pläne nicht immer
aufgehen, sondern sich oftmals ganz anders entwickeln.
Das wühlt mich immer aufs Neue auf. Doch wenn ich in der
Natur spazieren gehe, gelingt es mir, emotional wieder etwas
runterzukommen, und ich habe Kraft, es erneut zu versuchen.
Was mache ich denn generell falsch?«

Im Leben geht es vordergründig um Liebe und Vertrauen. Um im Leben voranzukommen, sind Vertrauen und ein weitsichtiges

Denken von Bedeutung. Da der Weg, den wir beschreiten, gleichzeitig auch ein Ziel ist, ist es wichtig, dass der Weg nicht starr verläuft, sondern sich spontan und kreativ entwickeln darf. Deshalb sind Erwartungen, dass unsere vom Intellekt gefassten Pläne aufgehen, unrealistisch. Hinter dieser Erwartungshaltung verbirgt sich der Wunsch nach Kontrolle, dem mangelndes Vertrauen zugrunde liegt. Wenn wir jedoch in der Lage sind, spontan und kreativ auf die Gegebenheiten zu reagieren, dann sind wir auch im Fluss und in unserem Herzen zu Hause. Nimm dir ein Beispiel an der Natur: Alles befindet sich im Fluss. Mache also einen achtsamen Schritt nach dem anderen und lebe im Vertrauen! Denn wir werden vom Universum geführt. Nicht umsonst heißt es, es kommt immer anders, als man denkt! Der Zauber geschieht in unerwarteten Momenten. Bewegen wir uns daher bewusst in der Schöpfung und nehmen die heilende Energie der Erde und des Himmels in uns auf! In solchen Momenten können wir in der Natürlichkeit und Einfachheit den wahren Zauber des Lebens erkennen. Dann kann sich alles noch lichtvoller und erfolgreicher gestalten!

»Wieso kann ich die Liebe bei meinen Mitmenschen so schlecht spüren? Doch wenn ich in der Natur bin, geht mein Herz auf. Hier fühle ich mich frei, kann durchatmen und bekomme ein gutes Gefühl für mich. Ich bekomme eine Ahnung davon, was Liebe ist.«

Die Liebe kennt keine Grenzen und ist überall da, wo unsere Präsenz ist. Die Menschen erwarten oft von der Liebe, dass sie im Außen auf sie zukommt, laut und ekstatisch ist, und überhören dabei die wahre und bedingungslose Liebe, die unaufdringlich in der Stille und Ruhe wirkt; so wie die Natur es uns widerspiegelt. Je mehr wir uns in der Hektik, in höchster Anspannung und

Aufgeregtheit verlieren, umso mehr verlieren wir uns in einer falschen Vorstellung von der Liebe und überhören die Feinheit und Sanftheit des Lebens. Lass also die Ruhe und Erwartungslosigkeit, die du in der Natur spürst, hinein in dein Herz, und empfinde tiefe Liebe zu dir und zur Schöpfung. Bring diese Liebe in die zwischenmenschlichen Beziehungen, und du wirst Wunder erleben.

»In meinem modernen, hektischen Alltag kann ich mich schlecht fokussieren und strukturieren, sodass mein Tag wie im Fluge vorbeigeht und ich für Besinnung und Naturaufenthalt kein Zeitfenster habe. Wie kann ich trotzdem zu mir finden und mich in der Natur verankern?«

Das Erspüren und die Bewahrung der persönlichen Eigenständigkeit und Selbstliebe können wir unter anderem auch üben, indem wir morgens, am besten direkt nach dem Aufstehen, für 15 Minuten innehalten. Dabei schauen wir aus dem Fenster in die Natur oder auf die Pflanze auf der Fensterbank, atmen in unseren Bauch und sind ganz gegenwärtig. Währenddessen nehmen wir unseren Atemfluss wahr, spüren unsere vorhandenen Emotionen und beobachten unsere Gedanken. Erfahre dich selbst in all deiner Vollkommenheit und Liebe. Diese morgendliche Besinnung und die Verbindung mit der Natur geben dir Kraft für den ganzen Tag, stärken deine Achtsamkeit und nehmen Stress aus deinen Gedanken. So kannst du es schaffen, deinen Tagesablauf anders zu takten.

»Warum ist es im Leben oft so kompliziert und in der Natur so schön?«

Im täglichen Leben müssen wir uns mit Menschen, Dingen und Geschehnissen auseinandersetzen. In der Natur können wir loslassen und uns frei von Zwängen fühlen. Wir sollten jedoch nicht den ausschließlichen Wunsch hegen, dass alles im Leben völlig resonanzfrei sein möge, denn sonst könnte es für uns auf der Erde keine Entwicklung geben. Die Basis für die Sicherheit und Entwicklungsfähigkeit im Leben sind Dankbarkeit, Demut und Freude an jedem einzelnen Tag. So sollten wir nicht schuldbehaftet, sondern sinn- und liebevoll durch unser Leben schreiten. Denn auch in der Natur gibt es Sonne wie Regen. Wir dürfen allen Wandlungen des Lebens vertrauen. In dieser Resonanz lebt es sich viel leichter.

»Ich habe jedes Mal ein schlechtes Gewissen, wenn ich mir Zeit für mich selbst nehme und in die Natur gehe. Ich denke dabei, ich müsste doch in dieser Zeit so viel anderes erledigen. Ist es denn egoistisch?«

Es ist verantwortungsvoll, Selbstfürsorge zu betreiben, und es ist keine Form von Egoismus, sondern ein Ausdruck von gesunder Selbstliebe. Denn nur wenn es uns gut geht, haben wir auch genügend Kraft für unsere Mitmenschen und Aufgaben. Wir sollten uns immer wieder fragen: »Was tut mir gut?«, »Was bringt mich zur Ruhe?«, »Was erfüllt mich mit innerem Frieden?«, und dem auch nachgehen. Dies kann Stille, Meditation, Aufenthalt in der Natur, ein Gebet, ein gutes Buch, körperliche Betätigung und vieles mehr sein. Auch mit Freude zu kochen, optimistische Freunde zu treffen oder einfach mal zu sein und nichts zu tun. All dies gehört zu einem guten Leben. Die Liebe, das sind wir selbst, unsere göttliche Natur. So können wir wieder erleben, dass Liebe lichtvoll und klar ist. Liebe kennt weder stressige noch gierige Gedanken und auch keine Konflikte. Durch liebevolle Besinnung, Achtsamkeit, Gebete und bewusste Aufenthalte in der Natur manifestieren wir immer mehr eine neue liebevolle Wirklichkeit. Denn Liebe ist die Basis für ein sinnerfülltes Leben. Doch nur wer in sich selbst ruht, kann liebevolle Taten hervorbringen und heilsame Beziehungen leben. Führe daher bewusst eine liebevolle Beziehung mit dir selbst, denn das ist eine wichtige Voraussetzung für heilsame Beziehungen im Außen. Suche täglich die Besinnung in der Meditation und in der Natur, sodass du Abstand zur Routine und zu den Selbstverständlichkeiten des Alltags gewinnst. Nur in der inneren Einkehr, fernab von Lärm, Hektik und Geschwätz, kann der Mensch sich, seine Liebe und seine göttliche Natur finden.

»Macht es in der Meditation einen Unterschied, ob ich mich an einen jungen oder an einen sehr alten Baum setze? Ist der Baumgeist des alten Baumes weiser?«

Der Unterschied liegt nicht in der Weisheit des Baumgeistes. Denn ein junger wie auch ein alter Baum haben weise Baumwesen. Der Unterschied liegt einzig in der Intensität der Energie, die der Baum ausstrahlt. Je älter ein Baum ist, umso mehr Energie hat er in sich gesammelt, die wir auch wahrnehmen. Wir fühlen uns dann von diesem Baum besonders angezogen und gestärkt.

»Ich weiß vor lauter Stress oft nicht, wo mir der Kopf steht! Was kann ich tun, um diese extremen Zustände zu vermeiden und mich harmonischer zu erleben? Leider kommen meine Gedanken auch dann nicht zur Ruhe, wenn ich mich in der Natur befinde.«

Achte auch im Alltag und in all deinen Tätigkeiten auf die Harmonie in dir. Je mehr du auf innere Harmonie Wert legst, umso wohler fühlen sich Körper, Seele und Geist. Ich kann jedem nur empfehlen, sich ungefähr dreimal am Tag für kurze Zeit aus dem

Alltagsgeschehen zurückzuziehen, um zum Durchatmen zu kommen, um in einem inneren Gebet, in Achtsamkeit sich selbst und seine lichtvollen Helfer wahrzunehmen und um in die Natur hinauszugehen und dort dankbar das große Wunder der Schöpfung zu erfahren. Mache dir klar, dass auch du dazugehörst und ein sehr wertvoller und liebevoller Mensch bist, der geliebt wird. Liebe auch du dich.

»Sind auch Pflanzen in Räumen mit Naturwesen verbunden?«

Alle Topfpflanzen, also alle Pflanzen mit Wurzelwerk, sind von den Naturwesen beseelt und schwingen auch mit der Natur in unserem Garten oder nahe gelegenen Wald oder Park. Wir spüren das auch, denn die Anwesenheit von Pflanzen in den Räumen verbreitet eine harmonische und heilsame Atmosphäre.

»Ich fühle mich von unserer heutigen schnelllebigen Zeit oft überfordert. Erst in der Natur fühle ich mich zu Hause und komme zur Ruhe. So gehe ich mit meinem Mann jeden Tag ein bis zwei Stunden abends durch die Felder. Warum gelingt mir der Spagat zwischen dem arbeitsreichen Alltag und dem Empfinden in der Natur nicht so ganz?«

Wenn wir nur Ruhe im Leben hätten, würde dies auch nicht funktionieren. Denn im heutigen Alltag muss der Mensch Spontanität und Kreativität entwickeln, und das geht am besten, indem er selbst immer mehr in seine Herzlichkeit, Selbstliebe und sein Mitgefühl gelangt. Wir brauchen dafür eine innere Balance. Dafür sollten wir uns jeden Tag mithilfe von Meditationen, Gebeten und regelmäßigen Aufenthalten in der Natur liebevoll wahrnehmen und stärken. Stille, Ruhe und innere Kraft sind sehr wichtig, denn wir müssen gut in uns gefestigt sein, um in den Stürmen des Lebens

Ruhe zu bewahren. Es geht im Leben um ethische, liebevolle Werte. Leben wir diese mit all unseren Gedanken, Gefühlen und Handlungen authentisch, so fühlen wir uns in allem stark wie ein Baum!

»Wie findet man einen Kraftplatz in der Natur?«

Das kann man lernen, indem man in der Natur zur Ruhe kommt, seine Sinne aktiviert, sich ins Gebet vertieft und dann schaut, was einen berührt. Das Wichtigste ist aber, dass man sich dabei wohlfühlt. Also an dem Ort – sei es in der Natur, sei es in einer Kirche oder Kapelle, wo du dich aufhältst – musst du dich wohlfühlen, einen guten Geist sozusagen spüren, dann ist es auch ein Kraftort für dich. Dies geschieht durch deine Fähigkeit, in eine liebevolle Resonanz zu kommen, die Energie dieses Ortes wahrzunehmen, dieser auch selbst zu entsprechen. Und grundsätzlich müssen wir uns natürlich vor Augen führen, dass wir selbst für uns unser Kraftort sein sollten, indem wir uns mehrmals am Tag besinnen, Liebe in unserem Herzen spüren und uns somit auch in unserem Bewusstsein öffnen, zum Himmel hin aufrichten, uns erden, durchatmen. Und je mehr wir dabei die Liebe spüren, umso mehr gewinnen wir an Energie und Kraft, an Ruhe, Stille und Geborgenheit und gelangen zu den Antworten – durch unsere innere Reife, nach der wir uns sehnen. Möge dir dein Bewusstsein wie auch dein Umfeld in Gottes Schöpfung Kraft geben.

Ich selbst kann solche Energiefelder sehen und dabei beobachten, ob sie Naturwesen oder Engel anziehen. Es gibt auch Orte, die Marien- oder Christuserscheinungen anziehen und so zum Gebets- und Pilgerort für die Menschen werden. Die Menschen wiederum bringen durch ihre Güte, Stille, Liebe und Hingabe himmlische Energie an diese Orte und lassen sie immer mehr erstrahlen.

Die Erde leuchtet wie ein Energienetz voller Lichtpunkte. Manche Energiepunkte sind extrem kraftvoll, weil dort besonders viel von der kosmischen Kraft der Sonne in die Erde einfließen kann. Die starke Lebensenergie lässt das innere Reich der Erde mit seinen Mineralstoffen und Pflanzenarten wachsen und gedeihen, um damit wiederum dem Leben an der Erdoberfläche zu dienen.

Diese Lichtpunkte nennen wir auch Kraftorte. Diese Kraftorte sind also nicht durch den Menschen entstanden, zum Beispiel durch Legenden oder das Pilgern, sondern durch die Erde in all ihrer ursprünglichen Kraft selbst.

Früher haben die Architekten über solche Schwingungsfelder Bescheid gewusst und die Kapellen bzw. Kirchen direkt darauf gebaut, damit die Betenden eine besondere Licht- und Heilkraft im Raum der Stille aufnehmen.

Lichtpunkte können verschiedene Ausdrücke haben. Das hängt mit ihrer Grundaufgabe zusammen. Zum Beispiel in der Hauskapelle des Mattli Antoniushauses in Morschach in der Schweiz, wo ich meine Seminare abhalte und dabei Engelbotschaften weitergebe, gibt es in der Nähe des Altars so einen Lichtpunkt. Dieser leuchtet, für mich sichtbar, wie ein weißer, durchscheinender Stern! An diesem Ort verbinden sich Himmel und Erde und verbreiten kosmische Energie und Wissen. Deshalb fühlen sich die Menschen, die dort beten und zur Ruhe kommen bzw. sich an diesen Energiepunkt stellen, auch in ihrer Intuition gestärkt. Sie erfahren in ihrem Herzen gute, erfolgreiche Ideen und Antworten für ihr Leben und für ihre Ausrichtung auf die Zukunft.

Ganz in der Nähe gibt es auch eine kleine Marienkapelle, die für mich einen besonderen Kraftort darstellt. Dort befindet sich direkt vor dem Altar ein Lichtpunkt, der wie ein Energierohr oder wie ein Lichtkanal leuchtet. In diesem Licht erlebe ich immer intensive Marienerscheinungen, starke Eingebungen für meinen Seelenplan und himmlische Führung. Wenn sich ein Mensch also auf einen Lichtkanal stellt, wird er in seinem gesamten Wesen durchlichtet und verbindet sich intensiv mit seinem Seelenplan.

In der Natur gibt es noch weitere Kraftpunkte. Es gibt zum Beispiel solche, die wie eine rechtsdrehende Spirale leuchten. Ich stelle mich gern beim Waldspaziergang auf diese Punkte und empfange neue Energie. Danach fühle ich mich frisch und energiegeladen. Eine rechtsdrehende Spirale ist energiegebend für den Menschen sowie für das Umfeld und die Erde.

Dann gibt es Lichtpunkte, die wie eine linksdrehende Spirale leuchten. Auf diese stelle mich, wenn ich Kummer habe und angespannt bin. Denn die linksdrehende Spirale baut Energiestauungen ab. Sie hilft uns, emotional loszulassen, und unterstützt die Erde dabei, die energetische Balance zu halten.

Die beiden Spiralen verhalten sich wie Yin und Yang in der Natur und sorgen für das energetische Gleichgewicht, das für das Wachstum und Gedeihen der Natur genauso wichtig ist wie für die innere Ausgeglichenheit des Menschen.

Es gibt viele weitere Arten von Schwingungsfeldern. Es lohnt sich also, achtsam, aufmerksam und intuitiv durch die Natur zu gehen und zu spüren, von welchem Platz oder welchem Baum man sich ganz besonders angezogen fühlt.

Wenn ein Baum gefällt werden muss, so ist es sinnvoll, dies im Winter zu tun. Denn dann befindet sich der Baumgeist tief im Wurzelwerk, während der Baum ruht. Im Frühling wird der Baumgeist mit seiner Energie bereits einen neuen Baum beseelen. Im Winter kann man den Baumgeist nicht kontaktieren, da er sich tief in die Erde zurückgezogen hat.

Wenn ein Baum zu einem anderen Zeitpunkt gefällt werden muss, ist es wichtig, einige Tage vorher oder allerspätestens am Tag zuvor innerlich Kontakt mit dem Baumgeist aufzunehmen, ihm mitzuteilen, was geschehen wird, und ihn zu bitten, dorthin zu ziehen, wo er am besten wirken kann. Dann hat er Zeit, sich mit seinem Energiefeld zurückzuziehen und sich neu zu orientieren. Ansonsten dauert dieser Prozess nach dem Fällen des Baumes wesentlich länger, und die Atmosphäre fühlt sich belasteter an.

Die Naturwesen freuen sich über jeden Baum, der bleiben darf. Doch bei einem umsichtigen Umgang mit der Natur lassen die Wesen mit sich reden und unterstützen zum Beispiel die Gestaltung eines Parks oder Gartens in heilsamer Energie, sodass dort ein größeres Wohlbefinden, Gesundheit und Gedeihen deutlich spürbar und sichtbar werden.

»Liebe Jana, ist die gechannelte Aussage, dass die Beschützer von Mutter Natur uns verlassen haben, wahr? Ich finde diese Vorstellung sehr traurig. Ich fühle mich nämlich der Natur sehr verbunden, vor allem im Wald kann ich viel Kraft tanken. Ich spüre die Nähe zu den Naturwesen und möchte gerne mit ihnen in Kontakt treten. Wie kann ich mich mit ihnen verbinden, um eine liebevolle Zusammenarbeit zu ermöglichen?«

Zunächst sollten wir uns fragen, ob eine solche Aussage nachvoll-ziehbar ist, umsetzbar ist und einen mit Liebe berührt. Dabei kann man selbst spüren, ob man solchen »Botschaften« Glauben schen-ken möchte. Die Natur erblüht und arbeitet schließlich weiterhin in ihren Jahresrhythmen.

Die lichtvolle geistige Welt wird sich niemals zurückziehen, sie wird niemals Erde und Mensch aufgeben. In liebevollen Tugenden und in liebevoller Lebensphilosophie wird sich die evolutionäre Entwicklung stets weiterbewegen. Das entspricht dem Schöpfer-potenzial und auch Gottes Plan. Auf diese Kraft in uns sollten wir uns besinnen und zu Dingen, die nicht nachvollziehbar und nicht liebevoll sind, auf Abstand gehen. Wenn solche Geschehnisse ge-channelt werden, geschieht dies aus der eigenen Angst heraus und entspricht niemals Gottes Wahrheit.

Aus meinen eigenen Kontakten mit Naturwesen weiß ich, dass man sich mit ihnen sehr gut durch das Bewusstwerden der eigenen Sinne verbindet. Nimm dir Zeit, in der Natur zur Ruhe zu kom-men, begrüße die Naturelemente, lass dich mit deinen Sinnen und mit jedem Atemzug darauf ein, und komme so immer mehr zur Ruhe. Und dann spürst du innerlich, dass du nach und nach in eine natürliche Meditation kommst, in einen natürlichen Kontakt mit dir und der Natur. Nun kannst du deiner Intuition folgen und dich fragen: Zu welchem Naturelement gehört die Wesenheit, die ich jetzt spüre? Folge dann deiner Intuition weiter: Welche Botschaft oder Heilkraft möchte dieses Naturwesen dir geben? Spüre weiter in dich hinein, so kannst du die Antworten empfangen. Schließe den Kontakt mit Dankbarkeit für die Natur und für die Wesen ab. Womöglich hast du jetzt eine höhere Erkenntnis über dich und über dein Leben gewonnen.

»Kann man Naturwesen mit irgendetwas eine Freude bereiten?«

Naturwesen freuen sich sehr, wenn der Mensch durch harmonische Gedanken, Gefühle und liebevollen Umgang mit der Natur mit ihnen in Kontakt kommt. Alles Gütige macht ihnen Freude. Naturwesen lieben es, wenn die Menschen in der Natur meditieren, musizieren und glücklich sind.

Ich beobachte an der Schwingung der Naturwesen, dass sie an der volkstümlichen Musik, an den traditionellen Musikinstrumenten sowie an Volkstänzen große Freude haben. Ich sehe sogar, dass Menschen darin ursprünglich von der Schwingung der Natur inspiriert wurden.

Ich kann zum Beispiel beobachten, wenn in der Schweiz Alphornklänge erklingen, dass die Gnome und Zwerge sich dazu im Tanz bewegen und dass um die Berge eine feine Schwingung entsteht. Oder dass die Feen, wenn Menschen Volkstänze aufführen, mit ihnen zu tanzen beginnen. Dies zeigt mir, wie eng früher Brauchtum und Natur miteinander verbunden waren.

Ganz besonders lieben es die Naturwesen auch, wenn der Mensch in seinem Garten Kräuter, Obst und Gemüse pflanzt und damit die Erde nutzt und von ihr persönlich Nahrhaftes empfängt.

»Liebe Jana, findet zwischen Naturwesen und Engeln auch eine ›Kommunikation‹ statt?«

Engel haben die Aufgabe, sich um die seelische Entwicklung des Menschen zu kümmern und Naturwesen um die Entwicklung der Schöpfung. Ich beobachte, dass eine rege Kommunikation zwischen Naturwesen über ihr Aufgabengebiet stattfindet sowie ein intensiver Austausch zwischen den Engeln über ihr Aufgabengebiet. Das Universum, die Energie sowie Engel und Naturwesen schwingen alle harmonisch miteinander. Doch da die Kommunikation stets mit einer Aufgabe verbunden ist und diese bei Engeln und Naturwesen unterschiedlich ist, habe ich noch nicht gesehen, dass Engel und Naturwesen miteinander »sprachen«.

»Warum heißt es in der spirituellen Literatur oftmals, im ›Jetzt‹ liegt die Kraft und in der Natur sei das absolute ›Jetzt‹?«

Spirituelles Bewusstsein findet immer in der Gegenwartspräsenz statt und nicht im Grübeln über das Vergangene oder im Planen der Zukunft. Denn das Vergangene und das Zukünftige sind nicht real. Real ist das »Jetzt«.

Wenn wir wirklich im Jetzt sind, können wir die Liebe zu uns selbst, zu unserem Leben, zu unseren Mitmenschen und zu jeder Form von Gottes Schöpfung empfinden. In dieser inneren liebevollen Haltung der Wertschätzung und Dankbarkeit werden wir stets liebevolle Lösungen finden und lichtvolle Wege gehen. Diese Gegenwartspräsenz können wir am besten von der bewertungsfreien Natur lernen. Die Natur grübelt und plant nicht, sondern ist!

»Liebe Jana, ich habe mich schon zwei- bis dreimal bewusst mit Bäumen im Wald verbunden und jedes Mal eine gewaltige, kraftvolle Energie gespürt und diese in Form eines grünen Lichtkreises, der sich spiralenförmig drehte, geistig wahrgenommen. Dabei fühlte ich, wie der jeweilige Baum ein Erlebnis mit mir teilen wollte, wie es vor Jahrzehnten stattgefunden hatte. Was kann dieses Erlebnis bedeuten? Sind diese Bilder/Gefühle von Geschichten der Bäume wahr, oder entstammen sie aus anderen Quellen? Und wie erkennt man Botschaften von Naturgeistern?«

Man kann in Verbindung mit den Bäumen viel Kraft und Erkenntnisse empfangen und erleben. Dies können unter anderem auch intensive Bilder aus anderen Zeiten sein. Wichtig ist jedoch dabei, dass wir alles, was wir empfangen, auf seine Nachvollziehbarkeit, Umsetzbarkeit und Getragenheit von Liebe prüfen. Denn wenn Impulse, die wir empfangen, nicht nachvollziehbar sind, umsetzbar sind und sich nicht liebevoll anfühlen, dann können sie unserer eigenen Fantasie und einer Wunschvorstellung des Unterbewussten entspringen. Alles, was wir empfangen, sollte uns in unserer Lebenstüchtigkeit und Alltagsbewältigung helfen und nicht dazu führen, dass man durch Fantasie lebensuntüchtig wird und dem Alltag zu entfliehen versucht. Wunschvorstellungen sind nämlich schädlich, weil sie aus mangelndem Vertrauen in das Leben entstehen. Die Baumgeister schenken uns heilsame Energie und heilsame Selbsterkenntnisse, durch die wir uns lebensbejahend und stark fühlen.

»Das Loslassen fällt mir immer sehr schwer.
Kann mir die Natur dabei helfen?«

Loslassen in Liebe bedeutet, sich für andere zu freuen, auch wenn sie einen anderen Weg vor sich haben als man selbst. Denn die Hauptsache sollte ja sein, dass es ihnen gut geht auf ihrem Weg. Das ist Liebe! Wichtig ist, die gewohnte Erwartung loszulassen, dass sich im Außen etwas ändern muss. Ein weiser spiritueller Weg geht immer nach innen, hier finden wir unsere eigene Wahrheit und Freiheit.

Lerne das Loslassen, Seinlassen und Neues-Zulassen, indem du dir ein Beispiel an der herbstlichen Natur nimmst. Hier kannst du erkennen, dass sich die Natur dem Wandel der Jahreszeiten und des Lebens hingibt und die Dinge nimmt, so, wie sie sind. Ein

Herbstblatt kämpft nicht, um zu bleiben, sondern lässt sich hingebungsvoll fallen und schafft Raum für eine neue Knospe, damit das Leben fließt.

Wandlung ist das einzig Beständige im Leben!

»Hat das von mir selbst angebaute Obst und Gemüse mehr heilende Wirkung auf mich, als wenn ich es im Supermarkt kaufe?«

Mit Sicherheit ja, denn die regelmäßige Hingabe und Beschäftigung mit dem Anbau von Obst und Gemüse fördert unsere Erdung und Kraft. Weiterhin verbinden wir uns mit den von uns selbst angebauten Kräutern, dem Obst und Gemüse intensiver und schwingen stärker mit. Durch diese erhöhte Schwingung nehmen wir ihre heilenden Stoffe intensiver auf. Außerdem sind die frischen Produkte aus dem eigenen Garten vitamin- und mineralstoffreicher als gekaufte, die bereits einen längeren Transportweg hinter sich haben.

»Wie kann mir die Natur helfen, Ruhe und Kraft zu finden?«

Je mehr wir uns in rationalen Gedanken oder in ängstlichen Emotionen verlieren, umso mehr nimmt unsere Unzufriedenheit zu, und der innere Fluss stagniert. Das Fließen, die emotionale Kraft und die Leichtigkeit kommen von innen heraus und benötigen die Spontanität für ihre Entwicklung. Deshalb ist es sinnvoll, in einer liebevollen Lebensphilosophie jeden Tag in seine innere Ruhe und Besinnung zu finden. Dies kann durch Meditation, ein Gebet oder einen Aufenthalt in der Natur geschehen, um Frieden und Dankbarkeit für das zu empfinden, was man hat, wie man ist und was ist. Finde Ruhe und liebevolle Besinnung in dir. Die Natur hilft dir immer dabei.

»Was sind Naturwesen, und wie ist ihr Einfluss auf den Menschen? Kann man sie wahrnehmen und sich mit ihnen austauschen?«

Die Engel kennen wir aus der Bibel und anderen religiösen Schriften, doch die Existenz der Naturwesen ist in unserer Kultur den meisten Menschen nicht sehr geläufig. Naturwesen sind uns zwar aus den Märchen bekannt, denen wir als Kinder fasziniert gelauscht haben, aber je weiter sich unser Intellekt entwickelte, umso mehr begannen wir an ihrer Existenz zu zweifeln. Und doch sind diese Wesen real!

Naturwesen sind lichtvolle, feinstoffliche Wesen, die die Natur mit ihrer Energie beseelen und sich energetisch, heilend und liebevoll auch mit uns Menschen verbinden können. Wir müssen aber dazu bereit sein und uns unsererseits liebevoll mit ihnen verbinden.

Wenn wir Bäume, Pflanzen und Gestein anfassen, sehen und riechen, fällt es uns oft leichter, über diese Sinneskontakte auch einen direkteren Zugang zu den Geistwesen, die sie beleben, zu erhalten.

»Wie sehen Naturwesen aus, haben sie eine individuelle Gestalt, und können sie ihre Gestalt verändern?«

Naturwesen sind Schwingungen der Erde, die sie mit ihrer Energie beseelen und beleben. Je harmonischere Verhältnisse es für die Naturwesen in ihrem Wirken gibt, umso mehr gedeiht die Flora und Fauna.

Da es sich um energetische Wesen handelt, haben sie keine festen Konturen. Sie können sich in ihrer Gestalt stetig verändern und doch eine gewisse individuelle Ausdruckskraft behalten, die ihre Aufgabe widerspiegelt.

Zum Beispiel sind die Baumgeister große lichtvolle Wesen, die ungefähr so groß sind wie der entsprechende Baum. Sie hüllen den Baum mit ihrer Energie in der warmen Jahreszeit ganz ein. Ab Herbst zieht sich der Baumgeist immer mehr in den Baumstamm zurück, und im Winter befindet er sich ganz in den Wurzeln, also in der Erde. So hält er die Energie des Baumes auch in der Ruhephase während der Wintermonate aufrecht.

Zwerge hingegen passen ihre Gestalt an ihren Beschäftigungsort und ihre Aufgabe an. Wenn sie zum Beispiel die Wurzeln der Wiesen energetisch stärken und »umgraben«, so sehen sie wie kleine Wirbel aus. Deshalb werden sie in den Märchen mit sogenannten Zwergenmützchen gezeichnet. Ruhen sie hingegen in der Sonne und tanken ihre Energien auf, sehen sie eher wie runde Lichter aus.

»Was sind Erdwesen, und welche Aufgaben haben sie?«

Erdwesen sind Naturwesen, die spezielle Aufgaben haben, die die Erde und die Pflanzen betreffen. Sie energetisieren und beseelen die Erde, sodass in einer fruchtbaren und heilenden Energie alles gedeihen kann. Es gibt unzählige Erdwesen. An zwei Beispielen möchte ich diese für viele Menschen unsichtbare Welt erklären.

Es gibt zum Beispiel die Waldwächter. Dies sind hohe Naturwesen, weil sie größere Aufgaben haben. Sie ähneln in ihrer Lichtgestalt etwa den Engeln und den Menschen. Sie haben die Aufgabe, für den betreffenden Wald zu sorgen und selbst zusätzliche Waldwächter »auszubilden«, weil die Erde immer mehr lichtvolle Geistwesen benötigt, um die Energie aufrechtzuerhalten. Waldwächter haben eine große kraftvolle Energie, die auch der Gesundheit des Menschen zugutekommen kann, wenn er sich viel in den Wäldern aufhält und darauf einlässt. Sie haben etwa eine menschliche Größe, eine graubraune Gestalt, ihr »Gesichtsausdruck« zeigt sich offen und mitfühlend mit Mensch und Natur. Sie freuen sich, wenn der Mensch mit ihnen Kontakt aufnimmt; sie genießen es förmlich, ihre Heilkraft weiterzugeben und dafür vom Menschen Liebe zu empfangen.

Die Wurzelwesen sind von der Gestalt her kleine Erdwesen. Sie stärken die Wurzelkraft der Bäume und Sträucher und sind ebenfalls große Heiler. In ihrem braunen Licht sehen sie den Wurzeln sehr ähnlich.

Wenn ich mich unter einen Baum lege und diese Wurzelwesen in die Meditation mit einlade, dann springen sie auf mich und kümmern sich auf meine Bitten hin gezielt um die Organe, die Schwachstellen aufweisen. Sie reinigen diese energetisch, versorgen sie mit Lichtenergie und geben mir dann sogar Hinweise, wie ich körperlich gesünder leben soll.

»Was sind Wasserwesen, und welche Aufgaben haben sie?«

Wasserwesen sind Naturwesen, die spezielle Aufgaben rund um die Schwingung des Wassers und der damit verbundenen heilenden Information haben. Sie energetisieren und beseelen das Wasser, sodass es eine gesunde Energie beinhaltet. Es gibt natürlich unterschiedliche Wasserwesen. An zwei Beispielen möchte ich dir gern diese Welt näherbringen.

Die Unken zum Beispiel sind Teichwesen (es sind hier nicht die gleichnamigen Kröten gemeint). Sie haben keine heilenden Aufgaben für uns zu erledigen, da der Teich und sein Wasser auch weniger für die Energetisierung geeignet sind, ausgenommen heilsame Moore. Die Unken vermitteln mir bei meinen Naturwesen-Seminaren individuelle Botschaften für die Teilnehmer, in denen sie deren Schwächen aufzeigen. Sie sind Komödianten und geben ihre

Hinweise auf eine lustige Art, sodass man oft herzhaft darüber lachen kann. Diese Art von Umgang mit ihnen und mit sich selbst ist dann fröhlich und heilsam.

Unken spiegeln durch ihre Schwingung und ihr Aussehen ihre Aufgaben an der Natur wider. Ihre Aufgabe besteht darin, die sumpfigen Gewässer zu energetisieren und somit zu beleben. Sie sehen selbst etwas gruselig, unförmig und matt aus.

Die Flusswesen tragen Klänge und Töne der Natur in sich und entsprechen somit den kreativen Kräften. Mit ihrer Energie inspirieren sie den Menschen in seiner Entwicklung von Feinfühligkeit und Mitgefühl.

Wenn wir bereit sind, uns auf eine solche innere Haltung einzulassen, werden wir friedvoller und somit auch »heiler«. Das Wasser trägt dann quasi unsere Sorgen davon.

Die Flusswesen haben eine sehr helle Schwingung und zeigen sich in einer neutralen, eher fließenden und formlosen Gestalt wie das Wasser selbst.

»Liebe Jana, ich habe schon öfter Bäume mit Baumwesen fotografiert, sind es auch wirklich die Baumgeister, die ich sehe?«

Die lichtvolle geistige Welt muss sich nicht beweisen, damit der Mensch an sie glaubt. Sie existiert auch ohne unseren Glauben. Deshalb kann man die Engel oder Naturwesen auch nicht fotografieren, da sie keine Konturen besitzen. Diese Fotos, von denen hier die Rede ist, mögen als Inspiration für den Betrachter gelten, entsprechen aber nicht der Realität.

»Warum empfinden manche Menschen mehr Kraft und Freude in der Natur als andere?«

Die individuellen Empfindungen hängen von der individuellen Resonanz eines jeden Einzelnen ab. Menschen, die einen eher blockierten Zugang zu ihren Gefühlen haben und eher verstandesorientiert sind, erleben nicht so viel Kraft und Freude in der Natur wie Menschen, die eher herzensorientiert sind und sich mit allen Sinnen auf das Feinstoffliche in der Natur einlassen können.

Sei dir der Macht deiner Resonanz in allem bewusst. Achte auf deine vorherrschenden Gedanken und darauf, womit du vordergründig in Resonanz gehst. Gehe bewusst in Resonanz mit der Schönheit und Kraft der Natur, mit den Blumen und Bäumen. Begib dich in Resonanz mit liebevollen und freudvollen Menschen. Denn positive Resonanz wirkt heilsam und inspirierend. Sie bereichert dein Leben und reflektiert die Liebe. Gib deiner Lebensfreude Ausdruck. Was berührt dich mit tiefer Freude? Ist es die Natur, ein Blumenstrauß, Kinderlachen, ein herzliches Gespräch? Nutze jede Gelegenheit, um deine Lebensfreude zu aktivieren und in dieser zu erstrahlen. Denn die Freude erleichtert uns das Leben und hilft dabei, Kraftreserven aufzubauen. Bedenke, Lebensfreude ist nur bedingt von äußeren Lebensumständen abhängig. Lebensfreude entspricht unserer inneren Haltung. Die Natur empfängt uns mit ihrer Liebe und Kraft. Bewegung und Meditation draußen in der Natur sowie das bewusste Erleben der Jahreszeiten sind große Hilfen im Leben. Denn die Schöpfung spiegelt sich auch in den vier Naturelementen Wasser, Erde, Feuer und Luft wider. Schöpfe die Kraft aus der Natur und stärke dich in deinem Sein. Komme ganz in der kraftvollen und harmonischen Gegenwart an und öffne dein Herz für die Wunder des Lebens.

»Meine Freundin kommuniziert mit Bäumen, sie sprechen zu ihr. Kommen diese Informationen als Hellwissen oder Hellhören im Menschen an? Kann man lernen, Bäume zu verstehen? Wenn ja, wie?«

Es kommt darauf an, was man genau unter der Kommunikation mit den Bäumen versteht. Die Schwingung der Baumgeister kann uns dazu inspirieren, aus tiefer Weisheit heraus zu leben und Erkenntnisse in uns zu stärken. Diese Informationen kommen durch innere Stille und unser Hellwissen in uns hoch. Eine Kommunikation, so wie wir sie zwischen den Menschen kennen, kann es natürlich zwischen Mensch und Baumgeist nicht geben, allein schon deshalb, weil ein energetisches Wesen keine Sprachorgane besitzt. Denn das ist gar nicht Aufgabe und Anliegen eines Baumgeistes.

Wir können durch innere Ruhe und Aktivierung unserer Sinne lernen, eine tiefe Verbindung und Freundschaft mit dem Baum aufzubauen.

»Ich bin 28 Jahre alt und in einer Großstadt geboren. Bisher habe ich nur in Städten gelebt. Ich habe mich manchmal Kommilitonen beim Wandern angeschlossen, blieb aber der Natur gegenüber doch eher verschlossen. Ich liebte bisher Partys mehr als Spaziergänge. Doch es fehlt mir etwas. Ist die Natur wirklich eine so große Kraftquelle?«

Die Natur ist eine wahre Kraftquelle! Gehe raus in die Natur, erlebe das Erwachen und Erblühen mit allen Sinnen. Genieße die klare Luft und die Stille. Komme zur Ruhe, und schöpfe pure Energie für deine Seele, für deinen Geist und Körper. Erlebe die Liebe und Wahrheit in jedem Naturelement, kläre deine Gedanken, und entspanne deinen Körper. Denn Glück entsteht, wenn du in Harmonie mit der Erde lebst und dich somit als ein Teil von ihr fühlst. Möge Friede mit dir sein. Verbringe Zeit in der Natur, und lass dich von den Elementen der Natur stärken und inspirieren. Erlebe tiefen Frieden in deinem Inneren, und fühle dich mit dem Universum eins. In friedvoller innerer Haltung gibt es kein Getrenntsein und auch keine Einsamkeit. Im Frieden gibt es nur das All-eins-Sein. In diesem höheren Bewusstsein sind tiefe Verbundenheit und Mitgefühl wahre Anker.

»Ich habe mal gelesen, dass man dem Baumgeist Opfergaben wie Schokolade oder Ähnliches bringen soll, indem man diese abends auf die Wurzeln legt. Und tatsächlich sind diese morgens fort. Freut sich der Baumgeist über diese Geste, oder was ist davon zu halten?«

Die Idee von Opfergaben ist sehr alt. Bei den Kelten war es ein Brauch, Opfer unter einen Baum zu legen. Denn die Bäume spiegelten den Sitz der Götter wider. Aus den asiatischen Ländern kennen wir Opfergaben in Form von Obst, Räucherstäbchen und Blumen unter Buddhas Füßen. Rituale haben eine Tradition und unterstützen den Menschen bei der Besinnung. Doch für den Baumgeist spielt es natürlich keine Rolle. Er wirkt, wie eine Lichtsäule, verwurzelt mit der Erde und gestreckt zum Himmel mit seiner Krone, auch ohne unsere Einmischung. Über die Schokolade, die am nächsten Morgen fort ist, freuen sich sicherlich die Nachttiere. Doch es ist ratsam, sie mit tiergerechtem Futter zu unterstützen.

»Ich habe einige Pflanzen im Büro, vorwiegend Grünpflanzen. Nur eine könnte Blüten bekommen, die Orchidee. Doch sie blüht nicht. Kann es sein, dass sie sich an die Grünpflanzen anpasst, da diese nicht blühen?«

Nein, denn jede Pflanzenart behält ihre Eigenart. Bei dieser besagten Orchidee gilt es eher praktisch zu betrachten, warum sie sich nicht wohlfühlt. Meist liegt dies bei Orchideen an der Gießtechnik oder einem ungünstigen Platz.

»Wie kann ich in kurzer Zeit die optimale Kraft aus der Natur schöpfen, auch wenn ich nur ein paar Minuten in der Mittagszeit in den Park gehen kann?«

Lass dich von der Kraft der Natur und der wärmenden Sonne inspirieren. Wende deinen Blick in die Weite, lass die Sonne in dein Herz, und spüre Frieden in dir. Spüre, wie deine Gedanken zur Ruhe kommen und sich dein Gemüt erhellt. Spüre deinen friedvollen tiefen Atem, komme immer weiter zur Ruhe, und genieße den Moment. Die Sonne ist ein wichtiger Energielieferant und Freudespender. Spüre die Kraft in dir, die dich mit Vertrauen erfüllt und dir Zuversicht und Freude an einer sinn- und lichtvollen Orientierung schenkt. Erschaffe Lichtvolles aus deiner Kraft.

Eine Weisheit aus der indischen Mythologie besagt: *»Gott schläft in den Steinen, Gott atmet in den Pflanzen, Gott träumt in den Tieren und Gott erwacht im Menschen.«* Lernen wir also wieder, mit allen Sinnen der Natur zu lauschen – dem Singen der Vögel, dem Ächzen der Tannen im Wind, dem Rascheln der Mäuschen und Käfer im Unterholz – und dabei ganz tief durchzuatmen. Die Natur, ob ein Wald oder ein Park, ist ein wunderbarer Ort, um Kraft zu tanken und bei sich selbst anzukommen. Dafür ist nicht viel Zeitaufwand notwendig. Denn wirklich frei werden wir erst in dem Moment, in dem wir uns annehmen, so, wie wir sind.

»Ich spreche mit meinen Pflanzen. Können sie mich verstehen?«

Pflanzen nehmen unser Schwingungsfeld intensiv wahr. Sie nehmen wahr, ob wir sie liebevoll anlächeln, gern gießen oder ob wir genervt sind. Einzelne Wörter und Sätze, was ja der intellektuellen Ebene entspricht, nehmen sie natürlich nicht wahr.

Dass die Pflanzen Stimmungen aufnehmen, zeigt folgende Geschichte. Ein Freund hat mir von einer Zimmerpflanze erzählt, einer Brunfelsia, die jedes Mal traurig die Blätter hängen lässt, wenn zwischen ihm und seiner Frau ein heftiger Streit entflammt. Sobald wieder Harmonie zwischen den Ehepartnern herrscht, erholt sie sich wieder! Dabei ist es vielleicht sinnvoll zu erwähnen, dass der Ehemann einen sehr starken »grünen Daumen« hat und somit besonders intensiv mit den Pflanzen schwingt.

»Gibt es einen Weg, meine Spiritualität bodenständiger und naturverbundener zu leben?«

Bedenken wir: Der spirituelle Weg führt immer nach innen. Wir geben im Leben sehr viel an Kraft und Energie nach außen ab. Diese Energiereserven sollten wir auch immer wieder auffüllen. Wie sorgst du für deine Kraft? Nimm dir immer wieder kleine Auszeiten, wie die Mittagspause in der Natur oder der morgendliche Blick aus dem Fenster oder eine kleine Atem-Meditation, ein kurzer Spaziergang an der frischen Luft. Denn dies ist gelebte Spiritualität, die uns mit unserem Inneren verbindet. Nicht durch das Leben zu rasen ist das spirituelle Motto, sondern nach innen zu lauschen, dadurch Stimmiges zu vollbringen und sich in allem wohlzufühlen. So schöpfe täglich Kraft aus der Natur. Schärfe deinen Blick für das Schöne, und achte auf die vielen kleinen Wunder um dich herum. Erfreue dich am Duft der Bäume und Blumen, betrachte einen rauschenden Bach, erfreue dich am Gesang der Vögel, und lausche mit Dankbarkeit den Bäumen.

»Hilft es den Baumwesen, wenn man ihnen in Gedanken dankt und sie in Liebe segnet?«

Die Bäume sind lichtvolle Schwingungsfelder. Wenn wir ihnen mit unserem liebevollen Schwingungsfeld begegnen, das heißt, wenn wir uns in liebevollen Gedanken und Gefühlen an sie wenden, erhöht sich das lichtvolle Schwingungsfeld des Baumes sowie auch das unsere. So tun liebevolle Gedanken, die eine segnende Kraft aussenden, dem Empfänger wie auch dem Absender immer gut. Menschen, die sich liebevoll und bewusst mit ihren Pflanzen in der Wohnung oder im Garten verbunden fühlen, das heißt mit ihnen liebevoll und segensreich schwingen, können deutlich beobachten, dass ihre Pflanzen besser gedeihen. Das ist nicht bei jenen der Fall, die gedankenlos und emotionslos mit der grünen Welt umgehen.

»Kann ich auch mit einer belasteten Vergangenheit in der Natur Wahrnehmungen haben und Kraft schöpfen? Oder muss man dafür bereits innerlich ›aufgeräumt‹ und ›erleuchtet‹ sein?«

Wir können stets die Kraft, die wir brauchen, in meditativer Ruhe und in der Natur schöpfen. Die regelmäßige Meditation sowie Aufenthalte in der Natur sind wichtig für das Selbst- und Urvertrauen, und das unabhängig von der persönlichen Vergangenheit, von Konditionierung und Entwicklung. Denn wir besinnen uns dabei auf das Jetzt und ruhen voller Zufriedenheit und Dankbarkeit in uns.

Habe Vertrauen, öffne dich dem Licht, und lasse Vergangenes hinter dir. Du bist mehr als deine Vergangenheit! Nimm dir Zeit für die Selbstwahrnehmung. Gehe in die Natur, ins Gebet oder in die meditative Stille und entdecke deine heilsame Kraft. Heiße sie willkommen und nimm sie an. Erlaube dir, dich jeden Tag etwas mehr kennen- und spüren zu lernen und dich immer mehr zu lieben. Denn Wunder geschehen aus dieser inneren heilenden Bereitschaft und Selbstannahme heraus.

Innere Stille bringt die Schönheit ans Licht. Dies ermöglicht uns, Dankbarkeit für unser Leben zu empfinden. Besonders intensiv können wir die Dankbarkeit in der Natur spüren. Es ist schön, in der Natur zur Ruhe zu kommen. Aus dieser inneren Ruhe heraus erwacht eine tiefe Güte und Dankbarkeit für das Leben. Diese emotionale Tiefe stärkt und heilt. Diese Heilquelle sollten wir nicht unterschätzen, wir sollten sie regelmäßig nutzen und uns täglich in der Natur aufhalten. Denn gerade dort können die Gedanken am besten zur Ruhe kommen, und wir können Gottes Allgegenwart begegnen. In Dankbarkeit können wir die Geschenke des Lebens, unsere Schönheit und Liebe erkennen und annehmen und unsere Einzigartigkeit leben.

»In meinem Garten muss leider ein großer alter Baum gefällt und ein neuer, kleiner gepflanzt werden. Kann ich den Baumgeist des alten Baumes bitten, im neuen, kleinen Baum Einzug zu halten und so mir und meinem Garten erhalten zu bleiben?«

Der Mensch kann nicht bestimmen, wo der Baumgeist, nachdem der Baum gefällt worden ist, nun am besten wirken soll. Dies weiß nur die Schöpfung. Deshalb macht es Sinn, einige Tage vor dem Fällen den Baumgeist wie folgt zu bitten: »Lieber Geist dieses Baumes, leider muss dein Baum gefällt werden, um Raum für die Menschen zu schaffen. Ich danke dir für dein bisheriges Dasein und Wirken. Ich bitte dich nun, dorthin zu gehen, wo du am besten wirken und gedeihen kannst.«

Der Baumgeist kann sich dann in deinen Garten mit einschwingen oder in den nahe gelegenen Wald. Dies ist dann nicht mehr so entscheidend. Denn der neue kleine Baum hat ja bereits einen Baumgeist. Und mehrere Baumgeister benötigt, außer Thujabäumen, keine Baumart.

»Ich kann einfach nicht meditieren, ich schaffe es nicht, meine Gedanken zur Ruhe zu zwingen. Kann ich irgendwie anders in der Natur zur Ruhe kommen?«

In deinem Fall scheint mir eine Bewegungsmeditation in der Natur sehr geeignet. Denn es geht schließlich um Achtsamkeit, die zu einer ruhigen und vertrauensvollen inneren Haltung führt. Wir sollten uns selbst Aufmerksamkeit und Interesse entgegenbringen. Wir können die innere Stille in der Natur durch einen langsamen Spaziergang finden, indem wir darauf achten, einen Schritt nach dem anderen zu machen und die Farben und die Formen um uns her aufmerksamer zu betrachten. Aufmerksamkeit und Stille offenbaren uns, dass die Welt viel größer ist als unsere Gedanken. Wir sollten unseren Schritt verlangsamen, uns für den Augenblick des Lebens öffnen und den Zauber des Moments erleben. Je mehr wir uns selbst spüren und achten, umso mehr wächst das Vertrauen in uns selbst. So werden wir feststellen können, dass liebevolle Gedanken eine heilende Wirkung haben. Öffnen wir uns für die beeindruckende Schönheit und Kraft der Natur. Öffnen wir unser emotionales Herz für die vorhandene Energie der Heilung. Bedenken wir dabei, dass wir das Schöne in den Dingen nur finden können, wenn es in unseren Gedanken und Vorstellungen vorhanden ist. Dann fließt uns heilende, liebevolle, friedvolle Kraft von allen Seiten zu. Denn im inneren Frieden strahlen wir in Liebe und Heilkraft. Frieden ist überall um uns herum, in der Natur und in uns, in unserem Körper und unserem Geist. Sobald wir lernen, aus diesem Frieden heraus zu leben, kann Transformation und Heilwerdung geschehen. Wertschätzung und Heilung sind untrennbar mit der Achtsamkeit für den gegenwärtigen Augenblick und der Verbundenheit mit der ganzen Schöpfung verknüpft. Heilung heißt, ins Gleichgewicht zu kommen und sich als vollkommenes Ganzes zu erfahren.

Fazit

Ich möchte nun aus all den Fragen und Antworten ein Fazit ziehen: Die Natur lehrt uns, dass wir stets unser Herz zur Liebe hin öffnen und die göttliche Erfahrung machen können, dass wir in wahrer Liebe eins mit allem sind. Die Liebe zeigt sich in kleinen Dingen, wenn wir unser Herz voller Aufmerksamkeit der Welt um uns herum öffnen und uns vom Lachen eines Kindes, von der Schönheit der Natur, vom Zauber einer Melodie oder auch vom Duft eines Gerichts inspirieren lassen. Dann erleben wir uns als eins mit allem, sind erfüllt und frei und dennoch tief mit allem durch unsere Sinne verbunden. Wir sind nie allein, wir sollten uns stets in der Verbundenheit mit allem erkennen. Denn in Wahrheit sind wir alle Liebe. Wir alle tragen sie in uns, und je mehr wir sie bewusst spüren, umso mehr erstrahlen wir in unserem wahren und gesunden Naturell. Wir alle haben die Spiritualität in uns, die Kraft unserer Seele, das, was uns wirklich ausmacht. Dies öffnet uns den Weg zu einer allumfassenden Selbstakzeptanz und zu innerem Frieden. Spiritualität ist ein Grundbedürfnis der Menschenseele. Und gerade in der Natur können wir uns als spirituelle Wesen am intensivsten erfahren, unseren Platz im Leben finden und uns verankern sowie göttliche Heimat und unser Glück in uns wiederentdecken.

So sollten wir mit unserer Zeit hier auf Erden bewusst umgehen, uns Zeit für die meditative Besinnung nehmen und einfach da sein. Diese Ruhe macht auf eine einfache und tiefe Weise froh. Wir brauchen diese Momente des Innehaltens, um uns daran zu erinnern, was uns wirklich wichtig ist. Ein Spaziergang in der Natur ist die einfachste Methode, eine kleine Auszeit von allem zu nehmen. Jeder Schritt bringt uns näher zu uns selbst. So gelingt es uns besser, voller Liebe und lichtvoll durch das Leben zu gehen. Denn Leichtigkeit, Freude und herzliches Lachen in den Alltag zu integrieren bedeutet, das Leben nicht zu schwer zu nehmen, sondern den leuchtenden Weg in innerer Freiheit zu gehen. Finde in der meditativen Ruhe die Kraft, lass die Inspiration und die Freude zu dir kommen, dann kann deine Liebe und eine starke Kreativität fließen. Lebe dein leuchtendes, farbenfrohes Naturell durch liebevolle Gedanken, Gefühle und Taten. So hoffe ich, dass diese Fragen-und-Antwort-Rubrik dich auf deinem spirituellen Weg in der Natur hat inspirieren können.

Schlussgedanken

Begegne in der Natur der Schönheit von Gottes Schöpfung. Zu allen Zeiten haben Menschen göttliche Spuren in der Natur gesucht und erlebt. Durch die Beziehung zur Natur entfalten wir die Beziehung zu uns selbst. Der Duft der Blumen, das Beobachten von Schmetterlingen, all das erweckt unsere Sinne und öffnet unsere Herzensschönheit. Die Liebe und Lobpreisung des Lebens bringen uns näher zu Gott und zu seinen Engeln.

Es ist die Natur der Bäume, zu wachsen und ihr Potenzial zu entfalten. Ein Baum hört nicht einfach auf zu wachsen, weil er nicht mehr will, weil er denkt, er sei genug gewachsen. Er entwickelt sich, wenn er Licht, Wasser, Platz und Nährstoffe hat, so lange, bis er sein volles Potenzial ausgeschöpft hat. Ein Baum schlägt sich nicht mit Ausreden herum und bewertet nicht. Er lebt und gedeiht, bis er seine ganze Pracht entfaltet hat.

So sollten auch wir Menschen unsere Natur bewusst und von ganzem Herzen leben. Denn auch wir spüren ein großes Bedürfnis nach innerem Wachstum und nach Entfaltung unseres Potenzials. Doch oftmals stehen wir uns dabei selbst im Weg. Wir beurteilen und verurteilen uns und haben Angst. Bedenken wir dabei stets, dass Angst sein Gutes hat, da sie uns vor Gefahren schützt und unsere Sinne fürs Überleben schärft. Doch wenn wir uns von der Angst aufhalten und lähmen lassen, so blockieren wir unser Wachstum und unser inneres Potenzial. Wir sollten uns stets auf die heilende Kraft der Gegenwart besinnen und im tiefen Vertrauen durchatmen. Denn in unserer göttlichen Seele sind wir stets größer als wir denken. Wir haben nichts zu verlieren, wenn wir uns tiefstes Vertrauen schenken, sondern nur an innerer Fülle und

Erfahrung zu gewinnen. Dies bringt Wachstum im Inneren wie im Außen. So können wir stets wagen, neue Wege zu gehen, uns auf Neues einzulassen und großartige Erfahrungen zuzulassen. Denn inneres Wachstum findet durch durchlebte Erfahrungen statt!

Bei aller Aktivität sollten wir jedoch auch die Kraft der Stille nicht unterschätzen. Oft empfinden wir das Leben als laut und chaotisch, es lärmt um uns herum wie auch in uns. Dadurch wird unsere Selbstwahrnehmung geschwächt, vor lauter Getöse hören wir kaum noch unsere eigene Intuition. Wir sind ständig auf Empfang und stehen dauernd unter Strom. Dabei finden wir nur im Leisen wieder zu uns selbst und zu dem, was an Liebe und Potenzial in uns steckt. Möglichkeiten, um zur Ruhe zu kommen, gibt es genug. Wir müssen nur öfter abschalten und unsere wertvolle freie Zeit in der Natur verbringen. Denn wenn wir zunächst innehalten und still werden, können wir besser vorwärtskommen. In der Stille können wir oftmals etwas Überraschendes in unserer Seele entdecken, zum Beispiel eine Idee, die darauf wartet, dass wir uns intensiver mit ihr beschäftigen und dass wir daraus etwas Schöpferisches hervorbringen. Wenn wir Liebe statt Angst wählen, dann können Wunder geschehen!

Nicht zufällig ist die Natur für immer mehr Menschen ein Sehnsuchtsort. Ein kurzer Spaziergang zwischen den geliebten Baumriesen steigert unser seelisches Wohlbefinden, und das Immunsystem wird gestärkt. Die Schulmediziner haben diese Form von »Waldtherapie« lange Zeit als Esoterik belächelt, doch in den vergangenen Jahren haben die Wissenschaftler deutliche Beweise für die Heilkräfte des Waldes erbracht.

Wenn wir es zulassen, dass die Natur unser Lehrer wird, werden wir begreifen, warum das Leben nicht perfekt ist, aber vollkommen. Warum es für die innere und äußere Entwicklung nicht immer nur Frühling und Sommer geben kann, sondern auch der Reifeprozess des Herbstes und des Winters notwendig ist. Wir werden den Schlüssel zu einem heilsamen und erfüllten Leben in uns selbst finden, je mehr wir erfahren, dass Vertrauen für jegliche Entwicklung unabdingbar ist. So lehrt uns das Leben ein liebevolles, erwachendes Bewusstsein. Denn am Ende unseres Lebens geht es um die Liebe, die wir empfinden und geben. Für alles andere ist das Leben viel zu kurz.

Alles ist mit allem verbunden, und wir sind energetisch jederzeit mit dem gesamten Kosmos, also mit der Natur, verbunden. Daran kann im Prinzip auch ein Stadtleben, zwischen Asphalt und Beton, weit entfernt von der ursprünglichen Landschaft, von Wäldern, Wiesen, Seen und Flüssen, nichts ändern, denn wir bleiben immer energetisch ein Teil des Ganzen und stehen somit stets lichtvoll im Kosmos. Früher lebten die Menschen auch noch ausgeglichen in den Städten. Doch mittlerweile sind wir von unzähligen künstlichen Energien unheilvoll umgeben.

Als die Elektrizität und später die Radiowellen erfunden wurden, kamen unnatürliche Energien auf unsere Erde. Diese Entwicklung nahm in den letzten Jahrzehnten einen rasanten Verlauf. Der Trend geht heute zunehmend in Richtung Automatisierung. Computer haben unsere Büros und Wohnzimmer erobert und die schnurlose Kommunikation ist nicht mehr zu bremsen.

Die meisten sitzen bei ihrer Arbeit täglich viele Stunden vor Computern und sind dem Elektrosmog ausgesetzt. Unser schnurloses Kommunikationssystem geschieht mittels getakteter Magnetimpulse, die unablässig auf unseren Organismus eindringen und ihn irritieren. Vor allem bei Kleinkindern sind bei den »Handywellen« spontane Veränderungen im EEG (Elektroenzephalogramm) sichtbar.

Wir werden heute fortlaufend bestrahlt, aus Satelliten, Funkmasten, schnurlosen Telefonen, WLAN und vielem mehr. Nachts geht diese Bestrahlung mit künstlichen Wellen in der Regel weiter und wird noch durch Wechselstromleitungen, Transformatoren usw. unterstützt.

So wie die Erde ein Erdmagnetfeld besitzt, so besitzt auch unser Körper ein Magnetfeld, worin der Kopf den Nordpol darstellt. Nach diesem Magnetfeld richten sich unsere Zellen aus, was vor allem nachts wichtig ist für die Erholung unseres Körpers. Wird er durch falsche Einflüsse daran gehindert, kann es nicht nur zu Schlaflosigkeit kommen, sondern es kommt je nach Konstitution früher oder später zum Zusammenbruch des Systems. Dies kann sich in den verschiedensten Bildern zeigen, zum Beispiel in Erschöpfung, Burn-out, Schwächung des Immunsystems bis hin zu Krebs.

Es wird höchste Zeit, dass der Mensch dies begreift. Es gibt genügend Quellen, aus denen man sich informieren kann. Da es sich um ein Milliardengeschäft handelt, kann sich der Mensch nicht auf Industrie und Staat verlassen. Beide berufen sich auf die Einhaltung sogenannter Höchstwerte. Diese Höchstwerte werden von Instituten herausgegeben, und diese Institute wiederum werden von der Industrie finanziert. Es wird also höchste Zeit, dass wir uns wieder vermehrt auf unseren natürlichen Ursprung und auf die harmonische und heilende Strahlung der Natur besinnen.

Wir können sicherlich der Dauerbestrahlung an unserem Arbeitsplatz und Umfeld nicht entkommen, aber wir können dafür sorgen, dass unser Körper, unser Geist und unsere Seele nachts die notwendige Erholung finden, indem wir keine Geräte im Schlafzimmer lassen. Für die Erholung kann die Natur eine sehr große Hilfe darstellen. Wanderungen, Laufen, Joggen oder andere Aktivitäten in Wald und Flur sorgen für Ausgleich und können Wunder wirken.

Während frühere Generationen noch um die Mystik der Bäume und die Heilkraft des Waldes und der Natur Bescheid wussten, trat dieses Wissen in unserer modernen Gesellschaft zunehmend in den Hintergrund. Es wird höchste Zeit, dass wir uns wieder auf eine ruhigere Gangart einstimmen. Es wird höchste Zeit, dass wir uns darauf besinnen, wer wir sind, was wir sind und was wir sein wollen. Es wird höchste Zeit, dass wir uns auf unseren Seelenplan und unseren göttlichen Ursprung besinnen. Auch darauf, dass wir ein Teil der Natur sind und diese uns hilft, wenn wir dazu bereit sind und wenn wir Ruhe, Frieden und Stille in uns zulassen. Dann kann der Himmel uns wieder berühren, und die Engel können uns leiten.

Quellenverzeichnis

GEOkompakt Nr. 52/2017: *Unser Wald.* GEO Hamburg.

Hageneder, Fred: *Die Weisheit der Bäume: Mythos, Geschichte, Heilkraft.* Kosmos, Stuttgart, 2009.

Li, Qing: Die Heilkraft des Waldes in: *Grüne Texte: Die neuen Naturtherapien,* Hückeswagen, Ausgabe 16/2016

Mancuso, Stefano/Viola Alessandra: *Die Intelligenz der Pflanzen.* Kunstmann, München 2015.

Woelm, Elmar: *Mythologie, Bedeutung und Wesen unserer Bäume.* Shaker Media, Herzogenrath 2017.

Hinweise zur Autorin

Bisher erschienene Werke von Jana Haas

Engel und die Neue Zeit: Heilwerden mit den lichten Helfern.
Berlin: Allegria, 2008.

Engelkarten: 44 Lichtbotschaften mit Anleitung. Berlin: Allegria,
2008.

*Heilung mit der Kraft der Engel: Das Praxisbuch zum energeti-
schen Heilen von Körper und Seele.* München: Knaur, 2009.

*Erzengel und das neue Zeitalter: Ihre Kraft für persönliche
Entwicklung, Beziehungen und Gesundheit nutzen.* München:
Knaur, 2009.

Schutzengel: Wie uns die himmlischen Begleiter zur Seite stehen.
München: Knaur, 2010.

Meditations-CD: Schutzengel. München: Knaur, 2010.

*Fragen an Gott und die Engel: Wie uns Gottes Weisheit und
Antworten der Engel im Alltag helfen.* Berlin: Allegria, 2011.

Jenseitige Welten: Die Reise der Seele ins Licht. München:
Knaur, 2012.

Himmlisches Wissen: Ein erfülltes Leben mit Hilfe der Engel.
München: Knaur, 2013.

Der Seelenplan. Was unser Schicksal bestimmt. München:
Trinity, 2014.

*Heilen mit der Göttlichen Kraft. Aktiviere deine inneren Heil-
kräfte mit Cosmogetic Healing©.* München: Trinity, 2015.

*Das Geheimnis einer erfüllten Partnerschaft. Chancen erkennen
und leben.* München: Trinity, 2016.

Dem Weg des Herzens folgen. München: Trinity, 2017.

Kontakt

Jana Haas
Hubenmühle 4
D-88634 Herdwangen-Schönach
Tel. +49-(0)7552-938399
Fax +49-(0)7552-938626
www.jana-haas.com

Jana Haas – Kinderhilfe in Russland e. V.

Vorrangiges Ziel des gemeinnützigen Vereins ist es, behinderten Kindern in Russland, die dort keine Lebensperspektiven haben, ein besseres und menschenwürdiges Leben zu ermöglichen. Wir sind auf Spenden angewiesen. Alle eingehenden Spenden gelangen zu hundert Prozent, das heißt ohne jeglichen Abzug, zu den Empfängern.

Näheres unter: www.janahaas-kinderhilfe.de
Spendenkonto bei der Sparkasse Bodensee
Jana Haas – Kinderhilfe in Russland
Konto-Nr.: 24 66 28 01
BLZ: 690 500 01
IBAN: DE79 6905 0001 00 24662801
SWIFT-BIC: SOLADES1KNZ
Jana Haas – Kinderhilfe in Russland e.V.
Hubenmühle 4
D-88634 Herdwangen-Schönach
Tel. +49-(0)7552-938399
Fax +49-(0)7552-938626

Der Weg zu Liebe und Heilung

224 Seiten, gebunden mit Schutzumschlag
ISBN 978-3-95550-060-3

232 Seiten, gebunden mit Schutzumschlag
ISBN 978-3-95550-119-8

328 Seiten, gebunden
ISBN 978-3-95550-222-5

224 Seiten, gebunden mit Schutzumschlag
ISBN 978-3-95550-162-4

www.trinity-verlag.de

TRINITY